2021

PABLO
GRAN
CRISTÓFORO

JUIZADO ESPECIAL
CRIMINAL

MARCELO
DE OLIVEIRA
MILAGRES

2021 © Editora Foco

Autores: Marcelo de Oliveira Milagres e Pablo Gran Cristóforo
Diretor Acadêmico: Leonardo Pereira
Editor: Roberta Densa
Assistente Editorial: Paula Morishita
Revisora Sênior: Georgia Renata Dias
Capa Criação: Leonardo Hermano
Diagramação: Ladislau Lima
Impressão miolo e capa: META BRASIL

Dados Internacionais de Catalogação na Publicação (CIP) (Câmara Brasileira do Livro, SP, Brasil)

M637m Milagres, Marcelo de Oliveira
  Juizado Especial Criminal / Marcelo de Oliveira Milagres, Pablo Gran Cristóforo.
- Indaiatuba, SP : Editora Foco, 2021.

  208 p. : il. : 17cm x 24cm.

  ISBN: 978-65-5515-182-4

  1. Direito. 2. Direito civil. 3. Direito criminal. 4. Juizado Especial Criminal. I. Cristóforo, Pablo Gran. II. Título.

2020-3177   CDD 347   CDU 347

Elaborado por Odilio Hilario Moreira Junior - CRB-8/9949

Índices para Catálogo Sistemático:

1. Direito civil 347   2. Direito civil 347

DIREITOS AUTORAIS: É proibida a reprodução parcial ou total desta publicação, por qualquer forma ou meio, sem a prévia autorização da Editora FOCO, com exceção do teor das questões de concursos públicos que, por serem atos oficiais, não são protegidas como Direitos Autorais, na forma do Artigo 8º, IV, da Lei 9.610/1998. Referida vedação se estende às características gráficas da obra e sua editoração. A punição para a violação dos Direitos Autorais é crime previsto no Artigo 184 do Código Penal e as sanções civis às violações dos Direitos Autorais estão previstas nos Artigos 101 a 110 da Lei 9.610/1998. Os comentários das questões são de responsabilidade dos autores.

NOTAS DA EDITORA:

Atualizações e erratas: A presente obra é vendida como está, atualizada até a data do seu fechamento, informação que consta na página II do livro. Havendo a publicação de legislação de suma relevância, a editora, de forma discricionária, se empenhará em disponibilizar atualização futura.

Erratas: A Editora se compromete a disponibilizar no site www.editorafoco.com.br, na seção Atualizações, eventuais erratas por razões de erros técnicos ou de conteúdo. Solicitamos, outrossim, que o leitor faça a gentileza de colaborar com a perfeição da obra, comunicando eventual erro encontrado por meio de mensagem para contato@editorafoco.com.br. O acesso será disponibilizado durante a vigência da edição da obra.

Impresso no Brasil (12.2020) – Data de Fechamento (12.2020)

2021

Todos os direitos reservados à
Editora Foco Jurídico Ltda.

Rua Nove de Julho, 1779 – Vila Areal
CEP 13333-070 – Indaiatuba – SP

E-mail: contato@editorafoco.com.br
www.editorafoco.com.br

APRESENTAÇÃO

A Lei 9.099, de 26 de setembro de 1995, promoveu reconhecida e autêntica mudança nas respostas relativas às práticas ilícitas de menor potencial ofensivo. A perspectiva da persecução penal deu lugar à promoção das medidas despenalizadoras.

Nesses praticamente 25 anos, os princípios que orientam a realidade do Juizado Especial Criminal vêm, inclusive, fomentando outras práticas de justiça consensual.

Os acordos processuais e procedimentais vêm ganhando fôlego. Não se pode desconsiderar a autonomia e a capacidade dos envolvidos para resolverem os próprios conflitos, para alcançarem, efetivamente, a satisfação dos seus interesses.

Igualmente, como membros do Ministério Público do Estado de Minas Gerais desde 2001, vimos o incremento de práticas resolutivas ministeriais e a busca da melhor e da mais eficiente realização da justiça.

Destarte, incentivados por colegas, Advogados, Defensores, membros da Magistratura, resolvemos apresentar nosso *Manual do Juizado Especial Criminal*.

Não nos limitamos a mera transcrição de dispositivos legais; fomos além disso: a partir de entendimentos doutrinários, de relevantes julgados e de enunciados do Fórum Nacional dos Juizados Especiais (FONAJE), buscamos abordar os mais diversos temas do Juizado Criminal, sempre preocupados com a necessária atualização e as fundadas e sérias críticas.

Da ocorrência das infrações de menor ofensivo até a execução de eventual pena aplicada, analisamos todos os possíveis incidentes e fatos processuais (jurisdição, competência, atribuições, lavratura de termos circunstanciados de ocorrência, representação, diligências, peças acusatórias, audiências, comunicações dos atos processuais, medidas despenalizadoras, provas, decisões e recursos).

A obra é destinada a todos aqueles que laboram na área (membros do Judiciário, da Defensoria, do Ministério Público, Advogados, conciliadores e estudantes de Direito) e necessitam de uma visão atual, completa e dinâmica do Juizado Especial Criminal.

Este trabalho nos permitiu, a despeito da experiência comum na prática criminal, revisitar nossas experiências acadêmicas diversas. Como professores de Direito Civil (Marcelo Milagres) e de Processo Penal (Pablo Gran Cristóforo), problematizamos alguns temas de interesse – como a composição civil em fatos com múltiplos autores e a possibilidade, ou não, da incidência do art. 277 do Código Civil, em razão da indivisibilidade da ação penal privada, e, ainda, o sempre atual diálogo entre responsabilidades civil e penal. Não nos passou despercebida, outrossim, a discussão sobre os possíveis limites da indenização ou da composição civil, tendo em vista, sobretudo, os delitos de ação penal pública incondicionada. Nesse sentido, sobreveio a conhecida obra de Michael Sandel, *O que o dinheiro não compra: os limites morais do mercado*.

A conclusão deste trabalho, iniciado há alguns anos, somente se verificou neste momento de desafios trazidos pela pandemia, quando o recolhimento forçado nos permitiu o incremento de reflexões e de diálogos em face da temperança do tempo.

Belo Horizonte, 30 de julho de 2020.

Pablo Gran Cristóforo
Marcelo de Oliveira Milagres

PREFÁCIO

A expansão do Direito Penal tornou-se, já há algum tempo, tema recorrente, controvertido e um tanto preocupante, ao menos para os juristas mais genuinamente comprometidos com as balizas delimitadoras de sua atuação no mundo real e mais sinceramente apreensivos com seu potencial de controle das diversas esferas da vida cotidiana. Afinal, estamos nos referindo a poderoso instrumento de controle social, seja no plano de sua prática, seja no plano simbólico, e seu uso prudencial e parcimonioso será sempre um dos motes centrais do discurso penal mais preocupado com a delimitação precisa do poder punitivo estatal.

Nesse sentido, um dos maiores desafios enfrentados nesse campo sempre foi reduzir o mais possível a incidência da pena privativa de liberdade, e a abundante literatura que nos fala de seus malefícios, inconsistências, contradições e perversidades é bastante conhecida e dificilmente refutável. O desafio sempre foi prover alternativas viáveis a ela ou, no limite, deslegitimá-la e aboli-la, opção sempre presente nos discursos de uma criminologia e de um penalismo de cariz mais acentuadamente crítico e ainda atraente para uma parte importante e respeitável de estudiosos da área.

O presente livro não avança nessa segunda direção. E não por desconhecimento ou por falta de sensibilidade dos autores para esses debates, mas sim, como eles próprios anunciam, pelo interesse em contribuir, de maneira concreta e objetiva, para o aperfeiçoamento da Justiça Criminal, reconhecidamente repleta de problemas e muito longe de sequer passar perto de seus objetivos declarados retoricamente. Mas se compromete em dialogar seriamente com a primeira, vale dizer, a busca de caminhos interpretativos capazes de contrair o mais possível a incidência da lei penal e processual penal. Seu compromisso com medidas despenalizadoras, sua atenção para as crescentes possibilidades de uma justiça consensual o mais possível comprometida com acordos processuais e procedimentais baseados na autonomia e escolha dos envolvidos atestam isso. A escolha do tema – a análise da Lei n.º 9.099/1995 – e a maneira como ele é abordado demonstram estarmos diante de um trabalho escrito por dois Promotores de Justiça imersos nos incontáveis problemas para a sua ideal aplicação e efetivação, e, não obstante, dispostos a efetivamente contribuir para o aperfeiçoamento dos chamados Juizados Especiais Criminais. Nunca deixando de reconhecer as limitações e os problemas do instituto, ainda assim consideram indispensável enfrentar o desafio da discussão dos melhores caminhos para se interpretar e aplicar essa lei. Trata-se de uma contribuição das mais valiosas para todos aqueles que estejam comprometidos com o aperfeiçoamento do sistema de justiça criminal, ainda que reconheça seus vícios e pecados de origem.

O trabalho tem ainda algo que o torna mais atraente e interessante. Está escrito por dois Promotores de Justiça que, embora atuando e vivendo juntos as agruras do dia a dia de um Juizado Especial Criminal, dedicam-se, no exercício do magistério, a disciplinas aparentemente distantes e quase inconciliáveis: O Direito Civil e o Direito Processual Penal. Pois fique tranquilo o leitor: é exatamente a junção desses dois olhares perscrutadores e atentos, aportando para o tema o que existe de mais atual e atraente nas duas disciplinas, que dá a ele um plus que não passará desapercebido aos leitores. Os próprios autores já aguçam a curiosidade do leitor na sua Apresentação, momento em que o preparam para uma discussão problematizada e instigante sobre a composição civil em fatos com a participação de múltiplos autores, aqui enriquecida por um diálogo com o Código Civil e as possíveis polêmicas daí advindas. A constante problematização, a disposição para o diálogo intelectual com posições diferentes, o equilíbrio entre a abordagem teórica e a necessidade de resolver problemas práticos e imediatos darão a tônica de um trabalho de grande utilidade para os profissionais mais diretamente envolvidos com a temática e para os estudantes ainda tateando no tema, mas dispostos a aprofundá-lo.

O Ministério Público do Estado de Minas Gerais – tenho certeza de que aqui falo em nome de todos os meus colegas e minhas colegas – sente-se honrado pelo fato de dois brilhantes colegas terem se decidido em compartilhar conosco e com todo o mundo jurídico seus conhecimentos e experiências profissionais adquiridos e acumulados pelo exercício sério e competente de suas atividades. E o fizeram com a acuidade e a fineza próprias de acadêmicos preocupados e comprometidos com a necessidade de estarem sintonizados com as necessidades práticas do sistema de justiça criminal, certamente e eternamente imperfeito, mas que pode ser melhorado com contribuições como as do presente trabalho.

Carlos Augusto Canedo Gonçalves da Silva

Professor na Universidade Federal de Minas Gerais (UFMG)

Procurador de Justiça - Ministério Público do Estado de Minas Gerais

SUMÁRIO

APRESENTAÇÃO III

PREFÁCIO V

INTRODUÇÃO 1

A COMPETÊNCIA DO JUIZADO ESPECIAL CRIMINAL................... 3

Art. 60 3

INFRAÇÕES PENAIS DE MENOR POTENCIAL OFENSIVO............... 6

Art. 61 6

Art. 62 17

Art. 63 20

Art. 64 23

Art. 65 25

Art. 66 27

Art. 67 29

Art. 68 30

DA FASE PRELIMINAR... 31

Art. 69 31

A AUTORIDADE POLICIAL E O TERMO CIRCUNSTANCIADO DE OCORRÊNCIA .. 32

LAVRATURA DE TCO PELO MAGISTRADO....................................... 36

RENÚNCIA À INVESTIGAÇÃO E SUPERVALORIZAÇÃO DO PRINCÍPIO DO *IN DUBIO PRO SOCIETATE* NA FASE DA PROPOSITURA DA AÇÃO 37

ENCAMINHAMENTO DOS ENVOLVIDOS AO JUIZADO ESPECIAL CRIMINAL..... 44

A FORMAÇÃO DA *OPINIO DELICTI* NO PROCEDIMENTO DO JUIZADO ESPECIAL CRIMINAL 48

FIGURA DO JUIZ DAS GARANTIAS – INAPLICABILIDADE 51

ARQUIVAMENTO DO TCO 52

DERROGAÇÃO DO ART. 5º, § 4º, DO CÓDIGO DE PROCESSO PENAL 54

ACORDO DE NÃO PERSECUÇÃO PENAL 56

Art. 70 58

Art. 71 58

Art. 72 63

Art. 73 66

Art. 74 68

DELITOS DE AÇÃO PENAL PÚBLICA INCONDICIONADA: COMPOSIÇÃO CIVIL E PACIFICAÇÃO SOCIAL 71

Art. 75 74

Art. 76 78

ORIGEM E NATUREZA JURÍDICA DO INSTITUTO DA TRANSAÇÃO PENAL, EFEITOS DO CUMPRIMENTO E DO DESCUMPRIMENTO 80

CRIMES DE AÇÃO PENAL PÚBLICA, DELITOS DE AÇÃO PENAL PRIVADA E LEGITIMADOS A PROPOR A TRANSAÇÃO PENAL 83

DELIMITAÇÃO DA TRANSAÇÃO PENAL E O MINISTÉRIO PÚBLICO 87

TRANSAÇÃO PENAL ACEITA NA PRESENÇA DE ADVOGADO. PREVALÊNCIA DE UM SOBRE A RECUSA DE OUTRO 90

MOMENTO DE OFERECIMENTO DA TRANSAÇÃO PENAL 91

CASOS DE CABIMENTO, REQUISITOS E HIPÓTESES INADMISSÍVEIS 93

HOMOLOGAÇÃO DA TRANSAÇÃO PENAL 101

Art. 77 106

Art. 78 112

Art. 79 116

Art. 80 118

Art. 81 121

Art. 82 135

APELAÇÃO 135

Art. 83 139

EMBARGOS DE DECLARAÇÃO 139

RECURSO EM SENTIDO ESTRITO 140

EMBARGOS INFRINGENTES... 142

CARTA TESTEMUNHÁVEL... 143

RECURSOS ESPECIAL E EXTRAORDINÁRIO... 144

AÇÕES CONSTITUCIONAIS – *HABEAS CORPUS*, MANDADO DE SEGURANÇA
E REVISÃO CRIMINAL 145

CORREIÇÃO PARCIAL 152

Art. 84 154

Art. 85 154

Art. 86 154

Art. 87 156

Art. 88 157

Art. 89 158

SUSPENSÃO CONDICIONAL DO PROCESSO: NATUREZA JURÍDICA.............. 158

1. LEGITIMIDADE ATIVA.. 161

2. LEGITIMIDADE PASSIVA... 162

3. REQUISITOS 163

3.1 Crimes com pena mínima cominada igual ou inferior a 1 (um) ano
independentemente do rito processual... 163

3.2 Denunciado que não esteja sendo processado ou não tenha sido
condenado por outro crime.. 164

3.3 Presença dos requisitos que autorizam a suspensão condicional da pena.... 166

4. PERÍODO DE PROVA E SUA PRORROGAÇÃO 167

5. CONDIÇÕES DA SUSPENSÃO CONDICIONAL DO PROCESSO 168

    5.1 Reparação do dano, salvo impossibilidade de fazê-lo 168

    5.2 Proibição de frequentar determinados lugares.................................... 168

    5.3 Proibição de ausentar-se da comarca onde reside, sem autorização do juiz 169

    5.4 Comparecimento pessoal e obrigatório a juízo, mensalmente, para informar e justificar suas atividades... 169

    5.5 Condições judiciais adequadas ao fato e à situação pessoal do acusado... 170

6. MOMENTO DA OFERTA.. 170

7. PRODUÇÃO ANTECIPADA DE PROVA DURAN 171

8. PRESCRIÇÃO... 171

9. RECURSOS 171

10. REVOGAÇÃO (CAUSAS OBRIGATÓRIAS E CAUSAS FACULTATIVAS)........... 172

11. EXTINÇÃO DE PUNIBILIDADE 172

12. EFEITO DO PACOTE ANTICRIME.. 173

Art. 90 174

Art. 91 175

Art. 92 176

Art. 93 177

Art. 94 178

Art. 95 179

Art. 96 180

Art. 97 181

Art. 98 182

ANEXO 183

REFERÊNCIAS 193

INTRODUÇÃO

Não há dúvida de que o homem de hoje se relaciona e se organiza de forma distinta de décadas atrás. O agrupamento, nominado por Ulrich Beck[1] como sociedade de risco, já não traz as mesmas características das pensadas pelo legislador de 1941, quando da promulgação do Código de Processo Penal.

As sociedades de hoje são muito mais populosas do que as de nossos ancestrais, fruto do êxodo sistemático das zonas rurais e de pequenos vilarejos para os grandes centros, o que exigiu do sistema de Justiça melhor adaptação para dar vazão às infindáveis demandas por soluções.

Assim, quanto maior o número de relações pessoais e humanas, exponenciais os problemas dali recorrentes. Consequentemente, o aumento de problemas e de conflitos exige do Estado – substituto legal da vingança privada e detentor legítimo do *jus persequendi* e do *jus puniendi* – maior celeridade e eficiência na resolução das demandas.

A transição entre a forma de se processar prevista no Código de Processo Penal de 1941 e a nova fórmula trazida pela Lei 9.099/1995, como plano piloto e primeiros passos para o que hoje se viu, com o advento da Lei 13.964/2019 (conhecido como Pacote Anticrime), demonstra o abandono, pouco a pouco, das velhas práticas do *Civil Law* e caminha para a adoção de um processo penal mais flexível, mais dinâmico e mais resolutivo, características presentes no sistema da *Common Law*.

Institutos como composição civil entre os envolvidos (vítima e autor do fato), transação penal e suspensão condicional do processo conferem maior agilidade na solução do litígio, incapaz de ser alcançada no tradicional e moroso processo penal de nosso antigo Código de Processo Penal.

A flexibilização das amarras processuais, a maior discricionariedade das partes na construção de uma solução mediada e a busca pela satisfação dos anseios dos envolvidos, com possibilidade de trilhar caminhos alternativos, são alguns dos trunfos da Lei 9.099/95, que agora empresta seu êxito e suas novas formas de resolver os conflitos ao Código de Processo Penal.

---

1. BECK, Ulrich. *Sociedade de risco*: rumo a uma outra modernidade. 2. ed. São Paulo: Ed. 34, 2013, p. 361.

No ensinamento de Silva Sanches,[2] a Lei 9.099/1995 inaugurou o que denominou como Direito Penal de Segunda Velocidade, o que significa dizer que o legislador optou por adotar um rito mais célere, com soluções mais rápidas, flexibilizando algumas garantias individuais, mas, como moeda de troca, abrandando consideravelmente a pena e retirando boa parte de sua carga aflitiva.

Malgrado a existência de avanços em razão da aplicação de medidas de despenalização e de mitigação do princípio da obrigatoriedade da ação penal pública, por óbvio, o rito sumaríssimo e a sistemática abraçada pela Lei 9.099/1995 têm inúmeros problemas na praxe, que mereceram análise pormenorizada seja para alertar os estudantes e operadores do Direito quanto a eventuais dificuldades, seja para sugerir, propositivamente, mudanças que podem contribuir para o aperfeiçoamento do Juizado Especial Criminal.

O presente trabalho assumiu um esqueleto de análise artigo por artigo, com o fito de facilitar o manuseio para o dia a dia forense e para o estudo doutrinário e acadêmico, sem perder, em profundidade, quanto às questões que mereciam maior discussão jurídica. Nesse sentido, o texto avançou sobre o estudo do sistema acusatório, sobre a explanação da estrutura do Juizado Especial Criminal e sobre a avaliação das atribuições de cada um dos protagonistas processuais (Magistrado, Promotor de Justiça, Polícia Judiciária, Defensor, Assistente de Acusação, vítima, réu etc.), além da análise de princípios e valores atrelados à Justiça Consensual, medidas de despenalização e caminhos alternativos de composição, termos circunstanciados de ocorrência, formas processuais, colheita de provas, atos processuais e todas as nuances do rito sumaríssimo e aplicação subsidiária, quando compatível, das normas do Código de Processo Penal.

Trata-se, portanto, de uma pesquisa bibliográfica de raciocínio lógico dedutivo, que alia o estudo teórico e a *expertise* de quem trabalha, dia a dia, na Promotoria de Justiça com atribuição exclusiva no Juizado Especial Criminal de Belo Horizonte e que tem a preocupação de contribuir para o aperfeiçoamento do sistema de modo a torná-lo eficiente e funcional.

---

2. SÁNCHEZ, Jesús-Maria Silva. *A expansão do direito penal*. Aspectos da política criminal nas sociedades pós-industriais. Trad. Luiz Otávio de Oliveira Rocha. São Paulo: Ed. RT, 2002. (As Ciências Criminais no Século XXI, v. 11).

A COMPETÊNCIA DO JUIZADO ESPECIAL CRIMINAL

Art. 60. O Juizado Especial Criminal, provido por Juízes togados ou togados e leigos, tem competência para a conciliação, o julgamento e a execução das infrações penais de menor potencial ofensivo.

Durante certo tempo, discutiu-se sobre ser ou não absoluta a competência do Juizado Especial Criminal, de modo a não permitir prorrogação ou a exigir invalidação de processo que tenha tramitado em Juízo incompetente desde o início.

Muito se dizia que, como a competência do Juizado Especial Criminal está prevista na Constituição da República, isso, por si só, seria suficiente para atestar como absoluta sua competência para julgar as infrações penais de menor potencial ofensivo.

Mais tarde, essa posição foi perdendo força, porquanto se percebeu que a Constituição da República previa a existência do Juizado Especial Criminal, mas deixava à lei ordinária a definição do que seria sua competência e quais seriam os parâmetros para a classificação do que seria infração penal de menor potencial ofensivo.

De fato, a evolução da doutrina no sentido de que o Juizado Especial Criminal não tem competência absoluta para julgar infrações de menor potencial ofensivo é a que melhor se coaduna com a própria Lei 9.099/1995, uma vez que, em inúmeras situações, a lei impõe o deslocamento da competência para a Vara Criminal Comum, o que seria óbice em face das regras da competência *ratione materiae*.

É cediço, por exemplo, que, se o denunciado não for encontrado, deverá ser citado por edital, modalidade não compatível com a celeridade e a informalidade do Juizado Especial Criminal, exigindo-se, por lei, o deslocamento da competência (art. 66, parágrafo único). Do mesmo modo, em caso de complexidade na investigação e elucidação ou de necessidade de se fazer uma perícia mais minuciosa, será preciso deslocar-se a competência para a Justiça Criminal Comum (art. 77, § 2º). Ainda, em caso de ser imprescindível a abertura de incidente de insanidade mental, a fim de avaliar a imputabilidade do agente, dever-se-á encaminhar os autos à Justiça Criminal Comum, afastando-se, assim, a competência do Juizado Especial Criminal, malgrado existam posições em contrário, a firmar, nesses casos, a competência do Juizado Especial.

Por tudo isso é que a melhor corrente parece ser a que firma a competência relativa do Juizado Especial Criminal para julgar as infrações de menor potencial ofensivo, afastando, com isso, os rigores da competência absoluta em razão da matéria. De mais a mais, como se viu, não há diferença de conteúdo entre uma infração de menor potencial ofensivo e outra de competência da Justiça Criminal, senão apenas a distinção da intensidade da resposta penal estatal.

Quanto à execução, a secretaria do Juizado Especial Criminal, a teor do art. 84, cuidará apenas da pena de multa aplicada com exclusividade. Na hipótese de penas privativas de liberdade e restritivas de direitos, ou de multa cumulada com estas, a execução caberá ao órgão competente definido em lei (art. 86).

A competência do Juizado Especial Criminal não afasta as regras procedimentais sobre eventual conexão ou continência (arts. 78 e 79 do Código de Processo Penal), cabendo destacar que, se o somatório das penas máximas cominadas aos delitos ultrapassar o limite de competência do Juizado Especial Criminal, deverá ser reconhecida a competência do Juízo Comum (STJ. CC 104.193/PR. Rel. Min. Maria Thereza de Assis Moura, j. 12.08.2009).

O Superior Tribunal de Justiça entendeu ainda pela competência do Juizado Especial Criminal na hipótese de desclassificação da imputação originária para delito de menor potencial ofensivo (STJ. AResp 1026625/MG. Rel. Min. Reynaldo Soares da Fonseca, j. 21.02.2017).

Sobreleva notar, outrossim, a aplicação do procedimento da Lei 9.099/1995 a delitos que não são de menor potencial ofensivo. Nesse sentido, dispõe o art. 94 da Lei 10.741, de 1º de outubro de 2003 – Estatuto do Idoso –, que "Aos crimes previstos nesta Lei, cuja pena máxima privativa de liberdade não ultrapasse 4 (quatro) anos, aplica-se o procedimento previsto na Lei 9.099, de 26 de setembro de 1995, e, subsidiariamente, no que couber, as disposições do Código Penal e do Código de Processo Penal". Segundo o Supremo Tribunal Federal (STF), no julgamento da Ação Direta de Inconstitucionalidade 3096/DF, é cabível o procedimento sumaríssimo aos delitos em desfavor dos idosos, não sendo aplicável, contudo, nenhuma medida despenalizadora em favor dos ofensores, autores do fato ou denunciados.

Quanto ao preceito segundo o qual o Juizado Especial Criminal será composto de juízes togados ou de juízes togados ou leigos, impende atestar que, até o presente momento, na prática, sua formação se faz a exemplo da Justiça Criminal Comum, ou seja, é composto apenas por juiz togado, que pertence aos quadros da Magistratura.

Na resolução dos conflitos e com vistas à pacificação social, o legislador buscou reconhecer o protagonismo dos conciliadores, ou seja, dos auxiliares do juiz togado.

Com frequência, os conciliadores têm participação importante na fase preliminar ao ajuizamento da ação penal. É na audiência preliminar, na tentativa de composição das partes, que o conciliador encontra papel fundamental, ouvindo as partes, mediando o conflito e levando para o juiz togado eventual acordo, para fins de possível homologação. Os conciliadores são auxiliares da Justiça, recrutados, na forma da lei local, preferencialmente entre bacharéis em Direito, excluídos os que exerçam funções na administração da Justiça Criminal (parágrafo único do art. 73).

A propósito, nessa fase preliminar, o Juizado Especial Criminal, atento a seu objetivo pacificador, vale-se de vários personagens qualificados, como assistentes sociais, psicólogos e estudantes de direitos, todos formando um corpo multidisciplinar, com foco na restauração do *status quo* (situação anterior ao crime). É nessa fase e com o trabalho desses atores que o juiz togado pode tentar a justiça restaurativa.

Nessa etapa, as técnicas da justiça penal consensual objetivam a pacificação social, não se podendo descurar das hipóteses da composição dos danos civis, da renúncia ao direito de representação (também cabível mesmo depois de oferecida a peça criminal)[1] e da renúncia ao direito de queixa (na ação penal privada), tudo a culminar na extinção da punibilidade do agente (art. 74, parágrafo único, da Lei 9.099/1995 e art. 107, V, do Código Penal).

É nesse ponto que o Juizado Especial Criminal se difere dos outros órgãos jurisdicionais. O instrumental da Lei 9.099/1995, com destaque para as medidas despenalizadoras,[2] associado ao preparo e ao trabalho da equipe multidisciplinar, torna possível a humanização do processo, em uma percepção clara de que, por trás dos autos, existem pessoas, dramas, histórias de vida e dificuldades de relacionamento.

Muitas vezes, é na "construção" de um acordo que se evita a perpetuação de litígios em relações humanas continuadas (familiares, vizinhos, colegas de trabalho etc.), na certeza de que a aplicação de um Direito Penal puramente sancionatório não resolveria a questão e, por vezes, incrementaria ressentimentos e mágoas. Não se deve olvidar que uma condenação pode, muitas vezes, piorar as relações entre familiares, fomentando, possivelmente, uma sensação de revolta no condenado. Da mesma forma, uma absolvição, além de poder trazer rancores para a pretensa vítima, que almejava outro desfecho processual, pode instigar uma sensação de mágoa no réu, por ter sofrido as aflições de um processo penal para, ao final, demonstrar sua inocência.[3] O valor da justiça deve ser traduzido na sensação de satisfação de todos os envolvidos no conflito. A resolução desse conflito envolve também um olhar para a vítima, vencendo-se o paradigma de um Direito Penal sancionador, com o foco apenas no autor do fato.

Por tais motivos, a pacificação social e a justiça restaurativa, enfim, todos os mecanismos de autocomposição ganham importância no ambiente do Juizado Especial Criminal, humanizando a relação processual na busca da solução, não do procedimento, mas do conflito.

---

1. Súmula 542 do STJ: "A ação penal relativa ao crime de lesão corporal resultante de violência doméstica contra a mulher é pública incondicionada."

2. Súmula 536 do STJ: "A suspensão condicional do processo e a transação penal não se aplicam na hipótese de delitos sujeitos ao rito da Lei Maria da Penha."

3. Vale lembrar que uma absolvição nem sempre atesta a inocência do réu, bastando a dúvida para que este não seja responsabilizado.

INFRAÇÕES PENAIS DE MENOR POTENCIAL OFENSIVO

Art. 61. Consideram-se infrações penais de menor potencial ofensivo, para os efeitos desta Lei, as contravenções penais e os crimes a que a lei comine pena máxima não superior a 2 (dois) anos, cumulada ou não com multa.

Com o surgimento da Lei 9.099, em 1995, o ordenamento jurídico trouxe a conceituação de crime de menor potencial ofensivo como aquele de pena máxima privativa de liberdade de até 1 (um) ano.

Por certo tempo, doutrina e jurisprudência discordavam ao interpretar a Lei 10.259, de 12 de julho de 2001,[1] que disciplina o Juizado Especial Federal. Isso porque, no art. 2º, constava que infração de menor potencial ofensivo era aquela cuja pena máxima privativa de liberdade não ultrapassasse 2 (dois) anos. Assim, parte da comunidade jurídica entendeu que a nova conceituação de infração de menor potencial ofensivo, vinculando-a à pena máxima de 2 (dois) anos ou multa, só se aplicaria ao Juizado Especial Federal. Por outro lado, ganhou adeptos a corrente que entendeu que a nova lei veio alterar a conceituação da citada infração, seja no âmbito federal, seja no Juizado Especial Criminal estadual.

O advento da Lei 11.313, de 28 de junho de 2006, pôs fim à celeuma, ao formalizar o que já se encontrava sedimentado no mundo jurídico. O art. 61 da Lei 9.099/1995[2] ganhou nova redação, alterando o limite máximo de pena para a definição de infração penal de menor potencial ofensivo, equiparando-o para os delitos estaduais ou federais.

Doravante, com o novo texto, infração de menor potencial ofensivo passou a ser, não só as contravenções penais, como também o crime cuja pena máxima privativa de liberdade não ultrapasse 2 (dois) anos, além dos delitos apenados exclusivamente com multa.

Nota-se que, ontologicamente, o conteúdo de um crime grave não se difere da infração penal de menor potencial ofensivo, assim como a contravenção penal não

---

1. Artigo 2º da Lei 10.259/2001 – Compete ao Juizado Especial Federal Criminal processar e julgar os feitos de competência da Justiça Federal relativos às infrações de menor potencial ofensivo, respeitadas as regras de conexão e continência.

   Parágrafo único. Na reunião de processos, perante o juízo comum ou o tribunal do Júri, decorrente da aplicação das regras de conexão e continência, observar-se-ão os institutos da transação penal e da composição dos danos civis.

2. Artigo 61. Consideram-se infrações penais de menor potencial ofensivo, para os efeitos desta Lei, as contravenções penais e os crimes a que a lei comine pena máxima não superior a 2 (dois) anos, cumulada ou não com multa.

destoa de nenhum outro delito. Tudo não passa de uma escolha do legislador na catalogação dos comportamentos que mereçam maior ou menor punição.

Nada impede que, com uma modificação legislativa, instigada pela mudança social e pelos valores da comunidade, uma contravenção penal passe a assumir a roupagem de crime, ou vice-versa. Da mesma forma, nada impede que um crime de menor potencial ofensivo (cuja pena máxima não ultrapasse 2 (dois) anos) venha a ser considerado crime comum, ou o reverso.

Na verdade, a perfeita compreensão de quais comportamentos merecem retribuição penal e de qual deveria ser a intensidade dessa reação estatal é tarefa das mais árduas, porquanto não se pode dissociar dos princípios da ofensividade[3] ao bem jurídico, também chamado de lesividade, e da proporcionalidade[4] da resposta penal.

Não se pode olvidar que a catalogação correta do que deve ser infração de menor potencial ofensivo, a sugerir uma resposta sancionatória de diminuta monta, é de extremada importância, para que não impere a sensação de injustiça.

Costuma-se dizer que a reação do Estado não pode ser nem além do necessário, a ponto de produzir sensação de piedade e dó daquele que praticou a infração penal e sofreu a sanção, nem aquém do desejado, de modo que o ofendido ainda almeje a vingança privada.

---

3. "O princípio da lesividade impõe que todo tipo penal deve descrever ou abrigar um comportamento suficiente a produzir danos concretos ou perigo efetivo de danos à pessoa, assim considerados aqueles que atinjam o conjunto dos atributos reconhecidos ao Homem, como necessários ao desenvolvimento de suas potencialidades" (PACELLI, Eugênio. CALLEGARI, André. *Manual de Direito Penal – Parte Geral*. 4. ed. São Paulo: Atlas, 2018, p. 91).

4. Ao explicar o princípio da proporcionalidade em suas duas facetas (proibição de excesso estatal e proibição de proteção insuficiente), Canotilho explica que "o campo de aplicação mais importante do princípio da proporcionalidade é o da restrição dos direitos, liberdades e garantias por actos dos poderes públicos. No entanto, o domínio lógico de aplicação do princípio da proporcionalidade estende-se aos conflitos de bens jurídicos de qualquer espécie. Assim, por exemplo, pode fazer-se apelo ao princípio no campo da relação entre a pena e a culpa no direito criminal (CANOTILHO, J.J. Gomes. *Direito constitucional e teoria da constituição*. 7. ed. Coimbra: Almedina, 2003, p. 457). Explica, ainda, Edilson Mougenot Bonfim que tal princípio "funciona como método hermenêutico para dizer qual deles (princípios em conflito) e de que forma prevalece sobre o outro princípio antagônico. Argumenta-se, dessa forma, ser o princípio da proporcionalidade, na verdade, um 'princípio hermenêutico', uma nova categoria, próxima ou análoga a um verdadeiro método de interpretação jurídico posto em prática sempre que houver a necessidade de restringir direitos fundamentais. Objetiva ser uma restrição às restrições dos direitos fundamentais por parte do Estado. (...) A modalidade 'proibição de excesso'. Em um primeiro aspecto, sua concretização implica a proibição de que o Estado, ao agir, tanto na posição de acusador quanto na de julgador, pratique, em sua atividade, qualquer excesso. (...) Proibição de infraproteção ou proibição de proteção deficiente: a outra vertente do princípio da proporcionalidade. (...) se compreende que, uma vez que o Estado se compromete pela via constitucional a tutelar bens e valores fundamentais (vida, liberdade, honra etc.), deve fazê-lo obrigatoriamente da melhor maneira possível (...) uma garantia dos cidadãos contra agressões de terceiros – 'proteção horizontal' –, no qual o Estado atua como garante eficaz dos cidadãos, impedindo tais agressões (tutelando eficazmente o valor 'segurança', garantido constitucionalmente) ou punindo os agressores (valor 'justiça', assegurado pela Constituição Federal). Dessa forma, pelo 'princípio da infraproteção', toda atividade estatal que infringi-lo seria nula, ou seja, inquina-se o ato jurídico violador do princípio com a sanção de nulidade" (BONFIM, Edilson Mougenot. *Código de Processo Penal anotado*. 6. ed. São Paulo: Saraiva, 2017, p. 37-41).

Poder-se-ia, aqui, elencar várias infrações penais que não estão bem distribuídas no ordenamento jurídico. Apenas a título de exemplo, o tipo do crime de ameaça, previsto no art. 147 do Código Penal, que traz pena de 1 (um) a 6 (seis) meses de detenção, estipula uma sanção penal pouco eficaz na maior parte das situações práticas, visto que, não raras vezes, a promessa de mal injusto e grave ultrapassa as raias da mera bravata e ganha contornos de prenúncio de algo maior. Uma ameaça de morte, quando séria e potencial, é suficiente para causar temor na vítima, alterando substancialmente seu estado emocional, como gatilho ao alerta e à modificação de modo de vida.

O mesmo acontece com os crimes previstos na Lei 9.605, de 12 de fevereiro de 1998 (Lei de Crimes Ambientais), sendo certo que, muitos deles, são delitos de menor potencial ofensivo, mas, na verdade, diante da importância do bem jurídico tutelado (vida em última análise, já que o meio ambiente equilibrado é essencial para a manutenção da sadia qualidade de vida, inclusive das gerações vindouras – art. 225 da Constituição da República), deveriam receber maior atenção do legislador penal, abarcando uma resposta estatal mais rigorosa, no afã de desestimular novas ofensas. Há que se ter uma retribuição tão vigorosa quanto o desvalor da conduta e as consequências do ato.[5]

A análise dessa adequação ou inadequação normativa não é objeto do nosso trabalho.

Todavia, ao eleger quais crimes seriam de menor potencial ofensivo, o legislador deveria destacar aqueles que, de fato, não atingem sobremaneira a ordem pública ou não prejudicam a manutenção da harmonia social, embora ainda sejam suficientemente relevantes para permanecerem com *status* de condutas penalmente puníveis.

Na prática, vislumbramos uma gama de delitos ditos de menor potencial ofensivo que, verdadeiramente, não apresentam uma relevância penal. Seriam condutas objeto de outras esferas de responsabilidade (civil e administrativa). Atente-se ao fato de que a conceituação de infrações penais de menor potencial ofensivo está vinculada à quantidade sancionatória do preceito secundário da norma penal incriminadora, quando preferível seria a avaliação prévia do desvalor da conduta e sua potencialidade de desestabilizar as relações humanas e a vida em grupo.

A opção por conceituar infração de menor potencial ofensivo, valendo-se tão somente da pena máxima aplicada, afastando-se a análise da ofensividade ao bem

---

5. "Emprestando os requisitos supracitados, pode-se concluir que a Lei 9.605/98 se afasta da proporcionalidade, porquanto, apesar de perseguir um objetivo legítimo (proteção da vida condigna, através da manutenção de um meio ambiente ecologicamente equilibrado, essencial à sadia qualidade de vida, não possui estrutura, nem carga punitiva para alcançar o fim visado. Comprovar-se-á, além disso, que muitos dispositivos ali contidos são ineficazes para atingir o nível de salvaguarda ao meio ambiente, além de não ser, por muitas vezes, a via necessária e adequada para alcançá-lo. A proteção pela norma penal, por incontáveis situações, não foi suficiente para agasalhar o bem ambiental, por fragilidade coercitiva e inconsistência punitiva" (CRISTÓFORO, Pablo Gran. *Lei de Crimes Ambientais* – Além e aquém da justa medida. Rio de Janeiro: Lumen Juris, 2017, p. 121).

jurídico e de sua relevância harmônico-social, não ocasionaria problema algum se a sanção escolhida fosse efetivamente adequada à reprovabilidade da conduta.

Melhor seria que a conceituação de crime de menor potencial ofensivo levasse em conta o preceito primário da norma penal incriminadora (voltada para o bem jurídico e sua ofensividade), e não somente o preceito secundário do dispositivo penal (que remete à qualidade e à quantidade da pena a ser imposta).

Na prática, está comprovada, em muitos casos, a falta de correlação lógica e razoável entre a reprovação da conduta e a pena retributiva prevista, uma vez que se observam comportamentos que, embora legalmente definidos como infrações de menor potencial ofensivo, apresentam flagrante ofensividade ao bem tutelado de grande envergadura e estabilização harmônico-social e, por isso, exigiriam melhor resposta estatal.

Assim, em várias oportunidades, os membros da Magistratura e do Ministério Público são questionados sobre a possibilidade de respostas diversas para determinados fatos, o que ensejaria, por exemplo, a aplicação de medidas protetivas[6] ou até mesmo de uma prisão de natureza cautelar, mas que, por distorções na qualificação do delito ou na má dimensionalidade e distribuição deste no ordenamento jurídico, nada se pode fazer, porquanto acabou por receber do legislador o rótulo de infração penal de menor potencial ofensivo, sem que a ofensividade, em si, tivesse sido levada a efeito no caso concreto.

Mas não é só. O art. 61 da Lei 9.099/1995 traz para o âmbito do Juizado Especial Criminal todas as contravenções penais[7] previstas no Decreto-Lei 3.688, de 3 de outubro de 1941, independentemente da pena prevista.[8] Assim, todas as contravenções penais são consideradas infrações penais de menor potencial ofensivo.

Aqui, a dificuldade supracitada ainda continua, visto que muitas das condutas, previstas na conhecida Lei de Contravenções Penais, alcançam os mais diversificados bens jurídicos, merecendo, quando muito, uma tutela administrativa. Várias condutas contravencionais não deveriam alcançar o *status* penal, à medida que o Direito Penal só deveria se preocupar com as violações mais graves e relevantes.

Quanto ao bem jurídico tutelado, sobreleva o escólio de Francisco Muñoz Conde (Tradução de Juarez Tavares e Luiz Regis Prado. *Teoria geral do delito*. Porto Alegre: Sergio Antonio Fabris Editor, 1988, p. 51), segundo o qual "a qualidade do bem jurídico, portanto, é algo que a lei cria e não alguma coisa que lhe seja preexistente. É lógico

---

6. Contrariamente, o Enunciado 121 do FONAJE (Fórum Nacional dos Juizados Especiais), segundo o qual "as medidas cautelares previstas no art. 319 do CPP e suas consequências, à exceção da fiança, são aplicáveis às infrações de menor potencial ofensivo para as quais a lei cominar em tese pena privativa de liberdade."

7. Súmula 38 do STJ: "Compete à Justiça Estadual Comum, na vigência da Constituição de 1988, o processo por contravenção penal, ainda que praticada em detrimento de bens, serviços ou interesse da União ou de suas entidades."

8. Súmula 588 do STJ: "A prática de crime ou contravenção penal contra a mulher com violência ou grave ameaça no ambiente doméstico impossibilita a substituição da pena privativa de liberdade por restritiva de direitos".

que se espera, de acordo com o princípio da intervenção mínima, que o legislador só utilize o Direito Penal para proteger bens jurídicos verdadeiramente importantes e tipifique aqueles comportamentos verdadeiramente lesivos ou perigosos para esses bens jurídicos. Daí a necessidade de ter sempre presente uma atitude crítica tanto frente aos bens jurídicos protegidos quanto à forma de protegê-los penalmente".

A exemplo do Direito Penal português, muitos comportamentos contravencionais poderiam ter a atenção do Direito Administrativo Sancionatório, como no caso das "contraordenações" portuguesas,[9] sem que isso impedisse que as decisões administrativas que determinassem a aplicação de uma "coima" (sanção), acaso impugnadas, pudessem ser submetidas à via judicial.

Com isso, adotado o sistema português, por exemplo, boa parte das contravenções penais seria processada e punida administrativamente e apenas em alguns casos haveria apreciação do Poder Judiciário. Tal medida deixaria para o âmbito penal somente as condutas que necessitariam de maior reprimenda, distribuindo estas em infrações de razoável potencial ofensivo, sujeitas ao Juizado Especial Criminal, e delitos mais graves, afetos à Justiça Criminal comum.

Destaca-se que a atualidade é muito diversa daquela em que publicado o Decreto-Lei 3688/1941, conhecido como Lei de Contravenções Penais. A sociedade se alterou muito, os valores são diversos, os desafios são outros.

Exemplo disso é a contravenção penal de "vadiagem", tipificada no art. 59 do Decreto-Lei 3.688/1941, que penaliza, com prisão simples de 15 dias a 3 meses, quem, sendo válido para o trabalho e sem possuir renda, entrega-se ao ócio. Outro caso é o do art. 60 da norma citada, que pune, na mesma medida, quem mendigar, por ócio ou cupidez.

Não se pode desconsiderar os princípios penais da intervenção mínima[10] e da fragmentariedade.[11] Em verdade, nem todas as preocupações do legislador de 1941,

---

9. "Ilícitos de diferente natureza, ao crime e à contraordenação correspondem também processos distintos: o processo penal para os crimes, o processo de contraordenação para as contraordenações. (...) A regra é que todo o processo de contraordenação é instruído e decidido pelas autoridades administrativas (art. 33), mas a decisão da autoridade administrativa que aplica uma coima é susceptível de impugnação judicial (art. 59, n. 1) para cujo conhecimento é competente o tribunal judicial em cuja área se tiver praticado a infracção (art. 61)". (SILVA, Germano Marques da. *Direito Processual Penal Português* – Noções gerais e sujeitos processuais e objecto. Lisboa: Universidade Católica Ed., 2013, p. 143-144).

10. "A intervenção mínima surge como a alternativa efetivamente acolhida pela ordem jurídica nacional para a configuração de seu Direito Penal, e, mais especificamente, no âmbito da hermenêutica penal. Constitui, sim, matéria de observância necessária no âmbito da política criminal, mas, também, instrumental apto e suficiente a exercer controle do excesso incriminador no interior dos tipos penais, ocupando papel relevante no campo da prática do direito, quando nada para diminuir o alcance da respectiva incidência (dos tipos), quando desconectada com o sistema geral de reprovações e de conduta proibidas. Em um Estado de Direito, o *máximo* que se concede em matéria penal é a intervenção *mínima*" (PACELLI. Eugênio. CALLEGARI, André. *Manual de Direito Penal* – Parte geral. 4. ed. São Paulo: Atlas, 2018, p. 88).

11. "E é exatamente do postulado da intervenção mínima que se pode também deduzir o caráter fragmentário do Direito Penal. Ora, se a intervenção penal deve ser mínima, segundo uma valoração racional quanto à importância e à necessidade de tutela penal de determinados bens jurídicos, é preciso, então, que o universo das incriminações somente incida de modo fragmentário, isto é, sobre apenas alguns daqueles bens

quando da idealização do Decreto-Lei 3.688, estão presentes nos dias atuais. Os desafios, como sublinhado, são outros.

A "ontologia do pouco ou do muito", a escolha do que seja penalmente relevante e aquilo que mereça reprimenda penal, seja no Juizado Especial Criminal, seja na Justiça Criminal comum, é matéria complexa, que muito exorbita dos limites deste *Manual*.

Cumpre salientar também que não há que se confundir infração penal de menor potencial ofensivo com crime de bagatela ou insignificante,[12] visto que a primeira é definida no art. 61 da Lei 9.099/1995 e o segundo é aquele que, pela insignificância da repercussão penal e pela irrisória ofensa ao bem jurídico, acaba por acarretar a atipicidade material (lembrando, de maneira rasa, que tipicidade penal[13] é, para a maioria da doutrina, a tipicidade formal – descrição do fato típico e subsunção do comportamento à citada descrição –, acrescida da tipicidade material, que é a ofensa ou o perigo de lesão ao bem jurídico tutelado).

Desse modo, é diferente o tratamento que o Direito Penal oferece para as condutas que têm pouco calibre ofensivo (menor potencial) e para aquelas que não chegam nem sequer a um nível mínimo de repercussão penal (insignificante). Os primeiros receberão atenção do Direito Penal no Juizado Especial Criminal; as segundas não são consideradas crimes.

Seja como for, os crimes cuja pena máxima privativa de liberdade abstrata não ultrapasse 2 (dois) anos devem ser processados no Juizado Especial Criminal, porquanto são considerados infrações de menor potencial ofensivo.

Nota-se, entretanto, que o critério da conceituação acima é o máximo da pena em abstrato prevista, e não a sanção aplicada na sentença condenatória.[14] A verificação da natureza da infração se faz *ex ante*, ou seja, anteriormente ao início da relação jurídica processual, com base no preceito secundário da norma penal incriminadora.

Impende ressaltar que a pena máxima prevista para o tipo penal nem sempre se faz de pronto, com uma simples mirada de olho no preceito secundário da norma. Em algumas situações, principalmente na hipótese de concorrência de uma causa

---

(jurídicos). E não só. Que incida apenas quando se tratar a de danos de maior gravidade, na medida em que a própria intervenção penal é também, por ela mesma, igualmente grave" (idem, p. 88).

12. "Trata-se do denominado *princípio da insignificância*, que permite, na maioria dos tipos, excluir os danos de pouca importância. (...) Segundo o princípio da insignificância, que se revela por inteiro pela sua própria denominação, o direito penal, por sua natureza fragmentária, só vai até onde seja necessário para a proteção do bem jurídico. Não deve ocupar-se de bagatelas" (TOLEDO, Francisco de Assis. *Princípios básicos de direito penal*. 5. ed. São Paulo: Saraiva, 1994, p. 133).

13. "Modernamente, porém, procura-se atribuir ao tipo, além desse sentido formal, um sentido material. Assim, a conduta, para ser crime, precisa ser típica, precisa ajustar-se formalmente a um tipo legal de delito (*nullum crime sine lege*). Não obstante, não se pode falar ainda em tipicidade, sem que a conduta seja, a um só tempo, materialmente lesiva a bens jurídicos, ou ética e socialmente reprovável" (idem, p. 130-131)

14. STJ, Resp 1563647/PI, Rel. Min. Nefi Cordeiro, j. 08.05.2017.

de aumento de pena, deve-se levar em conta a pena máxima prevista no tipo penal, com acréscimo do máximo de aumento de pena da causa especial.

Assim, tomando como exemplo o art. 303 do Código de Trânsito Brasileiro[15] (lesão corporal culposa no trânsito), que prevê, na modalidade do *caput*, pena de detenção máxima de 2 (dois) anos, poderá deixar o rótulo de infração de menor potencial ofensivo caso a condução do veículo tenha se dado por condutor inabilitado (hipótese do parágrafo único),[16] quando, então, a pena poderá sofrer um adição de 1/3(um terço) a metade. Apenas para deixar claro, a pena máxima prevista para essa hipótese é de 3 (três) anos de detenção, ou seja, 2 (dois) anos referentes ao máximo trazido no preceito secundário vinculado ao *caput*, acrescido do máximo de aumento previsto na causa especial (1/2 = 1 ano).

Na mesma lógica, para se obter o máximo da pena prevista em um tipo penal, em caso de concorrência de alguma causa de diminuição de pena, faz-se necessário subtrair do máximo de pena previsto no preceito secundário do tipo penal o mínimo de diminuição estipulado para a situação. Nesse caso, tomando-se o exemplo da tentativa de ameaça,[17] aproveita-se o máximo da pena prevista no art. 147 do Código Penal (6 meses), donde se retirará 1/3 (um terço) – mínimo de diminuição prevista no art. 14, II, do Código Penal. Dessa equação, chegar-se-á ao resultado de 4 (quatro) meses, que será o máximo da pena prevista para a hipótese.

Destaque-se que as atenuantes e as agravantes não serão levadas em conta para analisar se uma conduta é ou não infração de menor potencial ofensivo. Apenas as causas de aumento e diminuição serão consideradas para esse fim.

Cumpre lembrar que a hipótese de concurso de crimes pode ou não influenciar na verificação de infração de menor potencial ofensivo.

No caso do concurso formal de crimes[18] (desde que não se esteja diante da situação em que o agente age com desígnios autônomos, já que, nessa hipótese, haverá

---

15. Art. 303 do CTB. Praticar lesão corporal culposa na direção de veículo automotor: Penas – detenção de 6 (seis) meses a 2 (dois) anos e suspensão ou proibição de se obter a permissão ou a habilitação para dirigir veículo automotor.

16. Parágrafo único. Aumenta-se a pena de um terço à metade, se ocorrer qualquer das hipóteses do parágrafo único do artigo anterior. Art. 302, parágrafo único. No homicídio culposo cometido na direção de veículo automotor, a pena é aumentada de um terço à metade, se o agente: I – não possuir Permissão para Dirigir ou Carteira de Habilitação; II – praticá-lo em faixa de pedestres ou na calçada; III – deixar de prestar socorro, quando possível fazê-lo sem risco pessoal, à vítima do acidente; IV – no exercício de sua profissão ou atividade, estiver conduzindo veículo de transporte de passageiros.

17. Somente seria possível a tentativa "no caso de ameaça por escrito, pois nesta hipótese pode ser fracionado o processo executivo" (FRAGOSO, Heleno Cláudio. *Lições de direito penal*: parte especial (arts. 121 a 212 do CP). 7. ed. Rio de Janeiro: Forense, 1983, p. 215).

18. Art. 70 do CP. Quando o agente, mediante uma só ação ou omissão, pratica dois ou mais crimes, idênticos ou não, aplica-se-lhe a mais grave das penas cabíveis ou, se iguais, somente uma delas, mas aumentada, em qualquer caso, de um sexto até metade. As penas aplicam-se, entretanto, cumulativamente, se a ação ou omissão é dolosa e os crimes concorrentes resultam de desígnios autônomos, consoante o disposto no artigo anterior.

cumulação de penas – concurso formal imperfeito), havendo a penalização por um só crime, acrescida de 1/6 (um sexto) a 1/2 (metade), é necessário que se utilize o valor que resulte em maior aumento (1/2) para se chegar ao máximo de pena prevista. Se a soma ultrapassar 2 (dois) anos, a infração não será de menor potencial ofensivo.

No concurso material de crimes,[19] o que existe é uma cumulação de crimes autônomos, cujas penas devem ser somadas. Nesse passo, para se saber se o crime é de menor potencial ofensivo, cada delito deve ser analisado isoladamente, para se concluir se a pena máxima prevista ultrapassa ou não 2 (dois) anos. É perfeitamente possível que o concurso material seja composto por dois crimes de menor potencial ofensivo, mas que, após somadas as respectivas penas, saiam da esfera de competência do Juizado Especial Criminal e devam ser julgados em conjunto pela Justiça Criminal Comum. Se a somatória ultrapassar 2 (dois) anos de pena privativa de liberdade, ainda que os crimes que componham o concurso material tenham natureza de infração de menor potencial ofensivo, estes deverão ser julgados na Vara Criminal.

Nota-se, desse modo, que o concurso material de crimes não é suficiente, por si só, para alterar a "natureza" da infração penal, mas tão somente a competência para o julgamento do conjunto de delitos.

O crime continuado,[20] por sua vez, como ficção jurídica que transforma vários crimes autônomos em uma unidade, em razão do similar *modus operandi* e da mesma espécie de crime, proximidade de tempo e espaço entre as condutas, na presunção do mesmo impulso criminoso, pode influenciar na verificação sobre a existência ou não de infração de menor potencial ofensivo.

Na regra de se utilizar a pena de um dos crimes e realizar-se o acréscimo de 1/6 (um sexto) a 2/3 (dois terços) para se chegar ao máximo da pena previsto, necessário se faz adicionar à maior pena do preceito secundário do tipo penal a fração de 2/3 (dois terços).

Parágrafo único – Não poderá a pena exceder a que seria cabível pela regra do art. 69 deste Código.

19. Art. 69 do CP. Quando o agente, mediante mais de uma ação ou omissão, pratica dois ou mais crimes, idênticos ou não, aplicam-se cumulativamente as penas privativas de liberdade em que haja incorrido. No caso de aplicação cumulativa de penas de reclusão e de detenção, executa-se primeiro aquela.

§ 1º Na hipótese deste artigo, quando ao agente tiver sido aplicada pena privativa de liberdade, não suspensa, por um dos crimes, para os demais será incabível a substituição de que trata o art. 44 deste Código.

§ 2º Quando forem aplicadas penas restritivas de direitos, o condenado cumprirá simultaneamente as que forem compatíveis entre si e sucessivamente as demais.

20. Art. 71 do CP. Quando o agente, mediante mais de uma ação ou omissão, pratica dois ou mais crimes da mesma espécie e, pelas condições de tempo, lugar, maneira de execução e outras semelhantes, devem os subsequentes ser havidos como continuação do primeiro, aplica-se-lhe a pena de um só dos crimes, se idênticas, ou a mais grave, se diversas, aumentada, em qualquer caso, de um sexto a dois terços.

Parágrafo único – Nos crimes dolosos, contra vítimas diferentes, cometidos com violência ou grave ameaça à pessoa, poderá o juiz, considerando a culpabilidade, os antecedentes, a conduta social e a personalidade do agente, bem como os motivos e as circunstâncias, aumentar a pena de um só dos crimes, se idênticas, ou a mais grave, se diversas, até o triplo, observadas as regras do parágrafo único do art. 70 e do art. 75 deste código.

Perceba ainda que o art. 71 do Código Penal traz a possibilidade de aumentar a pena até o triplo, quando, então, deverá ser esta equacionada para se chegar ao máximo previsto.

Depois de toda essa matemática, se o resultado for inferior ou igual a 2 (dois) anos de pena privativa de liberdade, será possível atestar que a infração penal é de menor potencial ofensivo.

Insta asseverar que a verificação do máximo da pena prevista (inferior ou igual a 2 (dois) anos de pena privativa de liberdade) só será importante para as infrações penais consideradas crimes. Quanto às contravenções penais, quaisquer que sejam as penas impostas, serão consideradas infrações penais de menor potencial ofensivo, sujeitas, portanto, à competência do Juizado Especial Criminal.

Como já apontado pelo maior penalista brasileiro, Nelson Hungria, as contravenções penais, apesar de não destoarem ontologicamente de outros delitos, eram conhecidas como "crimes anões"[21] e, como tais, devem ser julgadas pelo Juizado Especial.

Além dos crimes cuja pena máxima privativa de liberdade não ultrapasse 2 (dois) anos e as contravenções penais (qualquer que seja a pena), há outros crimes que são considerados infrações penais de menor potencial ofensivo: aqueles punidos exclusivamente com multa.

Assim, o art. 28 da Lei 11.343, de 23 de agosto de 2006, mais conhecido como uso de drogas (lembrando que o uso em si não é crime, mas sim o fato de praticar os verbos "adquirir", "trazer consigo", "guardar" e todas as outras ações trazidas no tipo misto alternativo), que prevê somente a pena de multa, é considerado infração de menor potencial ofensivo.

Quanto ao procedimento, algumas situações especiais merecem atenção. Estariam, pois, os crimes de menor potencial ofensivo e as contravenções penais abraçadas pelo trâmite do Juizado Especial Criminal quando lei especial prevê procedimento diferenciado para determinados delitos?

Pois bem, o art. 61 da Lei 9.099/1995, em seu texto original,[22] previa a conceituação do que seria infração de menor potencial ofensivo, trazendo, ao final, a seguinte restrição: "excetuados os casos em que a lei preveja procedimento especial".

---

21. "Crime e contravenção. O ilícito penal é um genus de que são *species* o crime e a contravenção. Esta, porém, não é senão crime de menor entidade, o *crime anão*. Se não há diferença ontológica entre o ilícito penal e o ilícito civil ou administrativo, muito menos poderá ser encontrada entre esses dois ramos do mesmo tronco. A diferença, também aqui, é apenas de *grau* ou *quantidade*, e essa mesma não obedece a um critério constante, senão a oportunos e variáveis critérios de política criminal, quando não ao puro arbítrio do legislador" (HUNGRIA, Nelson. DOTTI, René Ariel. *Comentários ao Código Penal*. 7. ed. Rio de Janeiro: GZ Ed., 2016, p. 26).

22. Art. 61 da Lei 9.099/95 (texto original) – "Consideram-se infrações penais de menor potencial ofensivo, para os efeitos desta Lei, as contravenções penais e os crimes a que a lei comine pena máxima não superior a um ano, excetuados os casos em que a lei preveja procedimento especial".

Com a supressão da parte final do art. 61 da lei, advinda da Lei 10.259/2001, não existe mais a exceção trazida no texto original, considerando-se infração penal de menor potencial ofensivo todos os delitos com pena máxima privativa de 2(dois) anos, as contravenções penais e os delitos punidos exclusivamente com multa, independentemente do rito previsto em lei especial.

A retirada da restrição indica que todo e qualquer delito que se enquadre no art. 61 da Lei 9.099/1995 (pena máxima privativa igual ou menor que 2 (dois) anos, pena exclusivamente de multa ou contravenções penais), independentemente de ser proveniente de lei extravagante e de haver previsão de rito especial, será considerado infração de menor potencial ofensivo.

Nesse sentido, é a lição de Luiz Flávio Gomes,[23] em sua obra *Juizados Especiais Criminais Federais, seus reflexos nos juizados estaduais e outros estudos*:

> Todos os crimes com procedimento especial estavam afastados dos juizados. O quadro jurídico agora é outro. O novo conceito de infração de menor potencial (...) não repete a restrição da lei anterior (9.099/95). Logo o procedimento, ainda que especial, já não constitui obstáculo para a incidência dos juizados.

Há quem diga, contudo, que, trazendo a lei especial cuidados específicos e previsões de atos diferenciados na apuração e no trâmite processual para alguns tipos de delitos, não se coadunaria, a princípio, o célere rito do Juizado Especial Criminal. Desse modo, há forte corrente doutrinária[24] que entende que deve prevalecer o rito previsto em lei especial sobre o procedimento sumaríssimo da Lei 9.099/1995.

Em que pese o entendimento supracitado, veem-se, com certa frequência, na rotina do Juizado Especial Criminal, processos versando sobre crimes tipificados em leis extravagantes, com previsão de ritos especiais, assumindo em sua maioria o próprio rito célere da Lei 9.099/1995, mesclando-se com algum ato próprio do procedimento especial.

Não raras vezes, há um pedido de explicações ou a protocolização de um pedido de exceção da verdade, nos crimes contra a honra, ou então uma defesa preliminar em situação em que o réu é funcionário público. Excetuando situações não corriqueiras, na maior parte dos feitos, o rito sumaríssimo acabou por assumir a totalidade dos expedientes que aportam no Juizado Especial Criminal.

O rito de tóxicos da Lei 11.343/2006, por exemplo, não contraria o sumaríssimo da Lei 9.099/1995, na hipótese do art. 28 ou do art. 33, § 3º, da mesma lei (adquirir droga e oferecer a terceiro para juntos consumirem). Hoje, já é tranquilo

---

23. GOMES, Luiz Flávio. *Juizados criminais federais, seus reflexos nos juizados estaduais e outros estudos*. São Paulo: Ed. RT, 2001, p. 64.

24. LIMA, Marcellus Polastri. *Juizados Especiais Criminais* – O procedimento sumaríssimo no processo penal. 2. ed. São Paulo: Atlas, 2013, p. 22.

o entendimento de que o Juizado Especial é ambiente competente para processar e julgar esses delitos.

Na verdade, na atualidade, essa discussão perdeu um pouco o sentido, porquanto os ritos processuais estão muito parecidos e, em muitos casos, a própria jurisprudência acabou por convergir na ideia de torná-los mais próximos da similaridade. O procedimento do rito de tóxicos é exemplo disso, uma vez que, apesar de a lei prever o interrogatório como primeiro ato do processo,[25] a jurisprudência acabou por deslocá-lo para o final da audiência de instrução e julgamento, sob o argumento de reserva da garantia da ampla defesa.

Os crimes de abuso de autoridade são comumente julgados no Juizado Especial Criminal, sob a mecânica do rito sumaríssimo. Essa modalidade de injusto penal, para alguns,[26] por sua complexidade e previsão de perda de cargo mais inabilitação para o exercício da função pública por até três anos, deveria ser julgada na Justiça Criminal comum. Entretanto, o que se vê, na praxe, é o julgamento dos referidos ilícitos no próprio Juizado Especial Criminal.

Nota-se ainda que houve modificação recente quanto à competência para julgar crimes de abuso de autoridade praticados por policiais militares. Agora, com o advento da Lei 13.491, de 13 de outubro de 2017, que alterou o inciso II do art. 9º do Código Penal Militar, havendo suspeita de que os militares tenham envolvimento nos delitos previstos na Lei 4.898, de 9 de dezembro de 1965, existirá, doravante, o deslocamento para a Justiça Militar.

Percebe-se, no entanto, que o Juizado Especial Criminal permanecerá com a competência para julgar crimes de abuso de autoridade se, como sujeitos ativos, figurarem outros agentes públicos que não estão sujeitos ao Código Penal Militar. Policiais civis, guardas municipais, agentes penitenciários e todos os agentes que não estiverem sob a jurisdição militar poderão figurar no polo passivo de ações penais junto ao Juizado Especial Criminal.

Vale alertar que a atual Lei 13.869, de 5 de setembro de 2019, que acaba por revogar a Lei 4.898/1965, prevê inúmeros delitos com penas superiores a 2 (dois) anos, não sendo mais hipótese de tramitação exclusiva no Juizado Especial Criminal. Alguns crimes continuarão no JECRIM, mas outros deverão ir à Justiça Criminal comum.

---

25. Rito de tóxicos – interrogatório – Artigo 57 da Lei 11.343 – Na audiência de instrução e julgamento, após o interrogatório do acusado e a inquirição das testemunhas, será dada a palavra, sucessivamente, ao representante do Ministério Público e ao defensor do acusado, para sustentação oral, pelo prazo de 20 minutos para cada um, prorrogável por mais 10, a critério do juiz.

26. LIMA, Marcellus Polastri. *Juizados Especiais Criminais* – O procedimento sumaríssimo no processo penal. 2. ed. São Paulo: Atlas, 2013, p. 23.

Art. 62. O processo perante o Juizado Especial orientar-se-á pelos critérios da oralidade, simplicidade,[27] informalidade, economia processual e celeridade, objetivando, sempre que possível, a reparação dos danos sofridos pela vítima e a aplicação de pena não privativa de liberdade.

Em verdade, o dispositivo enumera os princípios que regem as atividades no âmbito do Juizado Especial Criminal.

O primeiro princípio é o da oralidade.

Nos termos do art. 65, § 3º, apenas os atos havidos por essenciais serão objeto de registro escrito. Os atos realizados em audiência de instrução e julgamento poderão ser gravados em fita magnética ou equivalente. Com efeito, em juízos em que se adote o sistema audiovisual, somente se extrai uma ata escrita da audiência de instrução e julgamento, com síntese dos atos oralmente realizados, apresentação de defesa prévia, decisão de recebimento – ou não – da peça acusatória, oitiva de testemunhas e/ou informantes e interrogatório. Na prática, subsiste ainda o apego à forma escrita da defesa prévia.

Segundo o art. 81, *caput*, as alegações finais (debates) e a sentença são orais, em que pese também a possibilidade de o juiz conceder prazo às partes, observada, por exemplo, a justificada necessidade de audição de mídia anterior ou uma pauta extensa de audiências. Todavia, a regra é a oralidade.

Na fase preliminar, também deve prevalecer a oralidade, assegurando-se o exercício do direito de representação verbal (art. 75) e a possibilidade de acusação (denúncia ou queixa) oral, a teor do art. 77, *caput* e § 3º. Na prática, até em homenagem à mais ampla defesa, a peça acusatória é reduzida a escrito, não havendo, pois, essa oralidade na expressão máxima apontada pelo legislador.

O segundo princípio é o da simplicidade.

No Juizado Especial Criminal, o procedimento deve ser objetivo, sem maiores formalidades. Objetiva-se a resolução do conflito sem idas e vindas. A linguagem empregada deve ser clara, acessível, que permita a todos a compreensão do procedimento. O princípio da simplicidade se aproxima do da informalidade. Em verdade, todos os princípios se complementam. A forma não é o fim, apenas o meio para se ultimar o procedimento com a desejável resolução do conflito, satisfazendo-se o interesse de todos os envolvidos. Com efeito, dispõe o art. 65 que os "atos processuais serão válidos sempre que preencherem as finalidades para as quais foram realizados",

---

27. Inclusão do princípio da simplicidade em razão do advento da Lei 13.603/2018.

atendidos os princípios do Juizado Especial. O próprio § 2º dispõe que a "prática de atos processuais em outras comarcas poderá ser solicitada por qualquer meio hábil de comunicação".

Como exemplos de informalidade, apontam-se a dispensa do relatório na sentença (art. 81, § 3º), a possibilidade do exame do corpo de delito indireto (art. 77, § 1º), a substituição do inquérito policial pelo termo circunstanciado de ocorrência (art. 69), a intimação por meio idôneo de comunicação (art. 67). Nesse sentido, admite-se a intimação por mensagens de "celular".

Em razão de medidas sanitárias preventivas, tendo em vista a emergente situação da pandemia, o Conselho Nacional de Justiça (CNJ), consoante a Resolução 322, de 1º de junho de 2020, estabelece que as audiências sejam realizadas, sempre que possível, por videoconferência, preferencialmente pelo Sistema Webex/CISCO.

O princípio subsequente é o da economia processual, que pode ser resumido na otimização de todos os atos processuais, evitando-se a prática desnecessária e reiterada de atos que comprometam a efetividade jurisdicional.

A economia processual se alinha ao princípio da celeridade. Em regra, ocorrido o fato de relevância penal, todos os envolvidos devem ser apresentados à autoridade policial, sendo confeccionado o termo circunstanciado de ocorrência (art.69) e, na imediata sequência, ser realizada a audiência preliminar, com busca da autocomposição, eventual reparação de danos (art. 69, parágrafo único; arts. 72 e 74) e, diante da impossibilidade desta, proposta de aplicação de pena restritiva de direitos ou de multas (art. 76) e, subsidiariamente, oferta da peça acusatória, com sua apreciação pelo Poder Judiciário (art. 77).

Na prática, salvo situações de plantão, não são realizadas audiências preliminares contemporâneas à ocorrência dos fatos. Destarte, a ocorrência policial é encaminhada à Polícia Judiciária para confecção de Termo Circunstanciado de Ocorrência (TCO).

Recebido o TCO pelo Poder Judiciário, é concedida vista ao Ministério Público. Em se tratando de delito de persecução pública incondicionada ou condicionada (havendo representação), não sendo caso de arquivamento e estando presentes os requisitos da transação penal, deve ser designada audiência preliminar. No caso de ação penal privada, deve ser, igualmente, designada essa audiência, com vistas a eventual autocomposição, seja pela composição dos danos civis, seja mediante práticas restaurativas, objetivando, em síntese, a pacificação social. Na impossibilidade dessa autocomposição, defende-se a oferta de transação penal pelo Ministério Público, desde que presentes os requisitos.[28]

Em homenagem à economia processual e à celeridade, não se afiguram razoáveis designações sucessivas de audiências, seja pela não localização do autor do fato ou

---

28. Não há consenso em relação a quem estaria legitimado a propor a transação penal em crime de ação penal privada, como se verá mais adiante, na análise do art. 76 da Lei 9.099/1995.

do ofendido, seja pela busca ilimitada de autocomposição, quando os envolvidos já manifestaram desinteresse na solução consensual. Por óbvio, nessa fase, não se admite condução coercitiva.

Com efeito, já entendeu o Superior Tribunal de Justiça que, se o suposto autor do fato não comparece à audiência preliminar por não haver sido localizado para ser intimado no endereço constante dos autos, estes devem ser encaminhados ao Juízo Comum (STJ. AgRg no RHC 89865/SP. Rel. Min. Jorge Mussi, j. 21.11.2017). Com efeito, no Juizado Especial Criminal, é impossível a citação por edital. Dispõe o parágrafo único do art. 66 da Lei 9.099/1995 que, "não encontrado o acusado para ser citado, o Juiz encaminhará as peças existentes ao Juízo comum para adoção do procedimento previsto em lei".

A ausência da vítima é relevante em audiências preliminares envolvendo fatos de ação penal pública condicionada e de ação penal privada. Se a vítima, intimada para essa audiência, não comparece, é o caso de possível reconhecimento de renúncia tácita à representação ou à queixa-crime.

Segundo Ada Pellegrini Grinover, Antônio Magalhães Gomes Filho, Antônio Scarance Fernandes e Luiz Flávio Gomes, "para ambos – autor do fato e vítima – o comparecimento à audiência de conciliação é um ônus que, não cumprido, levará à perda da oportunidade de compor-se logo na audiência de conciliação. Para o autuado, no entanto, pode ser considerado um dever, porquanto sancionado com a possível perda dos benefícios do art. 69, parágrafo único, da lei".[29]

Na prática, não é incomum a necessidade de melhores esclarecimentos dos fatos objeto do Termo Circunstanciado de Ocorrência, sendo requisitadas diligências policiais. Contudo, subsistindo necessidade de realização de diligências mais complexas, que demandem tempo elevado, é caso de encaminhamento do procedimento à Justiça Comum, com fulcro no art. 77, § 2º.

Como desenvolvido por ocasião de comentários referentes à fase preliminar (arts. 69 a 76), em homenagem à velocidade que deve orientar os procedimentos no Juizado Especial Criminal, não se pode defender a apresentação de peças acusatórias sem o mínimo de justa causa, sem elementos mínimos de autoria e de materialidade do fato de relevância penal.

A busca da celeridade pode ser extraída, outrossim, do disposto no art. 80, segundo o qual "nenhum ato será adiado, determinando o juiz, quando imprescindível, a condução coercitiva de quem deva comparecer". Nesse procedimento sumaríssimo, busca-se também eventual abuso defensivo ou acusatório, podendo o juiz limitar ou excluir as provas excessivas, impertinentes ou protelatórias (art. 81, § 1º).

---

29. GRINOVER, Ada Pellegrini; GOMES FILHO, Antônio Magalhães; FERNANDES, Antônio Scarance; GOMES, Luiz Flávio. *Juizados especiais criminais*: comentários à Lei 9.099/1995. 2. ed., rev. e atual. São Paulo: Ed. RT, 1997, p. 111.

Art. 63. A competência do Juizado será determinada pelo lugar em que foi praticada a infração penal.

Excepcionando a regra do art. 6º do Código Penal (que adota a teoria da ubiquidade),[30] a Lei 9.099/1995 adotou, na questão da competência, a teoria da atividade,[31] definindo o foro competente para processar e julgar as infrações de menor potencial ofensivo o lugar em que se cometeu o injusto penal.

O Juizado Especial Criminal também não segue a regra do art. 70 do Código de Processo Penal (teoria do resultado),[32] que define a jurisdição a partir do lugar em que se consumar o delito, mas, como citado, leva em consideração o local da prática dele.

Assim, seguindo essa noção, se alguém praticar um crime material (que, para se consumar, exige, além da conduta, a ocorrência do resultado naturalístico danoso) ou formal (que, para se consumar, não exige a ocorrência de um resultado, embora este possa ou não se efetivar) em um local e o resultado advier em outro, será o competente para processar e julgar o primeiro, naquele em que os atos de execução foram praticados.

Por exemplo, se alguém ameaçar[33] um desafeto, prometendo-lhe causar mal injusto e grave, por meio de carta, e o destinatário receber e abrir a carta em cidade diferente daquela em que foi remetida, o juiz competente será o do local do qual partir a carta, e não o do destinatário do conteúdo (*locus delicti commissi*).

Se os atos executórios, todavia, arrastarem-se para mais de um lugar, o critério de definição do foro competente será o da prevenção,[34] ou seja, o primeiro que tomar ciência e se manifestar nos autos (como, por exemplo, receber o TCO).

---

30. Teoria da ubiquidade – segundo a qual firma a competência tanto do lugar em que foi praticada a infração, quanto no local do resultado.

31. Teoria da atividade – segundo a qual firma a competência do juízo do lugar em que foi praticada a infração.

32. Teoria do resultado – segundo a qual firma competência no juízo do lugar do último ato de execução praticado, onde se consumar o delito, com a reunião de todos os elementos do tipo.

33. Artigo 147 do Código Penal – ameaçar alguém, por palavra ou gesto, ou qualquer outro meio simbólico, de causar-lhe mal injusto e grave:
Pena – detenção, de um a seis meses, ou multa.

34. Artigo 83 do Código de Processo Penal – Verificar-se-á a competência por prevenção toda vez que, concorrendo dois ou mais juízes igualmente competentes ou com jurisdição cumulativa, um deles tiver antecedido aos outros na prática de algum ato do processo ou de medida a este relativa, ainda que anterior ao oferecimento da denúncia ou da queixa (arts. 70, § 3º, 71, 72, § 2º, e 78, II, letra "c").

Porém, há quem[35] diga que a Lei 9.099/1995 adotou a teoria da ubiquidade, assim como fez o Código Penal, sob o argumento de que os termos utilizados no dispositivo em comento, quais sejam, "praticada a infração penal", podem indicar, como a competente para julgar e processar infrações de menor potencial ofensivo, a autoridade do local de consumação do delito, pois, se quisesse o legislador restringir a competência somente ao lugar da ação do crime, teria se valido da mesma técnica utilizada no Estatuto da Criança e do Adolescente, no art. 147, § 1°, ao apontar a competência para a "autoridade do lugar da ação ou da omissão".

Frise-se que, na prática, a grande parte dos delitos tidos como infrações de menor potencial ofensivo tem momentos consumativos que coincidem com a própria prática dos atos executórios, visto que há uma série de crimes de mera conduta (que se consumam com a simples prática do comportamento descrito no tipo penal, sem previsão, pela lei, de resultado naturalístico danoso).

Superada a ideia de que o Juizado Especial Criminal tem competência absoluta para julgar infrações penais de menor potencial ofensivo, sendo, hoje, predominante o entendimento de que se trata de competência relativa, ajuizada a ação penal equivocadamente na Justiça Comum, poderá haver, em caso de desídia na apresentação de exceção de incompetência, a prorrogação da competência (transmutando uma incompetência inicial em competência por prorrogação). Assim, é possível dizer que existem casos em que as infrações de menor potencial ofensivo podem ser objeto de ação na Justiça Comum (citação por edital,[36] conexão ou continência e, agora, prorrogação de competência).

É possível também que as infrações de menor potencial ofensivo sejam praticadas no mesmo contexto dos crimes da competência da Justiça Comum ou de algum outro delito de vara especializada (por exemplo, vara de tóxicos). Nesse caso, havendo conexão ou continência, as infrações deverão ser processadas e julgadas, em conjunto, fora do Juizado Especial Criminal.[37]

Malgrado os comandos dos arts. 76 a 78, todos do Código de Processo Penal,[38] firmem a competência da Justiça Comum ou da Vara Especializada de crimes que não sejam de menor potencial ofensivo, afastando a incidência do

---

35. LIMA, Marcellus Polastri. *Juizados Especiais Criminais* – O procedimento sumaríssimo no processo penal. 2. ed. São Paulo: Atlas, p. 30.

36. Artigo 66, parágrafo único, da Lei 9.099/95 – A citação será pessoal e far-se-á no próprio Juizado, sempre que possível, ou por mandado.
Parágrafo único. Não encontrado o acusado para ser citado, o Juiz encaminhará as peças existentes ao Juízo comum para adoção do procedimento previsto em lei.

37. Enunciado 10 do FONAJE: "Havendo conexão entre crimes da competência do Juizado Especial e do Juízo Penal Comum, prevalece a competência deste".

38. Artigo 76 do Código de Processo Penal – A competência será determinada pela conexão:
I – se, ocorrendo duas ou mais infrações, houverem sido praticadas, ao mesmo tempo, por várias pessoas reunidas, ou por várias pessoas em concurso, embora diverso o tempo e o lugar, ou por várias pessoas, uma contra as outras;

Juizado Especial Criminal,[39] na prática, vê-se, com certa frequência, a separação dos processos, com a remessa das infrações de menor potencial ofensivo ao Juizado Especial Criminal.

Na praxe, portanto, observa-se a opção pelo encaminhamento das infrações penais de menor potencial ofensivo ao Juizado, deixando as demais nos respectivos foros originais, nos moldes do que já fora decidido pelo Superior Tribunal de Justiça, em sede do *Habeas Corpus* 45.135/SP.[40]

II – se, no mesmo caso, houverem sido umas praticadas para facilitar ou ocultar as outras, ou para conseguir impunidade ou vantagem em relação a qualquer delas;

III – quando a prova de uma infração ou de qualquer de suas circunstâncias elementares influir na prova de outra infração.

Artigo 77 do Código de Processo Penal – A competência será determinada pela continência quando:

I – duas ou mais pessoas forem acusadas pela mesma infração;

II – no caso de infração cometida nas condições previstas nos arts. 51, § 1º, 53, segunda parte, e 54 do Código penal.

Artigo 78 do Código de Processo Penal – Na determinação da competência por conexão ou continência, serão observadas as seguintes regras:

I – no concurso entre a competência do júri e a de outro órgão da jurisdição comum, prevalecerá a competência do júri;

II – no concurso de jurisdições da mesma categoria:

preponderará a do lugar da infração, à qual for cominada a pena mais grave;

prevalecerá a do lugar em que houver ocorrido o maior número de infrações se as respectivas penas forem de igual gravidade;

firmar-se-á a competência pela prevenção, nos outros casos;

III – no concurso de jurisdições de diversas categorias, predominará a de maior graduação;

IV – no concurso entre jurisdição comum e a especial, prevalecerá esta.

39. Seguindo posição de Nereu José Giacomolli: "Sempre defendi a separação dos processos, de modo a privilegiar a competência constitucional do JECrim e a aplicação dos institutos despenalizadores ou descarceirizantes do JECrim, mas esta não foi a opção de política legislativa, a qual preferiu manter a reunião de processos no juízo prevalente, com aplicação dos benefícios à infração penal de menor potencial ofensivo, mas no juízo comum, fora do JECrim" (GIACOMOLLI, Nereu José. *Juizados Especiais Criminais* – Lei 9.099/95 – abordagem crítica – acordo civil, transação penal, suspensão condicional do processo, rito sumaríssimo. 3. ed., rev. e ampl. Porto Alegre: Livraria do Advogado, 2009, p. 29).

40. "A competência dos Juizados Especiais é absoluta, uma vez que fixada em razão da matéria, motivo pelo qual é indisponível, improrrogável e imodificável, impondo-se com força cogente ao juiz" (RHC 45.135/SP, Rel. Ministro Jorge Mussi, Quinta Turma, julgado em 05.06.2014, DJe 12.06.2014).

Art. 64. Os atos processuais serão públicos e poderão realizar-se em horário noturno e em qualquer dia da semana, conforme dispuserem as normas de organização judiciária.

Adotando a regra da publicidade dos atos processuais, o legislador não especificou, abstratamente, hipóteses que justifiquem a excepcionalidade do sigilo e do segredo. Tal regra deve ser interpretada em consonância com o disposto no art. 93, IX, da Constituição da República, segundo o qual "todos os julgamentos dos órgãos do Poder Judiciário serão públicos, e fundamentadas todas as decisões, sob pena de nulidade, podendo a lei limitar a presença, em determinados atos, às próprias partes e a seus Advogados, ou somente a estes, em casos nos quais a preservação do direito à intimidade do interessado no sigilo não prejudique o interesse público à informação".

Com efeito, os atos do Judiciário serão dotados de transparência e publicidade, sendo permitido ao público em geral acompanhar a tramitação de feitos e a realização das audiências.

Obviamente, algumas situações podem demandar cuidado maior com a exposição do fato e das pessoas envolvidas.

Como as audiências preliminares são permeadas de conflitos – a exigir uma capacitação restaurativa e mediadora dos conciliadores, dos estagiários, dos Promotores de Justiça, dos Juízes de Direito e dos auxiliares da Justiça –, a presença de estranhos ou até mesmo de pessoas ligadas aos envolvidos, mas que não tenham interesse processual, pode dificultar a obtenção da composição civil (consequentemente, do restabelecimento da paz social). É de bom alvitre, portanto, que a exposição pública e o acesso à sala de audiências sejam limitados.

Destaque-se que comumente aportam, nos Juizados Especiais Criminais, inúmeras situações que envolvem crianças e adolescentes. A propósito, em se tratando de condutas de cunho familiar, é necessária a participação nas audiências somente dos envolvidos.

Não é incomum que, após o pregão e a chamada dos envolvidos para adentrarem na sala de audiência preliminar, familiares e amigos solicitem permissão para acompanhar o ato. A negativa, quase sempre, ecoa certa, pois a presença deles pode, muitas vezes, acender a chama da discórdia e inflamar os ânimos, dificultando a composição dos envolvidos. A experiência mostra que familiares e amigos, em muitas oportunidades, não se contentam em calar-se, prejudicando, pois, a possibilidade da autocomposição.

A segunda parte do dispositivo legal afirma a possibilidade de realização de atos processuais em dias e horários distintos dos convencionais e comuns ao expediente forense, podendo ocorrer durante a noite e em qualquer dia da semana (inclusive finais de semana), desde que haja expressa disposição em lei de organização judiciária e seja relevante para dar celeridade aos feitos daquela Justiça Especializada.

Por certo tempo, o Juizado Especial Criminal de Belo Horizonte manteve o terceiro turno de expediente diário, ou seja, funcionava nos períodos matutino, vespertino e noturno. Audiências eram sistematicamente agendadas em todos eles.

Também não é raro que as Delegacias de Polícia, após lavratura de TCO, encaminhem, no mesmo ato, as partes ao Juizado Especial Criminal, para participarem de audiências preliminares, chamadas de "imediatas", quando, então, na presença do Juiz de Direito, do Promotor de Justiça, dos Conciliadores e do Advogado, será tentada a autocomposição e, na impossibilidade, poderá ser oferecida, caso preenchidos os requisitos do art. 76 da Lei 9.099/1995, a transação penal.

Em que pese a possibilidade das audiências preliminares imediatas, constata-se que, na prática, estas têm pouca resolutividade, porquanto os envolvidos, comumente, apresentam-se com os ânimos exaltados, com diminuta capacidade de diálogo. Nesses termos, em homenagem à efetividade e à celeridade, deve ser melhor avaliada a resolutividade dessas audiências imediatas.

Art. 65. Os atos processuais serão válidos sempre que preencherem as finalidades para as quais foram realizados, atendidos os critérios indicados no art. 62 desta Lei.

§ 1º Não se pronunciará qualquer nulidade sem que tenha havido prejuízo.

§ 2º A prática de atos processuais em outras comarcas poderá ser solicitada por qualquer meio hábil de comunicação.

§ 3º Serão objeto de registro escrito exclusivamente os atos havidos por essenciais. Os atos realizados em audiência de instrução e julgamento poderão ser gravados em fita magnética ou equivalente.

Na esteira dos princípios da celeridade, da economia processual, da informalidade, da oralidade e da simplicidade, o Juizado Especial Criminal alberga, com toda a força, a instrumentalidade das formas.[41]

A burocracia e a excessiva observância das formas perdem força em face da certeza de que a finalidade do ato foi atingida. Em outras palavras, nenhum ato será considerado inválido por mero capricho processual ou pelo rigorismo das formas processuais.

Não se vê motivo, portanto, para se desconsiderar a validade de intimação por hora certa, quando o oficial de justiça certifica estar o autor se ocultando, ou ainda para não se aceitar a intimação da testemunha ou do próprio réu por mensagens de "celular", se este acabou por anuir expressamente com essa modalidade de chamamento. O próprio art. 67 preceitua a possibilidade de intimação por qualquer meio idôneo de comunicação.

O decreto de nulidade requer a prova do prejuízo às partes.

A oralidade é, sem dúvida, a forma mais simples do ato processual, sendo, portanto, a regra.

É claro que os conhecidos princípios informadores do Juizado Especial Criminal, mormente a informalidade e a simplicidade, não devem representar uma abertura para o tumulto processual. Não se admite tudo e de qualquer forma. É óbvia a necessidade de observância do devido processual legal, consubstanciado no contraditório e na ampla defesa. Ada Pellegrini Grinover, Antônio Magalhães Gomes Filho,

---

41. "A Lei 9.099/95, ao adotar como critério orientador na aplicação da lei a informalidade, deu guarida ao princípio da instrumentalidade das formas, afastando-se o excessivo formalismo do processo. Assim, visa-se não excluir atos processuais, mais que sejam eles praticados de forma livre para atingir sua finalidade que é a resolução da lide penal" (MIRABETE, Júlio Fabbrini. *Juizados Especiais Criminais* – comentários, jurisprudência e legislação. 4. ed. São Paulo: Atlas, 2000. p. 66).

Antônio Scarance Fernandes e Luiz Flávio Gomes destacam a relevância daqueles atos intitulados de essenciais, "sem os quais a relação jurídica processual não poderá ser considerada válida, pois estariam vulneradas as garantias do devido processo legal. Assim, a denúncia ou queixa, a citação, a resposta do acusado, o recebimento da acusação, os depoimentos e outras provas produzidas, os debates e a sentença".[42]

Apesar de frequentes os pedidos, não se pode admitir aceitação de transação penal ou de suspensão condicional do processo por procuração ou a realização de "intimação terceirizada", onde pessoa estranha à lide receba intimação no lugar da parte.

---

42. GRINOVER, Ada Pellegrini; GOMES FILHO, Antônio Magalhães; FERNANDES, Antônio Scarance; GOMES, Luiz Flávio. *Juizados especiais criminais*: comentários à Lei 9.099/1995. 2. ed. rev. e atual. São Paulo: Ed. RT, 1997, p. 74.

JUIZADO ESPECIAL CRIMINAL — ART. 66

Art. 66. A citação será pessoal e far-se-á no próprio Juizado, sempre que possível, ou por mandado.

Parágrafo único. Não encontrado o acusado para ser citado, o Juiz encaminhará as peças existentes ao Juízo comum para adoção do procedimento previsto em lei.

A citação será pessoal, podendo se dar em ato no próprio Juizado Especial Criminal ou por intermédio do oficial de justiça. O chamamento ao processo, conferindo ciência do teor da acusação, merece clara observância, não sendo possível nenhuma flexibilização que possa afrontar os princípios da ampla defesa e do contraditório.

Quando não se souber o paradeiro do autor do fato, o Ministério Público se vale dos instrumentos legais para a obtenção de endereço atualizado, como, por exemplo, o cadastro do TRE (Tribunal Regional Eleitoral), o SISCOM (sistema de processos judiciais), o INFOSEG (sistema de informações da Secretaria de Segurança Pública e de movimentação prisional) e outros.

Se o Ministério Público, após consulta a esses dados, não obtiver êxito na localização do autor do fato, poderá, depois de ofertada a denúncia, solicitar a remessa dos autos à Justiça Criminal Comum, na qual será realizada a citação editalícia, modalidade de citação que não poderá ser feita no Juizado Especial Criminal. A única forma de citação ficta admissível é a por hora certa.

Nota-se que, uma vez encaminhados os autos à Justiça Comum para a realização de citação por edital, estes não retornarão ao JECRIM se porventura o autor do fato comparecer aos atos do processo. Esta é uma hipótese em que as infrações de menor potencial ofensivo serão julgadas na Justiça Comum, e não no Juizado Especial Criminal. Nesses termos, é o teor do Enunciado 51 do Fórum Nacional dos Juizados Especiais (FONAJE): "A remessa dos autos ao juízo comum, na hipótese do art. 66, parágrafo único, da Lei 9.099/95, exaure a competência do Juizado Especial Criminal, que não se restabelecerá com a localização do acusado."

Alguma confusão pode acontecer quando, após encaminhados os autos à Justiça Comum, o juiz da Vara Criminal, depois de diligenciar para as operadoras de telefonia celular, as companhias de luz, água e esgoto ou outras, acaba por encontrar o autor do fato. Não raro, há determinação de retorno dos autos ao JECRIM, gerando um conflito de competência. Convém registrar que as infrações de menor potencial ofensivo têm diminuto prazo prescricional, não sendo exigido por lei que se esgotem todos os meios de se encontrar o denunciado, bastando diligenciar aos órgãos oficiais.

De mais a mais, a cautela de se oficiar ao TRE e de realizar pesquisa junto ao SISCOM e ao INFOSEG não é exigência legal. Não se trata de ônus ao Ministério

Público. Nos termos da Lei 9.099/1995, observadas as diretrizes de celeridade e de economia processual, basta que o denunciado não seja encontrado pelo oficial de justiça para que os autos sejam encaminhados à Justiça Comum.

Apenas para lembrar, quando os autos são enviados à Justiça Comum para a realização de citação por edital, se o denunciado não comparecer aos atos do processo, será decretada a revelia e determinada a suspensão do processo e do prazo prescricional, atendendo-se a mandamento do art. 366 do Código de Processo Penal.

Alguma discussão pode surgir sobre a possibilidade de citação por hora certa no Juizado Especial Criminal. Perceba que o dispositivo legal em análise exige que a citação seja feita por oficial de justiça, fato que abrange a modalidade por hora certa. Aliás, é o oficial que certifica estar o denunciado se ocultando, fato que o levará a agendar o retorno.

Ademais, se é possível a modalidade de citação por hora certa na Justiça Comum, local muito mais aflitivo para o denunciado diante das penas mais rigorosas, não se duvida que, preservada a mesma forma, se possa fazê-lo no Juizado Especial Criminal, onde imperam os princípios informadores da simplicidade e da informalidade.

Art. 67. A intimação far-se-á por correspondência, com aviso de recebimento pessoal ou, tratando-se de pessoa jurídica ou firma individual, mediante entrega ao encarregado da recepção, que será obrigatoriamente identificado ou, sendo necessário, por oficial de justiça, independentemente de mandado ou carta precatória, ou ainda por qualquer meio idôneo de comunicação.

Parágrafo único. Dos atos praticados em audiência considerar-se-ão desde logo cientes as partes, os interessados e defensores.

O dispositivo legal acima citado traz regras flexíveis de intimação, podendo assumir a forma de envio por correio, com aviso de recebimento.

Tratando-se de pessoa jurídica, o legislador está a exigir que se faça a intimação mediante entrega da correspondência ao encarregado pela recepção, determinando que seja feita a identificação do funcionário.

Não sendo frutífera a intimação pelo correio, o juiz de direito poderá determinar que seja feita na modalidade pessoal, por intermédio de oficial de justiça, não se exigindo, nessa hipótese, mandado ou carta precatória.

Por derradeiro, para não deixar dúvidas quanto à flexibilização das formas, o texto legal dispõe que serão aceitas quaisquer formas de intimação idôneas de comunicação. Não por outro motivo, como já se disse, tem-se aceitado a via do WhatsApp ou outro meio eletrônico como intimação válida. Todavia, na prática, por medida de extrema cautela, indaga-se se o sujeito concorda com a intimação pelos meios eletrônicos (*v.g. e-mail* e mensagens de celular), se ele faz uso dessas conhecidas ferramentas de comunicação.

Frise-se que essa flexibilização se destina a intimações e notificações e não à citação, como bem demonstrado no art. 66 da Lei.

Não há óbice legal para a intimação por hora certa. É claro que esta só se justificará se o destinatário da intimação for o autor do fato, e não uma testemunha ou o próprio ofendido.

No mais, o parágrafo único se harmoniza com os princípios da celeridade e da economia processual, porquanto conduz à necessidade de que as partes já saiam intimadas, na audiência de que participaram, cientes do próximo ato. Deve constar, na ata de audiência, que todos os presentes (partes, interessados e Advogados) saem cientes do próximo ato, prescindindo-se, assim, de toda a movimentação processual e dispêndio de tempo, energia e dinheiro na intimação pelos meios convencionais (correio, oficial de justiça etc.)

> **Art. 68.** Do ato de intimação do autor do fato e do mandato de citação do acusado, constará a necessidade de seu comparecimento acompanhado de advogado, com a advertência de que, na sua falta, ser-lhe-á designado defensor público.

O dispositivo revela uma preocupação do legislador em se fazer constar, na modalidade de intimação do autor do fato ou de citação do acusado/denunciado, em qualquer momento em que for chamado ao processo, alerta sobre a necessidade de comparecimento acompanhado de Advogado e que, na sua ausência, ser-lhe-á nomeado Defensor Público (ou até mesmo Advogado dativo).

Dispõe o art. 5º, LV, da Constituição da República que aos "litigantes, em processo judicial ou administrativo, e aos acusados em geral são assegurados o contraditório e ampla defesa, com os meios e recursos a ela inerentes".

No Juizado Especial Criminal, a garantia da defesa formal é anterior ao próprio oferecimento da denúncia.

Assim, se não constou do meio de intimação ou de citação a mencionada advertência, mas o autor do fato ou o denunciado compareceu ao ato acompanhado de Advogado, nenhum prejuízo poderá alegar, de modo que será realizado normalmente o ato processual para o qual foi intimado/citado.

Se, todavia, não constou da intimação ou da citação a necessidade de comparecer ao ato acompanhado de Advogado e vindo o autor do fato ou o denunciado desacompanhado de causídico, constará, na própria ata de audiência, a advertência e sua intimação/citação para o próximo ato, que será redesignado.

Entretanto, se foi observada a cautela do art. 68 da lei, o ato correrá normalmente, oportunidade em que o autor do fato ou o denunciado será assistido, naquele momento, por Defensor Público ou por Advogado, podendo, a qualquer tempo, constituir Advogado de sua confiança. Segundo o Supremo Tribunal Federal, "não se justifica, a nomeação de Defensor dativo, quanto há instituição criada e habilitada à defesa do hipossuficiente" (STF. RHC 106.394/MG. Rel. Min. Rosa Weber, j. 30.10.2012). E ainda, no "processo penal, a falta da defesa constitui nulidade absoluta, mas a sua deficiência só o anulará se houver prova de prejuízo para o réu" (Súmula 523 do STF).

DA FASE PRELIMINAR

Art. 69. A autoridade policial que tomar conhecimento da ocorrência lavrará termo circunstanciado e o encaminhará imediatamente ao Juizado, com o autor do fato e a vítima, providenciando-se as requisições dos exames periciais necessários.

Parágrafo único. Ao autor do fato que, após a lavratura do termo, for imediatamente encaminhado ao Juizado ou assumir o compromisso de a ele comparecer, não se imporá prisão em flagrante, nem se exigirá fiança. Em caso de violência doméstica, o juiz poderá determinar, como medida de cautela, seu afastamento do lar, domicílio ou local de convivência com a vítima.

O dispositivo penal em questão fez menção ao termo circunstanciado de ocorrência, conhecido, na praxe, como TCO, que são peças de informação que vieram a substituir o inquérito policial, nos crimes de menor potencial ofensivo.

Compete, pois, à autoridade policial, após tomar conhecimento da prática de infração de menor potencial ofensivo, lavrar termo circunstanciado de ocorrência em vez de instaurar inquérito policial, colhendo dados necessários sobre o fato delituoso, sua autoria e tudo o que permeia a questão, a fim de subsidiar o Ministério Público na formação da *opinio delicti*.

São requisitos do TCO: qualificação e endereço residencial e do trabalho do autor e da vítima imediata; narrativa do fato e de suas circunstâncias, com data, hora e local de sua verificação; versões das partes envolvidas, relação dos instrumentos da infração e bens apreendidos; rol de testemunhas, com qualificação e indicação dos endereços; lista de exames periciais a serem requisitados; assinatura das pessoas presentes à lavratura do termo. Sugere-se também a indicação de endereço eletrônico dos envolvidos, com vistas à facilitação de comunicações e de intimações subsequentes.

O TCO deve ser sucinto na descrição das versões apresentadas pelos envolvidos, além de apontar testemunhas presenciais ou indicadas por eles.

Destaque-se que o TCO deve conter o mínimo indispensável para possibilitar que o membro do Ministério Público avalie a dinâmica dos fatos e a tipicidade da conduta (com suas elementares e circunstâncias), de modo a identificar quem seria o responsável pelo evento (autor do fato).

Na prática, quase sempre o TCO espelha com fidedignidade o retratado no boletim de ocorrência, sem acrescentar muitos dados.

Assim, na hipótese de haver versões antagônicas entre suposto autor e pretensa vítima ou se não ficar muito claro o *modus operandi*, o membro do Ministério Público poderá requisitar novas diligências para elucidar a questão, solicitando, com a necessária celeridade, a realização de diligências pela autoridade policial.

Não se trata de converter o TCO em inquérito policial ou de criar um procedimento híbrido (nem TCO, nem inquérito), mas de trazer à baila elementos essenciais à formação do *opinio delicti*, sem os quais o Promotor de Justiça não teria a segurança necessária para pedido de arquivamento ou para oferta de peça acusatória.

Há quem entenda que o Promotor de Justiça não poderia requisitar o retorno dos autos à Delegacia de Polícia, para realização de diligências, pois estaria, assim, desvirtuando a natureza do TCO.[1] Nesse caso, na falta de elementos suficientes a embasar uma denúncia e diante da ausência de previsão legal de requisição de diligências em TCO, a providência correta seria a abertura de inquérito policial, ainda que para apurar infração de menor potencial ofensivo, por questão de complexidade, devendo haver o deslocamento da competência para a Justiça Comum.

Não se duvida que a via técnica conduza à ideia de que, em caso de complexidade, haveria deslocamento de competência para a Justiça Comum. Contudo, há situações que demandam algumas diligências complementares, mas que não são complexas a ponto de sugerir a instauração de inquérito.

Não raro, quando falta, para a convicção do Promotor de Justiça, uma simples correção de falha ou omissão na narrativa do boletim de ocorrência, não se justificaria o deslocamento de competência e instauração de procedimento investigativo mais complexo.

De sua vez, não existe impedimento para a instauração de inquérito policial em infrações de menor potencial ofensivo, desde que fique clara a complexidade do fato, a indicar a realização de diligências mais dispendiosas e complicadas.

Inexistindo complexidade na diligência requisitada, firmada estará a competência do Juizado Especial Criminal.

A AUTORIDADE POLICIAL E O TERMO CIRCUNSTANCIADO DE OCORRÊNCIA

A expressão "Autoridade Policial" empregada no art. 69 da lei tem gerado certa polêmica, porquanto, tradicionalmente, entende-se que o termo estaria adstrito à ideia de que somente o Delegado de Polícia poderia determinar a lavratura de TCO, considerando que compete à Polícia Judiciária, como regra, investigar atos delituosos.

---

1. "Via de regra, em se tratando de delito pendente de investigação, deve ser instaurado inquérito, e aí a competência passará a ser do Juízo Comum, uma vez que não cabe ao Juizado o controle das devoluções de inquérito à Polícia para novas investigações ou diligências complementares, o que, a toda evidência, não condiz com a celeridade visada pelo legislador" (LIMA, Marcellus Polastri. *Juizados Especiais Criminais – O procedimento sumaríssimo no processo penal*. 2. ed. São Paulo: Atlas, 2013, p. 41).

Ocorre que, na prática, já se tem aceitado a lavratura de TCO por parte da Polícia Rodoviária Federal, a fim de evitar deslocamento de pessoal, por quilômetros, com a consequente "desguarnição" do posto de fiscalização, por horas (por vezes e inclusive de madrugada), a fim de se conduzir o infrator até a Delegacia de Polícia mais próxima e aguardar a confecção do expediente circunstancial.

Discute-se, assim, se uma dificuldade prática poderia alterar a interpretação do Direito, na medida em que, até então, para a maioria dos doutrinadores, somente a Polícia Judiciária poderia praticar atos de investigação, na grande parte dos casos, afastando, por óbvio, algumas excepcionalidades legais.[2]

Aqueles que defendem coerentemente a ideia de que somente a Polícia Judiciária poderia lavrar TCO fundamentam-se na explicação de que o termo "Autoridade Policial", em todas as situações em que foi empregada pelo Código de Processo Penal, fazia referência ao Delegado de Polícia.

Na verdade, a hermenêutica ganhou contornos conflituosos.

Já se tem aceitado atualmente que o termo "Autoridade Policial" tem um contorno amplo e pode abarcar todos os órgãos encarregados constitucionalmente da segurança pública (art. 144 da Constituição da República), que pressupõe que seus atos sejam dotados de fé-pública e de presunção de legitimidade, além de exercitarem "Poder de Polícia".[3]

O saudoso jurista Júlio Fabbrini Mirabete, na obra *Juizados Especiais Criminais – Comentários, Jurisprudência e Legislação*,[4] mesmo discordando da ampliação do conceito,[5] já trazia a polêmica em tela com a posição da doutrina:

Conceito de "autoridade policial"

As autoridades policiais são as que exercem a polícia judiciária que tem o fim de apuração das infrações penais e de sua autoria (art. 4º do CPP). Entretanto, tem-se afirmado que, no que diz respeito às infrações penais de menor potencial ofensivo, qualquer agente público que se encontre investido da função policial, ou seja, de poder de polícia, pode lavrar o termo circunstanciado ao tomar conhecimento do fato que, em tese, possa configurar infração penal, incluindo-se aqui não só as polícias federal e civil, com função institucional de polícia judiciária da União e dos Estados, respectivamente (art. 144, § 1º, inc. IV, e § 4º, da CF), como a polícia rodoviária federal, a polícia ferroviária federal e as policiais militares (art. 144, II, III, e V, da CF).

---

2. Investigações realizadas pela Polícia Militar em sindicância militar ou da guarda municipal.

3. FILHO Pazzaglini, Marino. MORAES, Alexandre de. SMANIO, Gianpaolo Poggio. VAGGIONE, Luiz Fernando. *Juizado Especial Criminal* – Aspectos práticos da Lei n. 9.099/95. São Paulo: Atlas, 1996, p. 35.

4. MIRABETE, Júlio Fabbrini. *Juizados Especiais Criminais* – Comentários, Jurisprudência e Legislação. São Paulo: Atlas, 2000, p. 84.

5. "Na legislação processual comum, aliás, só são conhecidas duas espécies de 'autoridades': a autoridade policial, que é o Delegado de Polícia, e a autoridade judiciária, que é o juiz de Direito. Somente o Delegado de Polícia e não qualquer agente público investido de função preventiva ou repressiva tem, em tese, formação técnica profissional para classificar infrações penais, condição indispensável para que seja o ilícito praticado incluído ou não como infração penal de menor potencial ofensivo" (MIRABETE, Júlio Fabbrini. *Juizados Especiais Criminais* – Comentários, Jurisprudência e Legislação. São Paulo: Atlas, 2000, p. 85).

Não por outro motivo a Polícia Militar tem buscado o reconhecimento da sua atuação na confecção de TCOs, enfrentando, em algumas localidades, maior resistência por parte dos órgãos da Polícia Judiciária.

O Enunciado 34 do Fórum Nacional dos Juizados Especiais (FONAJE) dispõe que "atendidas as peculiaridades locais, o termo circunstanciado poderá ser lavrado pela Polícia Civil ou Militar".

A questão se complica, contudo, não propriamente na lavratura do TCO, mas sim na realização de posteriores diligências pelos órgãos policiais.

Suponha que a Polícia Militar lavre TCO e encaminhe os autos ao Juizado Especial Criminal. Imagine também que o Ministério Público entenda que ainda não estão carreadas aos autos provas suficientes a formar sua convicção delitiva. Qual órgão seria o responsável para completar a diligência? Polícia Judiciária ou Polícia Militar (que lavrou o TCO)? Estaria, por exemplo, as demais instituições preparadas para a realização de alguma perícia complementar?

Vale assentar, outrossim, que o texto do art. 69 da lei confere uma ideia de que a Autoridade Policial com atribuição para lavrar o termo circunstanciado é também quem detém certa posição "hierárquica" (ou ao menos de controle) para requisitar e exigir a confecção de exames periciais necessários, de modo que não seria crível que um Policial Militar lavrasse TCO e pudesse "requisitar" (exigir) perícia da Polícia Civil, por não haver sobreposição funcional de uma instituição em relação à outra, senão apenas situação de cooperação.

A forma como as palavras foram dispostas no dispositivo penal autorizaria a conclusão de que a autoridade policial com atribuição para lavrar o TCO é a mesma que tem poder de determinação para que as diligências ou as perícias sejam feitas.

Essas questões deverão ser enfrentadas, principalmente porque o comando do art. 69 da lei só autoriza a lavratura de TCO e providências nas requisições dos exames periciais e nada fala sobre a realização direta de atos de investigação propriamente ditos.

Em que pesem as dificuldades apresentadas e o conflito aparente de atribuição entre as instituições, nada impede que, na prática, o Promotor de Justiça, ao receber o TCO de outra instituição que não a Polícia Judiciária o faça como "peça de informação" e requisite diligências ao Delegado de Polícia, não podendo esse último se escusar do cumprimento da exigência, com fundamento única e exclusivamente no argumento de que o TCO não tivera início na Polícia Civil, mesmo porque não se pode criar limitação ao poder constitucional de requisição do Ministério Público[6] na formação de sua *opinio delicti*.

---

6. Artigo 129, VIII, da CF – São funções institucionais do Ministério Público requisitar diligências investigatórias e a instauração de inquérito policial, indicados os fundamentos jurídicos de suas manifestações.

Pouco importa, portanto, como ganhou forma a notícia que chegou ao Ministério Público, uma vez que poderia ser recebida como "peças de informação", bastando que seja suficiente para a formação da *opinio delicti* e possa o titular ajuizar ação penal, como meio de abraçar o princípio constitucional da eficiência, que acoberta mais amplamente toda a sociedade.

Destaque-se que o Supremo Tribunal Federal, em 22 de fevereiro de 2019, ao negar provimento ao Agravo Regimental no Recurso Extraordinário 993.822/AM, não reconheceu a possibilidade de a Polícia Militar do Estado do Amazonas lavrar Termo Circunstanciado de Ocorrência.

Na mão reversa, contudo, em outubro de 2019, a Presidência da República assinou o Decreto 10.073/2019, que define as atribuições da Polícia Rodoviária Federal, entre as quais está a possibilidade de lavrar TCO, conforme texto do art. 47, XII.

Por fim, urge alertar que, em recente decisão virtual, encerrada em 26 de junho de 2020, durante a pandemia, o Supremo Tribunal Federal (contando apenas com o voto do Ministro Marco Aurélio contrário à relatoria da Ministra Cármen Lúcia), na Ação Direta de Inconstitucionalidade (ADI) 3.807, proposta pela Associação de Delegados de Polícia do Brasil (Adepol), inovou na matéria, entendendo que a lavratura do TCO não é tarefa exclusiva da Polícia Judiciária, autorizando preferencialmente que a próprio Juiz de Direito o faça quando relacionado especificamente ao crime previsto no art. 28 da Lei 11.343/2006.

Convém esclarecer que a Ministra Cármen Lúcia, em seu voto, deixou claro que tal situação ocorre porque as normas dos §§ 2º e 3º do art. 48 da Lei 11.343/2006 foram idealizadas em benefício do usuário de drogas, visando afastá-lo do ambiente policial.

Esse julgamento, ao contrário de pacificar a matéria, deixou a questão em aberto, pois não iluminou nada acerca do significado da expressão "autoridade policial", contida no art. 69 da Lei 9.099/1995, mas sim declarou a constitucionalidade de inovação contida no § 3º do art. 48 da Lei 11.343/2006, ao tratar da possibilidade de o Juiz de Direito lavrar TCO em caso de usuário de drogas, regra que fora alvo de pleito de inconstitucionalidade.

Apesar de o julgado enfrentar a natureza jurídica da lavratura de TCO, tendo a relatoria concluído que tal ato não configura investigação, mas somente peça de informação, com simples captação da descrição do fato pelo condutor e com a declaração do autor do ilícito, o certo é que os Ministros Roberto Barroso e Gilmar Mendes consignaram que a prerrogativa do Juiz de Direito é excepcional para a situação do art. 28 da Lei 11.343/2006. De mais a mais, o Ministro Marco Aurélio foi contrário à relatoria, atestando ser a lavratura de TCO ato de investigação privativo da Polícia Judiciária.

O fato é que ainda pairam dúvidas acerca da matéria, pois a decisão se restringiu a avaliar a situação do usuário de drogas, tendo como alvo de impugnação regra contida na Lei 11.343/2006, e não aquela trazida no art. 69 da Lei 9.099/1995.

Algumas entidades de representação de policiais civis acreditaram que o julgado *jogou* uma pá de cal na temática, concluindo que a lavratura do TCO é tarefa da Polícia Judiciária como regra e, no caso excepcional do art. 28 da Lei 11.343/2006, preferencialmente do Juiz de Direito. Por sua vez, outras entidades com representatividade na Polícia Militar entenderam que o julgado alargou a autoridade capaz de lavrar TCO, visto que, doravante, a conceituação do que seja "lavratura de TCO" não coincide com a definição de investigação, ato privativo da Polícia Judiciária.

Em verdade, a situação jurídica ficaria mais bem resolvida se a decisão esclarecesse o conceito de Autoridade Policial, termo trazido no art. 69 da Lei 9.099/1995, que é, de fato, por lei e como regra, aquela que pode lavrar o TCO.

Crê-se, pois, que firmar posicionamento acerca da natureza jurídica da expressão "lavratura de TCO" como ato estranho à definição de investigação não significa o mesmo que alargar o conceito de autoridade policial.

Seja ato de investigação ou não, o certo é que o art. 69 da Lei 9.099/1995 restringiu a lavratura de TCO à autoridade policial. É preciso, pois, defini-la com toda clareza e objetividade.

Aberta, portanto, a questão.

LAVRATURA DE TCO PELO MAGISTRADO

Como visto anteriormente, em recente julgado do STF, na ADI 3807, concluíram os Ministros Carmen Lúcia, Roberto Barroso e Gilmar Mendes (vencido o Ministro Marco Aurélio) que o texto do § 3º do art. 48 da Lei 11.343/2006 define que, em matéria de usuário de entorpecente, o Juiz de Direito e, na ausência deste, o Delegado de Polícia podem lavrar o TCO.

O presente trabalho já trouxe à baila a discussão sobre ter o STF alargado a prerrogativa de lavratura de TCO, não sendo este o objeto da análise que se segue.

Ao contrário do que colocaram os Ministros do STF, não se vê como a conjugação dos §§ 2º e 3º do art. 48 da Lei 11.343/2006[7] pode resultar na conclusão de que o Juiz de Direito deve, como regra, lavrar o TCO em situação de flagrante do art. 28 da Lei 11.343/2006.

Isso, para além de acompanhar uma áurea do passado, com o resgate do procedimento judicialiforme, não se coaduna com o sistema acusatório, previsto na

---

7. Artigo 48, § 2º, da Lei 11.343/2006 – "Tratando-se da conduta prevista no art. 28 desta Lei, não se imporá prisão em flagrante, devendo o autor do fato ser imediatamente encaminhado ao juízo competente ou, na falta deste, assumir o compromisso de a ele comparecer, lavrando-se termo circunstanciado e providenciando-se as requisições dos exames e perícias necessários".

   Par. 3º – "Se ausente a autoridade judicial, as providências do § 2º deste artigo serão tomadas de imediato pela autoridade policial, no local em que se encontrar, vedada a detenção do agente".

Constituição da República, em que as tarefas de investigar, acusar e julgar não podem se confundir, todas elas, na figura do julgador.

A melhor "interpretação conforme", data vênia, não é aquela que contraria o sistema acusatório, adotado pela Constituição da República, de modo que não é razoável que o Juiz de Direito realize a lavratura de TCO, confundindo as tarefas, mas sim a que se harmoniza com a essência da judicatura, inércia processual a fim de preservar a equidistância das partes e, acima de tudo, a sua imparcialidade.

A condensação dos dois parágrafos nos oferece a ideia de que Autoridade Policial, tão logo lavre o singelo TCO, colhendo informalmente suas impressões e entendendo o que se passou, não formalizará a prisão em flagrante e encaminhará o autor do fato, de imediato, ao Juiz de Direito, que realizará a audiência imediata. Na ausência do Juiz, a Autoridade Policial colherá o compromisso para que o autor compareça no primeiro dia útil imediato ou na data agendada para a realização da audiência preliminar.

Desse modo, não há que se falar em lavratura de TCO por Juiz de Direito, mas sim em encaminhamento do autor do fato ao Magistrado para a realização de audiência preliminar imediata, com participação do Ministério Público e da Defesa.

Tal posicionamento não só privilegia o sistema constitucional acusatório, como também faz eco e coro ao regramento contido nos arts. 69 e 70 da Lei 9.099/1995,[8] que têm redação e inteligência bem similares à trazida no art. 48 da Lei 11.343/2006.

RENÚNCIA À INVESTIGAÇÃO E SUPERVALORIZAÇÃO DO PRINCÍPIO DO *IN DUBIO PRO SOCIETATE* NA FASE DA PROPOSITURA DA AÇÃO

Como regra, a persecução penal deve seguir o modelo do sistema da duplicidade de instrução, composta pela fase de investigação e pela etapa judicial da ação penal.

O inquérito policial, apesar de não ser peça imprescindível para a formação da *opinio delicti*, quase sempre é o caminho natural para o oferecimento da ação penal, principalmente para as notícias-crime que aportam inicialmente na Polícia Militar ou na Judiciária.

Sendo a regra (art. 5º do Código de Processo Penal),[9] o inquérito policial se constitui em um caderno investigativo, em que o Delegado de Polícia providencia

---

8. Art. 69 da Lei 9.099/95 – A autoridade policial que tomar conhecimento da ocorrência lavrará termo circunstanciado da ocorrência e o encaminhará imediatamente ao Juizado, com o autor do fato e a vítima, providenciando-se as requisições dos exames periciais necessários.
   Art. 70 – Lei 9.099/95 – Comparecendo o autor do fato e a vítima, e não sendo possível a realização imediata da audiência preliminar, será designada data próxima, da qual ambos sairão cientes.

9. Art. 5º CPP Nos crimes de ação pública o inquérito policial será iniciado:
   I – de ofício;
   II – mediante requisição da autoridade judiciária ou do Ministério Público, ou a requerimento do ofendido ou de quem tiver qualidade para representá-lo.

a colheita da prova (da materialidade e da autoria do injusto penal), com vistas a proporcionar suporte à futura ação penal.

Diante disso, comumente, no inquérito policial, a Autoridade Policial determina a oitiva da vítima e das testemunhas apontadas e também oportuniza que o suspeito traga sua versão dos fatos. Nele, também são juntados os laudos periciais, os autos de apreensão e vistoria, os exames de corpo de delito e tudo o que for necessário para a busca da verdade real.

Após exaustiva atividade de investigação policial, o inquérito policial é encaminhado ao Ministério Público (no caso de ação penal pública), que, ao analisar todo o contexto probatório ali contido e formar sua convicção sobre o fato, deve oferecer a ação penal na busca da responsabilização do autor do fato.

Disso tudo conclui-se que o Ministério Público, quando da propositura da ação penal, atua com palpável grau de certeza acerca da materialidade e da autoria, em patamar suficiente a promover o andamento da lide até o final provimento jurisdicional.

Apesar dessa regra, a Lei 9.099/1995, de alguma forma, mitigou esse grau de certeza para a propositura da ação penal, não sendo necessária exaustiva investigação para uma convicção firme sobre a mecânica dos fatos e sua autoria.

O singelo TCO, como substituto do inquérito policial, primado pelos princípios informadores do Juizado Especial Criminal (celeridade, informalidade, simplicidade, economia processual), tornou-se instrumento suficiente a embasar futura ação penal.

Na verdade, o que houve foi uma espécie de renúncia ao esgotamento das vias investigativas na busca da verdade real dos fatos, como exceção ao modelo da duplicidade da instrução.

A partir disso, o autor da ação penal (Órgão de Execução) só terá certo grau de certeza a respeito do fato delituoso na fase de instrução criminal, quando, então, muitas vezes é surpreendido com a colheita, superveniente e em juízo, da prova.

---

§ 1º O requerimento a que se refere o n. II conterá sempre que possível:

a narração do fato, com todas as circunstâncias;

a individualização do indiciado ou seus sinais característicos e as razões de convicção ou de presunção de ser ele o autor da infração, ou os motivos de impossibilidade de o fazer.

A nomeação das testemunhas, com indicação de sua profissão ou residência.

§ 2º Do despacho que indeferir o requerimento de abertura de inquérito caberá recurso para o Chefe de Polícia.

§ 3º Qualquer pessoa do povo que tiver conhecimento da existência de infração penal em que caiba ação pública poderá, verbalmente ou por escrito, comunicá-la à autoridade policial, e esta, verificada a procedência das informações, mandará instaurar inquérito.

§ 4º O inquérito, nos crimes em que a ação pública depender de representação, não poderá sem ela ser iniciado.

§ 5º Nos crimes de ação privada, a autoridade policial somente poderá proceder a inquérito a requerimento de quem tenha qualidade para intentá-la.

Não por outro motivo, no Juizado Especial Criminal, ocorrem muitos casos de absolvição, o que revela uma externalidade negativa e sistemática da Lei 9.099/1995, porquanto muitos dos fatos ali apurados, se adotados os métodos tradicionais de investigação, nem sequer chegariam a ser objeto de persecução penal. Com efeito, a produção da prova, na fase extraprocessual, impediria, em muitos casos, a propositura da ação penal, por permitir uma análise mais aprofundada dos fatos (verificando-se, de antemão, em várias situações, a falta de prova da materialidade ou da autoria).

Sendo assim, sob o argumento da observância dos princípios do Juizado Especial Criminal (informalidade, simplicidade, celeridade, economia processual), o procedimento sumaríssimo afasta, em regra, a investigação do fato delituoso, ensejando, possivelmente, pretensões punitivas dissociadas de uma completa realidade dos fatos.

Registre-se que, em muitos países, mesmo naqueles que adotaram procedimentos abreviados para os comportamentos criminais menos relevantes, não houve nenhum sistema que renunciasse, quase que completamente, à fase investigatória.

Mesmo nos países que têm como alicerce a justiça negocial – como os Estados Unidos da América –, baseados no sistema do *plea bargaining*[10] (*plea discussion* ou *plea conference,* como dito por alguns), no qual impera o princípio da conveniência e oportunidade da ação penal (com plena liberdade do Ministério Público de escolha entre processar ou não), não há, pelo que se sabe, hipótese em que o Estado dispensa a investigação.

No modelo norte-americano, isso fica bem evidente. A conclusão das negociações entre as partes ocorre após a realização da investigação, e não na fase preliminar, como no modelo brasileiro de transação penal.

Apenas para ilustrar, vale colacionar aqui apontamentos de João Gualberto Garcez Ramos[11] sobre o sistema americano:

2.3. As declarações iniciais do imputado

Formalizada a acusação, o imputado é informado do conteúdo e da gravidade das acusações e perguntado como se declara em face delas.

Há, nesse momento, inúmeros caminhos possíveis.

---

10. "Das negociações podem resultar três categorias de *plea bargaining*: o *sentence bargaining*, o *charge bargaining* e a mista. Na primeira, o Promotor faz uma recomendação de uma sentença mais *light* por acusações específicas, em troca da declaração de culpa do réu e de que não conteste a acusação. Na segunda, o Promotor retira uma ou mais das acusações ou limita a acusação a uma menos grave em troca da declaração de culpa do acusado. Na forma mista, resolve-se o processo de vez com a sentença e com o *charge bargaining*. É o caso, por exemplo, de o acusado de três roubos se declarar culpado de um só, em troca da promessa de ser aplicada uma pena não superior a dois anos, podendo assumir o acusado o compromisso de devolver as coisas roubadas, ou indenizar as vítimas ou, ainda, testemunhar contra outros acusados (ASSIS, João Francisco de. *Juizados Especiais Criminais* – Justiça Penal Consensual e Medidas Despenalizadoras. 2. ed. Curitiba: Juruá, 2011, p. 22).

11. RAMOS, João Gualberto Garcez. *Curso de Processo Penal norte-americano*. São Paulo: Ed. RT, 2006, p. 188-189.

> O acusado pode se declarar inocente e não renunciar ao seu direito constitucional de um julgamento por um júri imparcial (Carta de Direitos, 6ª emenda). Nesse caso, os demais atos se desenvolverão perante um júri.
>
> O acusado pode, também, declarar-se inocente e, nos termos do aresto da Suprema Corte Patton Y United States, 281 US 276 (1930), renunciar ao seu direito a um julgamento pelo júri. A essa decisão processual se denomina de *nolo contendere*. A acusação não tem meio de obrigar o acusado a ser processado pelo júri.
>
> Por fim, o acusado pode se declarar culpado. Essa decisão processual decorre, geralmente, de pleito de barganha (*plea bargaining*), que nada mais é do que um mecanismo pelo qual as partes – Estado, por intermediário de seu promotor e acusado – pedem ao juiz a prolatação antecipada de uma sentença, de vez que chegaram a um acordo acerca da definição jurídica do fato e de sua atribuição ao acusado. Nessa barganha, poderão acordar que o promotor deduzirá em juízo acusação por um fato diverso efetivamente ocorrido e que o acusado confessará a prática desse fato, desde que haja interesse convergente a respeito.
>
> Se declarar culpado, o acusado abrevia todo o curso do processo penal.
>
> O acusado tem o direito de declarar-se culpado. O requisito da jurisprudência é que sua declaração seja dada de forma consciente e inteligente quanto às suas consequências.
>
> Teoricamente, o juiz deve exercer um controle sobre a barganha, e verificar se ela atende a requisitos mínimos de ética processual. Na prática, ao que parece, o pedido de barganha é inteiramente dominado pelas partes.
>
> Formalizada a acusação por parte do promotor, o acusado pode declarar-se inocente, mas evitar o julgamento pelo júri. Basta que opte por não litigar perante o júri, aceitando o julgamento por um juiz singular.

Em situações em que o autor do fato tem a possibilidade de um acordo com o órgão de acusação, é imprescindível, para a adequada avaliação dos custos e dos benefícios, à guisa da Teoria dos Jogos,[12] o conhecimento das provas produzidas sobre o fato delituoso. Ao agente cabe avaliar quais as provas que pesam sobre ele e as suas reais chances de absolvição ou de condenação. Por sua vez, o órgão acusatório deve sopesar a utilidade da mitigação da pretensão punitiva, com consequente diminuição de energia e de recursos na persecução penal.

A partir desse modelo negocial, quem aceitaria – ou não – a antecipação de uma sanção, ainda que mitigada, senão diante da certeza de uma condenação em face de persecução penal judicialmente deduzida?

Com o acordo entre o órgão de acusação e o autor do fato, fulcrado em prova contundente (obviamente advinda de uma investigação eficiente), abrevia-se a instrução criminal, chegando a um provimento judicial definitivo.

No sistema italiano não é diferente. No procedimento *giudizio abbreviato*[13] (sem muita aplicação prática), por economia processual e com base nas provas colhidas na

---

12. "A teoria dos jogos parte do princípio de que os jogadores são indivíduos que adotam decisões racionais e conscientes, com objetivos delimitados e que o fazem com o uso do exercício de sua liberdade individual dentro de um espaço geográfico determinado" (RÍOS. Aníbal Sierralta. *Negociação e teoria dos jogos*. São Paulo: Ed. RT, 2018, p. 241).

13. Giudizio abbreviato – "nesse procedimento, há acordo quanto ao rito, que segue o disposto nos arts. 438 a 443, que foram profundamente modificados pela Lei 479, de 16.12.1999, em vigor desde 03.01.2000. (...)

investigação preliminar, o Juiz pode reduzir o rito processual, escolhendo o menor trâmite e diminuindo a pena em 1/3 (um terço). No processo italiano, existe ainda a *applicazione dela pena su richiesta dele parti,*[14] na qual, em razão de acordo entre as partes sobre a pena a ser aplicada, o Juiz elimina o processo e submete o caso a imediata conclusão, com afastamento da apelação.

Não é só. Há também o *giudizio diretíssimo,*[15] admitindo-se o julgamento direto, sem audiência, quando o fundamento da acusação for muito evidente, como no caso de prisão em flagrante ou de confissão do acusado.

Não bastasse isso, existem ainda o *giudizio imediato*[16] e o *giudizio per decreto,*[17] com supressão da fase preliminar e dos debates, esse último para crimes menores, com penas reduzidas, com condenação logo após as investigações preliminares, sem prévio contraditório.

Seja qual for o sistema italiano adotado, todos eles ocorrem após a realização de investigação sobre o fato delituoso.

Na mesma toada, existe o *processo abreviado português*[18] para os crimes apenados com multa ou com pena de prisão não superior a 5 (cinco) anos. Esse processo é composto por atos de instrução reduzidos ao mínimo dispensável,[19] depois de haver provas suficientes de que o crime ocorreu e de quem fora o agente, após inquérito

---

No entanto, com essa lei, o juiz não depende mais da concordância do Ministério Público para adotar o rito e pode admiti-lo ainda quando haja necessidade de prova complementar, solicitada pelo imputado ou por ele determinada de ofício. Assim, a escolha do rito deixou de ser uma solução consensual, dependendo agora de atos do juiz e do imputado, mas continua com o objetivo de economia processual e permanece, como estímulo do acusado, a vantagem de redução da pena em um terço (ASSIS, João Francisco de. *Juizados Especiais Criminais* – Justiça Penal Consensual e Medidas Despenalizadoras. 2. ed. Curitiba: Juruá, 2011, p. 26).

14. Applicazione dela pena su richiste dele parti – "quando há acordo das partes sobre a pena a ser aplicada, ocorre a imediata conclusão do processo, com a eliminação da apelação (salvo nos casos em que o MP tenha manifestado sua inconformidade), procedendo-se na forma dos arts. 444 a 448". (idem, p. 26).

15. Giudizio diretíssimo – "em que não há audiência preliminar, sendo o acusado encaminhado diretamente à fase de julgamento naqueles casos em que o fundamento da acusação é muito evidente, ou seja, quando há prisão em flagrante ou confissão do acusado no desenrolas do interrogatório, procedendo-se na forma dos arts. 449 a 452" (idem, p. 26).

16. Giudizio imediato – "com eliminação da audiência preliminar, tendo por pressuposto uma prova evidente, excetuadas a prisão em flagrante e a confissão, e procedendo-se na conformidade dos arts. 453 a 458" (idem, p. 26).

17. Giudizio per decreto – "com supressão da fase de audiência preliminar e dos debates. É procedimento reservado para os crimes menores, com pena reduzida, podendo a condenação ocorrer logo em seguida às investigações preliminares, sem prévio contraditório. A pena a ser aplicada, no entanto, só pode ser a de multa, ainda que em substituição a uma pena privativa de liberdade, procedendo-se conforme estabelecido nos arts. 459 a 461" (ASSIS, João Francisco de. *Juizados Especiais Criminais* – Justiça penal consensual e medidas despenalizadoras. 2. ed. Curitiba: Juruá, 2011, p 27).

18. ASSIS, João Francisco de. *Juizados Especiais Criminais* – Justiça penal consensual e medidas despenalizadoras. 2. ed. Curitiba: Juruá2011, p 36-37.

19. "Em alguns casos (crime punível com pena de prisão até cinco anos), a confissão integral e sem reservas implica a renúncia à produção de prova relativa aos fatos imputados e consequente consideração destes como provados, passando-se às alegações finais" (SCARANCE FERNANDES, Antonio et al. Provas no Processo Penal – Estudo Comparado. São Paulo: Saraiva, 2011, p. 23).

sumário (modificações introduzidas pela Lei 59/1998 nos artigos 391-A a 391-D do Código de Processo Penal português).

Também nesse caso, não houve renúncia à investigação.

Seguindo a tendência, no *processo sumaríssimo português*[20] para crimes com pena de prisão não superior a 3 (três) anos ou apenados exclusivamente com multa, pode-se julgar sem instrução e julgamento e com imediato trânsito em julgado.

Na Espanha, o sistema penal denominado *conformidad* consiste em um acordo da acusação com o réu, assistido por um Defensor, mediante o qual há anuência com o pedido de condenação, desde que a privação de liberdade não ultrapasse 6 (seis) anos, abrindo-se mão da instrução oral e culminando-se na sentença com força condenatória e com efeito de trânsito em julgado (imutabilidade).[21]

Pelo que se pode constatar, malgrado a polêmica em torno do assunto, o que diferencia o instituto espanhol da *conformidad* do inglês *guilty plea,* é que, no primeiro, só há acordo consensual entre acusação e Defesa para os crimes com penas privativas de liberdade até 6 (seis) anos e, no segundo, o acordo é amplamente aplicado, sem restrição da quantidade de pena.[22]

A despeito das discussões sobre acertos ou equívocos desses modelos de negociabilidade na esfera penal, destacando-se, em face da nossa ordem constitucional, o princípio do devido processo legal, é fato que os países que adotaram, em maior ou menor intensidade, a convencionalidade no procedimento criminal não afastaram o pressuposto da investigação dos fatos de relevância penal.

O rito processual, como visto, pode ser abreviado e, em alguns casos excepcionais, pode até inexistir, mas a investigação é realizada.

Por sua vez, no Brasil, na perspectiva do procedimento no Juizado Especial Criminal, adota-se, como regra, o afastamento da fase investigatória ou de buscas investigativas rumo à verdade real, contentando-se o legislador com indicativos de que alguém tenha praticado ou concorrido para o cometimento de uma infração penal de menor potencial ofensivo.

A flexibilização da exigência da prova da materialidade (aceitando-se, por exemplo, um receituário médico para atestar a ocorrência de lesão na oportunidade de oferta da denúncia) e de elementos da autoria, com supervalorização do princípio

---

20. "São características do processo sumaríssimo a inexistência de instrução e julgamento, bem como o trânsito imediato em julgado" (ASSIS, João Francisco de. *Juizados Especiais Criminais* – Justiça penal consensual e medidas despenalizadoras. 2. ed. Curitiba: Juruá, 2011, p. 37).

21. ASSIS, João Francisco de. *Juizados Especiais Criminais* – Justiça penal consensual e medidas despenalizadoras. 2. ed. Curitiba: Juruá, 2011, p. 38.

22. ASSIS, João Francisco de. *Juizados Especiais Criminais* – Justiça penal consensual e medidas despenalizadoras. 2. ed. Curitiba: Juruá, 2011, p. 40.

do *in dubio pro societate*[23] na fase inicial do processo, praticada no Juizado Especial Criminal, vai na contramão dos ordenamentos estrangeiros.

Como bem alertaram Luciano Feldens e Andrei Zeinkner Schimidt,[24] não se pode ajuizar ação penal sem um mínimo de segurança no plano da imputação criminal:

> "Muito embora o art. 62 da Lei 9.099/95 refira que o processo perante o Juizado Especial se orientará pelos critérios de oralidade, informalidade, economia processual e celeridade, cabe reconhecer que enquanto princípios que se projetam sobre a esfera criminal sua relatividade é gritante. Não fosse a possibilidade de conformá-los constitucionalmente, seria de se dizer que sua aplicabilidade estaria restrita ao aparelho cartorário, porquanto de juiz (ao Ministério Público) nenhum se pode exigir – ou admitir –, no âmbito de um Estado Democrático de Direito, que implemente uma marcha processual que privilegie a velocidade em detrimento de um mínimo de segurança no plano da imputação criminal.

Com efeito, fica evidente que uma investigação minimamente realizada é o primeiro passo para uma acusação eficiente e, consequentemente, para uma decisão judicial segura.

Não se pode olvidar que, na ausência de outros elementos de prova robustos, uma investigação criteriosa passa a assumir dupla função: a primeira delas é garantir que o autor da ação forme, com segurança, sua convicção delitiva, por meio da qual pode basear sua acusação; a segunda é proporcionar tranquilidade ao cidadão, que não será processado criminalmente sem um suporte probatório essencial a impulsionar uma ação penal.

Diante disto, ao afastar a investigação, a Lei 9.099/1995 possibilita pretensões punitivas possivelmente fadadas à improcedência, com dispêndio desnecessário de recursos, além de distribuir, durante o curso, aflições evitáveis. Não se pode sobrevalorizar o princípio do *in dubio pro societate*.

Cumpre alertar que o advento da Lei 13.869, de 5 de setembro de 2019 (Lei de Abuso de Autoridade), pode alterar a lógica da Lei 9.099/1995, porquanto o art. 30 daquela lei criminaliza a conduta de "dar início ou proceder a persecução penal, civil ou administrativa sem justa causa fundamentada ou contra quem sabe inocente". Assim, como, no mais das vezes, o TCO não confere categórico suporte probatório, a adoção do rito da Lei 9.099/1995 pode levar a questionamento sobre estar ou não presente justa causa para a deflagração da ação penal (requisito exigido pela Lei 13.869/2019).

Nesse particular, não se vê, por enquanto, que a Lei de Abuso de Autoridade será suficiente para modificar a consolidada dinâmica do Juizado Especial Criminal, trazida na Lei 9.099/1995, que, no afã de conferir uma resposta mais célere ao jurisdicionado, optou por flexibilizar alguns rigorismos da Justiça Criminal tradi-

---

23. Na dúvida, deve-se privilegiar a sociedade e ajuizar a ação penal.
24. FELDENS, Luciano. SCHIMIDT, Andrei Zenkner. *Investigação criminal e ação penal*. 2. ed. Porto Alegre: Livraria do Advogado, 2007, p. 24.

cional, tanto que, na definição de Silva Sanches, estaria aqui o Direito Penal em sua Segunda Velocidade.[25]

Convém anotar que o órgão de execução que oferece denúncia embasado em "notícia-crime" trazida no histórico do TCO (ainda que sem delongas nas investigações) está cumprindo determinação contida na Lei 9.099/1995, de modo que, ao espelhar um propósito do legislador, não pode ele ser criminalizado pela deflagração da ação penal.

Ora, quem está seguindo determinação legal não comete crime. Como diriam Raúl Eugênio Zaffaroni e José Henrique Pierangeli,[26] no conceito de "atipicidade conglobante", não existe nada que pode ser normativo e antinormativo ao mesmo tempo.

Aliada a tudo isso, há ainda a exigência prevista no § 1º do art. 1º da Lei 13.869/2019,[27] de que, para a ocorrência do crime de abuso de autoridade, o agente atue com dolo específico ou fim especial de agir, modalidade que não se coaduna com a deflagração de ação penal, seguindo os ditames da Lei 9.099/1995.

ENCAMINHAMENTO DOS ENVOLVIDOS AO JUIZADO ESPECIAL CRIMINAL

Conforme texto do parágrafo único do art. 69 da Lei 9.099/1995, a Autoridade Policial, após lavrar TCO, encaminhará o autor imediatamente ao Juizado Especial Criminal ou, no caso de impossibilidade, firmará compromisso de comparecimento, em dia a ser designado.

---

25. Direito Penal a) "de primeira velocidade, em que a rigidez da reação penal – penas privativas da liberdade – seria acompanhada da ampliação das garantias individuais, seja no que toca às regras gerais da imputação, seja no âmbito das garantias processuais penais (Direito penal liberal); e b) de segunda velocidade, assim definido o modelo de maior flexibilidade da intervenção penal, sobretudo ao nível de diminuição das exigências para a atribuição da responsabilidade penal, com a contrapartida da prevalência de penas alternativas, restritivas e/ou pecuniárias, chega à inevitável indagação acerca da possibilidade de se ter eu admitir um direito penal de terceira velocidade, caracterizado pela soma dos elementos de maior rigidez dos anteriores (penas de prisão e redução de garantias individuais)" (SÁNCHES, Jesús-Maria Silva. *A expansão do direito penal*. Aspectos da política criminal nas sociedades pós-industriais. Trad. Luiz Otávio de Oliveira Rocha. São Paulo: Ed. RT, 2002. (As Ciências Criminais no Século XXI, v. 11), p. 148.

26. "Isto nos indica que o juízo de tipicidade não é um mero juízo de tipicidade legal, mas que exige um outro passo, que é a comprovação da tipicidade conglobante, consistente na averiguação da proibição através da indagação do alcance proibitivo da norma, não considerada isoladamente, e sim conglobada na ordem normativa. A tipicidade conglobante é um corretivo da tipicidade legal, posto que pode excluir do âmbito do típico aquelas condutas que apenas aparentemente estão proibidas..." (ZAFFARONI, Eugênio Raúl. PIERANGELI, José Henrique. *Manual de Direito Penal* – Parte Geral. São Paulo: Ed. RT, 1997, p. 461).

27. Lei 13.869/2019 – Art. 1º Esta Lei define os crimes de abuso de autoridade, cometidos por agente público, servidor ou não, que, no exercício de suas funções ou a pretexto de exercê-las, abuse do poder que lhe tenha sido atribuído. § 1º As condutas descritas nesta Lei constituem crime de abuso de autoridade quando praticadas pelo agente com a finalidade específica de prejudicar outrem ou beneficiar a si mesmo ou a terceiro, ou, ainda, por mero capricho ou satisfação pessoal.

Na verdade, a Autoridade de Polícia ouvirá informalmente os envolvidos, transcrevendo, de forma sucinta, as versões de cada um deles e apontando testemunhas que possam confirmá-las. Em seguida, providenciará o encaminhamento imediato dos envolvidos ao Juizado Especial Criminal, oportunidade em que se realizará, se possível, audiência preliminar imediata.

Na audiência imediata, o Juiz de Direito, o Promotor de Justiça e o Advogado (constituído ou dativo), além dos Conciliadores, tentarão entabular um acordo, que, de plano, culminará na renúncia ao direito de queixa (ação penal privada), na retratação da representação (ação penal pública condicionada) já firmada na Delegacia de Polícia ou no arrependimento posterior (diminuição da pena na dosimetria da sentença condenatória em ação penal pública incondicionada – art. 16 do Código Penal).

Ultrapassada a fase de conciliação e sendo esta infrutífera nos crimes de ação penal pública condicionada ou nas infrações de ação penal privada, será oferecida transação penal, se preenchidos os requisitos do art. 76 da Lei 9.099/1995 (que serão mais bem analisados à frente). Nos casos de ação penal pública incondicionada, o órgão de execução avaliará a possibilidade de alguma medida de justiça penal consensual.

Convém registrar que as audiências imediatas, apesar de previstas na legislação, não apresentam resultados de maior efetividade, porquanto, quase sempre, os envolvidos (autor e vítima) encontram-se com os ânimos exaltados, o que diminui as chances de sucesso de eventual acordo.

Desse modo, por questão de experiência, os Juízes, verificando a impossibilidade de acordo na audiência imediata, comumente designam nova audiência preliminar, intimando-se os presentes para futura tentativa de autocomposição. O próprio art. 70 dispõe que, comparecendo o autor do fato e a vítima e não sendo possível a realização imediata da audiência preliminar, será designada data próxima, da qual ambos sairão cientes.

A depender da integração entre o Poder Judiciário e a Autoridade Policial, é possível que esta já disponha da agenda de audiências preliminares, firmando o compromisso de comparecimento dos envolvidos em data disponível.

Atente-se para o fato de que o texto não exclui a hipótese de prisão em flagrante delito para os casos de infrações de menor potencial ofensivo. O flagrante não será lavrado na hipótese de compromisso do autor do fato de comparecer ao Juizado Especial Criminal no dia e na hora designados.

Entretanto, caso o suposto autor se recuse a comparecer imediatamente ao Juizado Especial Criminal (se assim determinado) ou a assinar termo de comparecimento em dia e hora definidos, poderá a Autoridade Policial determinar a lavratura do auto de prisão em flagrante delito.

Sobre a possibilidade de prisão em flagrante em crimes de menor potencial ofensivo, ensinou Marcellus Polastri Lima:[28]

> O parágrafo único do art. 69 traduz verdadeira causa excludente de prisão em flagrante, sendo que, se for o autor do fato imediatamente encaminhado ao Juizado ou assumir compromisso em comparecer ao mesmo na data em que se fizer necessário, não ficará sujeito à prisão em flagrante, não sendo nem mesmo exigido fiança.
>
> Frise-se que não se aboliu a possibilidade de detenção do agente quando estiver na flagrância do cometimento do delito, pois uma coisa é a detenção em razão da flagrância e outra é o ato formal da prisão em flagrante que resulta do respectivo auto. Assim, conforme o dispositivo, apesar do estado de flagrância do agente, cumpridos os requisitos, não se lavrará o auto de prisão em flagrante e não se imporá a prisão provisória que dele resulta, como não se exigirá fiança.
>
> Caso o agente se negue a se dirigir ao Juizado, se houver sido detido no estado de flagrância, deverá ser lavrado o auto de prisão em flagrante e ser arbitrada fiança, que, não paga, poderá ensejar detenção provisória, até o encaminhamento ao Juizado.

Obviamente, há vozes dissonantes, que bradam não ser possível a lavratura de prisão em flagrante nas infrações de menor potencial ofensivo, considerando que, mesmo que a contenda chegasse a seu termo com condenação, pelo máximo da pena aplicada, não haveria imposição de sanção privativa de liberdade.[29] Pela lógica, se, após condenação, o agente não seria preso, o que dizer do encarceramento antes daquela sentença?

O argumento é realmente forte.

A discussão ganharia intensidade maior nos casos em que o autor é flagrado na prática de infração penal apenada somente com multa. Assim, segundo forte corrente, não poderá aquele ser preso em flagrante, ainda que se recuse ao compromisso de comparecer ao Juizado Especial Criminal, escorando-se na noção de que o autor jamais será preso após condenação, ainda que reincidente, por ausência de previsão legal de pena privativa de liberdade nessas hipóteses.

Não por outro motivo o art. 48 da Lei 11.343/2006,[30] no § 2º, estabelece que o usuário de drogas, cujo comportamento encontra adequação típica no artigo 28 da citada lei, não se sujeitará a prisão em flagrante.

Assim, após determinada a lavratura do auto de prisão em flagrante e encaminhado o suposto autor do fato que se recusou a comparecer ao Juizado Especial ou, pelo menos, a assinar termo de compromisso de comparecimento, superada a

---

28. LIMA, Marcellus Polastri. *Juizados Especiais Criminais* – O procedimento sumaríssimo no processo penal. 2. ed. São Paulo: Atlas, 2013. p. 43.

29. Oportuno ressaltar que existem situações em que o legislador permite e a doutrina incentiva a prisão cautelar em crimes com penas diminutas. Entre elas, o caso de ameaça em violência doméstica. Apesar da pena máxima prevista ser de 06 meses, não se questiona, quando necessária, a prisão cautelar do agente.

30. Art. 48, § 2º, da Lei 11.343/2006 – Tratando-se da conduta prevista no art. 28 desta Lei, não se imporá prisão em flagrante, devendo o autor do fato ser imediatamente encaminhado ao juízo competente ou, na falta deste, assumir o compromisso de a ele comparecer, lavrando-se termo circunstanciado e providenciando-se as requisições dos exames e perícias necessárias.

avaliação de fiança pelo Delegado de Polícia, haverá o encaminhamento ao Juiz de Direito de plantão ou de custódia, que, em audiência própria, determinará se concede liberdade provisória com ou sem fiança ou se aplicará as medidas cautelares previstas no art. 319 do Código de Processo Penal (comparecimento a juízo, monitoração eletrônica, prisão domiciliar e outras).

Ao analisar a conversão da prisão em flagrante em preventiva ou ao avaliar a pertinência da concessão da liberdade provisória, o Juiz da custódia deverá se ater à pena abstrata. Assim, se o preceito secundário da norma penal incriminadora prever infração penal de multa (exclusiva) ou de prisão simples, ou ainda de prisão de até 3 (três) meses (na hipótese de se livrar solto), o Juiz deverá conceder a liberdade natural (e não liberdade provisória), sem nenhuma restrição ou aplicação das medidas cautelares do art. 319 do Código de Processo Penal.[31]

Porém, se a pena abstrata for igual ou superior a 3 (três) meses, será permitido ao Juiz converter a prisão em flagrante delito em preventiva. Vale anotar também que, aqui, há divergência sobre ser possível a prisão preventiva para as infrações de menor potencial ofensivo, ainda que haja previsão de pena privativa de liberdade acima de 3 (três) meses.

Mirabete entendia, coerentemente, que a Lei 9.099/1995 não previu a hipótese de prisão preventiva para as infrações de menor potencial ofensivo por uma questão de "precariedade dos elementos colhidos para elaboração do termo circunstanciado de ocorrência", exigidos para a decretação da medida cautelar.[32]

Insta realçar que, na prática, não se veem casos[33] em que o Juiz determina a prisão preventiva de autor de infração penal de menor potencial ofensivo (salvo em situação de violência doméstica), em que pese a existência de discussão teórica a respeito.

Ainda, se o suposto autor assinar compromisso de comparecer ao Juizado Especial Criminal no dia estipulado, mas deixar de fazê-lo, quedando-se ausente no citado ato, não haverá motivos para a lavratura da prisão em flagrante, mesmo

---

31. LIMA, Marcellus Polastri. *Juizados Especiais Criminais – O procedimento sumaríssimo no processo penal*. 2. ed. São Paulo: Atlas, 2013. p. 44.

32. "Não prevê a Lei 9.099/95 a possibilidade de decretação pelo Juizado Especial da prisão preventiva ao autor de infração penal de menor potencial ofensivo. Aliás, a precariedade dos elementos colhidos para a elaboração do termo circunstanciado impossibilita também que fiquem evidenciados os requisitos que defluem dos arts. 311 a 314 do Código de Processo Penal, indispensáveis à decretação da medida coercitiva. Assim, não tem o juiz competência para a imposição da prisão preventiva" (MIRABETE, Júlio Fabbrini. *Juizados Especiais Criminais* – Comentários, jurisprudência e legislação. São Paulo: Atlas, 2000, p. 93).

33. Em recente decisão monocrática, o Ministro do Supremo Tribunal Federal Alexandre de Morais determinou a prisão preventiva de Sara Winter no curso do polêmico inquérito "judicial" (conhecido popularmente como inquérito das "fake news"), por ter, em tese, praticado crime de menor potencial ofensivo (crime contra a honra), reavivando a discussão sobre a possibilidade da medida restritiva de liberdade sob a égide da Lei 9.099/1995.

porque já não estarão presentes os pressupostos do flagrante[34] (art. 302 do Código de Processo Penal).

Nessa hipótese, o Promotor de Justiça, em crime de ação penal pública, avaliará se é caso de oferecimento da denúncia, de arquivamento ou de requisição de novas diligências, não sendo a situação de decretação da prisão preventiva por garantia da aplicação da lei penal, mesmo porque já se assentou que o desaparecimento do denunciado, que culmina na citação por edital, não autoriza automaticamente a decretação da cautelar preventiva,[35] devendo o Magistrado fundamentar sua decisão, deixando clara a necessidade, se for o caso, do encarceramento. Se assim é e se esta é a regra para toda a espécie de crime (inclusive graves), o que não dizer das infrações penais de menor potencial ofensivo? Seguindo essa toada, não se tem, na prática, a decretação da cautelar preventiva nessas situações.

A FORMAÇÃO DA *OPINIO DELICTI* NO PROCEDIMENTO DO JUIZADO ESPECIAL CRIMINAL

Trata-se de relevante tema objeto de discussões pelos profissionais que atuam no Juizado Especial Criminal.

É sabido que a Lei 9099/1995 prevê o instrumento do termo circunstanciado de ocorrência, que, na prática, nada mais é do que a descrição mais detalhada da ocorrência policial, inclusive com as versões dos envolvidos, em que pese a possibilidade da notícia do fato delituoso por outros meios, *v.g.*, representação direta ao órgão de execução, ofícios, requisições de providências criminais.

Não raras vezes, a Autoridade Policial transcreve, sem nenhum acréscimo, o que está no boletim de ocorrência e encaminha os autos ao Juizado Especial Criminal, sem nada acrescentar, para que o membro do Ministério Público possa formular sua opinião delitiva e, com isso, adotar uma postura processual.

Em nome dos princípios informadores do Juizado Especial Criminal (celeridade, informalidade, simplicidade, economia processual e outros), é comum o membro do Ministério Público, após frustrada a tentativa de composição ou recusada a medida de despenalização (transação penal), ofertar denúncia.

---

34. Artigo 302 do Código de Processo Penal – Considera-se em flagrante delito quem:
   I – está cometendo a infração penal;
   II – acaba de cometê-la;
   III – é perseguido, logo após, pela autoridade, pelo ofendido ou por qualquer pessoa, em situação que faça presumir ser autor da infração;
   IV – é encontrado, logo depois, com instrumentos, armas, objetos ou papéis que façam presumir ser ele autor da infração.

35. "Prisão preventiva e a suspensão do processo do art. 366 do CPP – Custódia que não é consequência lógica e imediata da aplicação do art. 366 do CPP. Necessidade da concorrência dos pressupostos autorizados da segregação provisória para que o juiz possa optar pela alternativa extrema" (TACrimSP: RT 788/620; STF: RT 779/504).

É de se notar, portanto, que o legislador de 1995, ao criar a citada norma, não só atestou ser o inquérito policial prescindível e desnecessário (no caso de crimes demonstrados por outros elementos de prova), como também consignou que, em sede de Juizado Especial Criminal, o citado caderno investigativo não figurará como precedente da ação penal.

Em outras palavras, no Juizado Especial Criminal, para os crimes de menor potencial ofensivo e para as contravenções penais, o Ministério Público terá de formar sua *opinio delicti* sem uma investigação corporificada no inquérito policial, subsidiando a ação penal, muitas vezes, em um histórico de ocorrência, com versões resumidas das partes.

É bem verdade que o mesmo art. 77 da lei especial[36] prevê a situação de realização de diligências imprescindíveis à elucidação dos fatos antes mesmo do oferecimento da denúncia. Contudo, a conotação do texto legal confere à situação caráter de excepcionalidade, sob pena de se transformar o TCO em peça investigatória híbrida (nem TCO, nem inquérito).

Ainda com a coloração da excepcionalidade, o § 2º do art. 77[37] traz a possibilidade de encaminhar os autos do TCO à Justiça Comum quando não for possível oferecer denúncia em razão da complexidade do fato ou da circunstância do caso. Nessa situação, como já definido, o TCO assumiria, sob nova presidência, a roupagem de inquérito policial, no âmbito do qual poderiam ser realizadas diligências necessárias ao esclarecimento do fato, cuja persecução caberia aos órgãos de execução atuantes na Justiça Criminal Comum.

Não obstante o reconhecimento dessas excepcionais situações de realizações de diligências imprescindíveis, bem como o possível encaminhamento das peças de informação ao Juízo comum, não raras vezes o órgão de execução, no desempenho de suas atribuições, somente pode valer-se do TCO.

Poderia o TCO servir de base à formação da opinião delitiva do Membro do Ministério Público?

Nesses termos, não estaria a Lei 9.099/1995 modificando a regra do Código de Processo Penal de que a denúncia só pode ser oferecida mediante prova da materialidade e indícios de autoria?

Trata-se de questões que merecem criteriosa avaliação com vistas ao necessário aprimoramento dos procedimentos do Juizado Especial Criminal (fase preliminar e procedimento sumaríssimo).

---

36. Art. 77. Na ação penal de iniciativa pública, quando não houver aplicação de pena, pela ausência do autor do fato, ou pela não ocorrência da hipótese prevista no art. 76 desta Lei, o Ministério Público oferecerá ao juiz, de imediato, denúncia oral, *se não houver necessidade de diligências imprescindíveis*.

37. Art. 77, § 2º Se a complexidade ou circunstância do caso não permitirem a formulação da denúncia, o Ministério Público poderá requerer ao juiz o encaminhamento das peças existentes, na forma do parágrafo único do art. 66 desta Lei.

É sabido que, durante a audiência preliminar, não se discute o mérito dos fatos. Todavia, mesmo sem a certeza mínima necessária para subsidiar ensaios sobre uma "opinião delitiva" e não sendo situação manifesta de arquivamento, o Ministério Público, por imposição legal do art. 76 da Lei 9.099/1995, deve oferecer o benefício da transação penal se presentes todos os requisitos objetivos e subjetivos.

Pergunta-se: o Promotor de Justiça, quando do oferecimento da transação penal ao suposto autor do fato, está sempre absolutamente convicto e convencido acerca da materialidade e da autoria? Acreditamos que não. Isso decorre do fato de as audiências preliminares serem designadas com base em notícia-crime retratada em um histórico de ocorrência e em uma transcrição, quase sempre exata e sem nenhum acréscimo, no TCO.

Para a oferta da transação penal, que nada mais é do que um acordo negocial entre o Ministério Público e o suposto autor do fato e que importa na aplicação de alguma medida restritiva de direito (art. 43 do Código Penal), o órgão de execução (Promotor de Justiça) tem, para a sua avaliação, a descrição sumária das condutas dos envolvidos.

Assim, não sendo o caso manifesto de arquivamento, oferece-se a proposta de transação penal ou requerem-se diligências imprescindíveis, tudo com restrita observância aos princípios que orientam o Juizado Especial Criminal.

Caberá ao órgão acusador avaliar se o histórico da ocorrência e o TCO são suficientes para embasarem eventual proposta de transação penal ou a própria persecução penal.

Como já afirmado, investigação deveria ser a regra, mas não é.

Diversa não é a situação do querelante. É sabido que a vítima pode oferecer ação penal privada,[38] por meio de queixa-crime, em alguns crimes (delitos contra a honra, crime de dano, exercício arbitrário das próprias razões e outros) que a legitimam a impulsionar a pretensão punitiva do Estado. É cediço também que a ação penal privada deve respeitar determinado interstício entre o conhecimento da autoria do crime e a sua propositura, sob pena de se ver decretada a extinção da punibilidade do agente pela decadência.[39]

Desse modo, a vítima, ao contratar um Advogado para assumir o patrocínio da causa e figurar no polo ativo da ação penal, deve observar, como regra, o período de seis meses para oferecer queixa-crime.

---

38. Refere-se à ação penal exclusivamente privada, alertando quanto à existência de outras modalidades de ação penal privada que não guardam relevância para o tema em análise.

39. Segundo o art. 38 do Código de Processo Penal, "salvo disposição em contrário, o ofendido, ou seu representante legal, decairá do direito de queixa ou de representação, se não o exercer dentro do prazo de 6 (seis) meses, contado do dia em que vier a saber quem é o autor do crime [...]".

A observância desse interregno é primordial para que o processo penal possa se instalar. Nota-se, porém, que, não raras vezes, a vítima precisa ajuizar ação penal antes mesmo de completada qualquer investigação criminal, sob pena de ultimada a decadência do direito de queixa.

É bem verdade que o prazo decadencial, como regra, começa a contar a partir do conhecimento da autoria do crime, de modo que, enquanto esta não se revelar nas investigações criminais ou não tendo a vítima prévio conhecimento da identidade e da qualificação do autor do fato, não estará a pretensão punitiva em risco.

FIGURA DO JUIZ DAS GARANTIAS – INAPLICABILIDADE

O "pacote anticrime" aprovado pelo Congresso e sancionado pela Presidência da República, que deu origem à Lei 13.964, de 24 de dezembro de 2019, implementou, no ordenamento jurídico pátrio, a figura do Juiz das Garantias, alterando dispositivos do Código de Processo Penal e modificando substancialmente a sistemática do nosso direito instrumental.

Conforme o art. 3º-B dessa lei,[40] conferiu-se ao Juiz das Garantias a responsabilidade pelo "controle da legalidade da investigação criminal e pela salvaguarda dos direitos individuais cuja franquia tenha sido reservada à autorização prévia do Poder Judiciário [...]".

Pela nova sistemática, sob o pretexto de se afastar o Magistrado da causa (dito agora Juiz da Instrução) do contato direto com a produção da prova na fase preliminar de investigação para se preservar a imparcialidade, como se aqui adotássemos a *teoria da contaminação do convencimento da prova lícita*, criou-se o Juiz das Garantias, que acompanhará o inquérito policial até posterior oferecimento de denúncia ou queixa, ficando a seu cargo a análise do recebimento da peça vestibular acusatória.

Verifica-se que, depois do recebimento da denúncia ou da queixa, o Juiz das Garantias sai de cena para dar lugar ao Juiz de Instrução, que, depois de destacado dos autos o inquérito policial e toda a prova ali colhida, restando apenas as provas irrepetíveis (perícias, auto de apreensão etc.), presidirá o processo até o seu final termo.

Perceba que o Juiz de Instrução não terá acesso a depoimentos e declarações prestadas na fase policial, tomando conhecimento do mérito da ação e seu teor probatório somente quando da colheita de elementos de convicção na própria audiência de instrução.

---

40. Artigo 3º-B "O juiz das garantias é responsável pelo controle da legalidade da investigação criminal e pela salvaguarda dos direitos individuais cuja franquia tenha sido reservada à autorização prévia do Poder Judiciário, competindo-lhe especificamente (...)".

Convém alertar que, por expressa disposição do artigo 3º-C da Lei 13.964/2019,[41] não se aplicará a figura do Juiz das Garantias no Juizado Especial Criminal. Andou bem o legislador, porquanto não se tem, como regra, investigação criminal a justificar a citada inovação.

Claro que eventuais pedidos de busca e apreensão ou pleitos que tenham que ser feitos antes do oferecimento da denúncia ou da queixa atenderão à cláusula de reserva de jurisdição, ficando o Juiz da causa encarregado de analisar o deferimento.

Por fim e sem a intenção de esgotar o tema, urge afastar posição já externalizada pela Defensoria Pública (em súmulas internas) que, com o intuito de preservar a imparcialidade do Magistrado, exige que o inquérito policial ou o termo circunstanciado de ocorrência seja destacado dos autos para que o Juiz de Instrução não tenha contato com a prova ali produzida.

No tocante ao termo circunstanciado de ocorrência, que é um dos objetos de análise desta obra, não se pode anuir com a tese levantada pela Defensoria Pública, já que, uma vez retirado (o TCO) dos autos, isolando a denúncia ou a queixa do conjunto probatório, o Juiz da causa, que é aquele que recebe a peça inaugural na própria audiência de instrução e julgamento, não terá suporte algum para decidir pelo recebimento ou não da vestibular acusatória.

Ao contrário da Justiça Comum, seja o Juiz das Garantias ou o Juiz de Instrução a receber ou não a denúncia, é certo que haverá sempre um Magistrado a analisar o que fora colhido na fase preliminar. No Juizado Especial Criminal, em razão da sua dinâmica, na qual a viabilidade da denúncia ou da queixa é analisada na própria audiência de instrução e julgamento, não se pode concordar com o descarte do TCO, sob pena de esvaziamento dos elementos de convicção a sustentar o recebimento da petição inicial.

Como querem alguns, o Juiz que receberia a denúncia não teria acesso a nenhum dos elementos de convicção a dar suporte a sua tomada de decisão, o que seria contraproducente.

ARQUIVAMENTO DO TCO

Sabe-se que, para deflagrar uma ação penal, é necessário que se tenham elementos de convicção suficientes a embasar a petição inicial (denúncia ou queixa).

O momento adequado para oferecer a denúncia é a audiência preliminar, depois de avaliada a impossibilidade da composição civil ou da transação penal. Contudo, nada impede que o órgão de execução peça vista dos autos para que ofereça a denúncia por escrito, após análise em gabinete.

---

41. Artigo 3º-C "A competência do juiz das garantias abrange todas as infrações penais, exceto as de menor potencial ofensivo, e cessa com o recebimento da denúncia ou queixa na forma do art. 399 deste Código" (referindo-se ao Código de Processo Penal).

JUIZADO ESPECIAL CRIMINAL — ART. 69

É certo que, para ajuizar uma ação penal, o Promotor de Justiça deve criar previamente sua opinião delitiva, que se baseará na prova da materialidade (existência da infração penal) e em indícios da autoria.

Assim, o membro do Ministério Público verificará se o comportamento do autor do fato se subsome a uma norma penal incriminadora, avaliando a tipicidade, além de se certificar acerca da presença da prova de materialidade e de indícios da autoria.

Não encontrando eco em nenhuma norma penal, o comportamento será considerado atípico, o que exigirá que o Promotor de Justiça promova o arquivamento do TCO, sem adentrar na avaliação do conjunto probatório.

Se, entretanto, o comportamento encontrar adequação típica em uma norma penal incriminadora, o Promotor de Justiça deverá analisar se há provas suficientes a subsidiar a denúncia.

Tanto no caso da atipicidade do comportamento quanto na situação de não haver prova suficiente a embasar a denúncia, o Promotor de Justiça, não vislumbrando outras diligências necessárias a formar seu convencimento, solicitará ao Magistrado o arquivamento do autos, que, exercendo função atípica da jurisdição, avaliará se o caso deve, de fato, ser arquivado ou se merece melhor verificação.

Nesse caso, havendo discordância entre o Magistrado e o membro do Ministério Público, aquele encaminhará os autos ao Procurador-Geral de Justiça, que apresentará a última palavra sobre a necessidade de oferecimento de denúncia ou se devem os autos ser encaminhados ao arquivo judicial.

Essa é a sistemática da antiga redação do art. 28 do Código de Processo Penal.[42]

Com a aprovação do "Pacote Anticrime" (Lei 13.964/2019), houve alteração da redação do art. 28 do Código de Processo Penal,[43] afastando do Juiz a tarefa de avaliar o pleito de arquivamento do Ministério Público, sendo certo que, agora, o próprio órgão ministerial, dentro de sua estrutura interna, avaliará, de forma revisional, se o caso merece ser arquivado ou não.

De fato, a nova sistemática se amolda melhor ao princípio acusatório, pois não é tarefa do Juiz intervir na fase pré-processual, resolvendo se o Ministério Público deve ou não provocá-lo por meio de petição inicial (denúncia).

---

42. Artigo 28 do Código de Processo Penal com antiga redação – "Se o órgão do Ministério Público, ao invés de apresentar denúncia, requerer o arquivamento de inquérito policial ou de quaisquer peças de informação, o juiz, no caso de considerar improcedentes as razões invocadas, fará remessa do inquérito ou peças de informação ao procurador-geral, e este oferecerá a denúncia, designará outro órgão do Ministério Público para oferecê-la, ou insistirá no pedido de arquivamento, ao qual só então estará o juiz obrigado a atender"

43. Artigo 28 do Código de Processo Penal com a nova redação dada pela Lei 13.964/2019 – Ordenado o arquivamento do inquérito policial ou de quaisquer elementos informativos da mesma natureza, o órgão do Ministério Público comunicará à vítima, ao investigado e à autoridade policial e encaminhará os autos para a instância de revisão ministerial para fins de homologação, na forma da lei.

Seja como for, por ora, está em vigor a antiga redação do art. 28 do Código de Processo Penal, já que a alteração, muito além de trazer nova sistemática processual, apresentou modificação substancial na estrutura da Justiça, sem previsão orçamentária para instituí-la, havendo, entre outros, alguns vícios de iniciativa e dificuldade operacional.

Tal fato motivou a Associação Nacional dos Membros do Ministério Público (CONAMP) e o Conselho Nacional dos Procuradores-Gerais (CNPG) a ajuizarem ação direta de inconstitucionalidade, com a qual o Ministro Luiz Fux, em decisão liminar, suspendeu, entre outros, o "caput" do art. 28 do Código de Processo Penal, com a redação dada pela Lei 13.964/2019. Assim, por ora, permanece a regra da antiga redação do art. 28 do Código de Processo Penal, que privilegiava a participação do Magistrado na avaliação do arquivamento.

Seja como for, é bom que se diga que o Magistrado não poderá arquivar o TCO de ofício, sem requerimento do Ministério Público, sendo certo que sua decisão de arquivamento, anuindo com a promoção ministerial, tem natureza administrativa, sem carga decisória propriamente dita.

Apenas para deixar consignado, o crime de ação penal privada adota outro caminho processual. O princípio da disponibilidade da ação penal afasta a atuação do Ministério Público, que não promoverá o arquivamento, por não ter legitimidade para ajuizar a ação penal. Se não é ele o titular da ação penal, não poderá, por via de consequência, promover o arquivamento.

É certo que o Ministério Público, como fiscal da ordem jurídica, poderá requerer, em casos de crimes de ação penal privada, a extinção da punibilidade ou até mesmo opinar pela atipicidade do comportamento, pois não é interesse da sociedade que alguém seja processado ao arrepio da lei.

Convém destacar que a vítima também não precisará pleitear o arquivamento em crime de ação penal privada, bastando que deixe transcorrer o prazo decadencial ou externalize sua renúncia ao direito de queixa.

DERROGAÇÃO DO ART. 5º, § 4º, DO CÓDIGO DE PROCESSO PENAL

Segundo preconiza o artigo 5º, § 4º, do Código de Processo Penal, *o inquérito, nos crimes em que a ação pública depender de representação, não poderá sem ela ser iniciado.*

Conforme essa regra, a Autoridade Policial, para dar início ao inquérito, depende de expressa manifestação de vontade do ofendido.

Assim, para dar início ao inquérito policial, é praxe que a Autoridade Policial entregue termo de representação para a vítima assinar, legitimando, com isso, a atividade investigatória.

Nota-se, contudo, que o art. 75 da Lei 9.099/1995[44] traz texto que excepciona a regra geral supracitada do Código de Processo Penal ao condicionar o exercício do direito de representação a não obtenção da composição dos danos civis na audiência preliminar. A representação verbal, em audiência preliminar, será reduzida a termo no instrumento da ata da audiência.

Se a representação não for oferecida na audiência preliminar, depois de infrutífera tentativa de composição civil dos danos, nada impedirá que a vítima apresente, posteriormente, seu interesse na persecução penal, observado, por óbvio, o prazo legal decadencial. Desse modo, valerá a representação oral produzida em audiência preliminar ou posteriormente, devendo, conforme o caso, ser ratificada a representação na fase policial. Essa é a lição de Marcellus Polastri Lima:[45]

> Portanto, como já frisamos, estaria derrogado o art. 5, §4º, do Código de Processo Penal, que, nos crimes de ação penal pública condicionada, condicionava o agir policial à apresentação de representação, pois, no que se refere aos delitos abrangidos pela Lei, passaria a haver uma exceção à regra geral, ou seja, a autoridade policial deverá lavrar o termo circunstanciado e encaminhá-lo ao Juizado independentemente de representação.

Nesse passo, para lavrar o TCO em crimes de ação penal pública condicionada, não estará a Autoridade Policial condicionada à representação da vítima, já a que Lei 9.099/1995 prevê a representação oral, em audiência preliminar, caso não obtida a composição dos danos civis.

Assim, tratando-se de ação penal de iniciativa privada ou de ação penal pública condicionada à representação, se a vítima, compromissada, não comparecer à audiência preliminar, prejudicada está a possibilidade de composição de danos, devendo os autos aguardar em Juízo, pelo prazo decadencial, findo o qual, sem nenhuma manifestação, opera-se a extinção da punibilidade, nos termos do art. 107, IV, do Código Penal.

Em que pese a prática da representação em fase policial, entendemos, pela regra do art. 75 da Lei 9.099/1995, que ela deve ser ofertada em audiência preliminar. A ausência da vítima, conquanto intimada, pode ser interpretada como renúncia tácita à persecução penal.[46]

---

44. Artigo 75. Não obtida a composição dos danos civis, será dada imediatamente ao ofendido a oportunidade de exercer o direito de representação verbal, que será reduzida a termo.
   Parágrafo único. O não oferecimento da representação na audiência preliminar não implica decadência do direito, que poderá ser exercido no prazo previsto em lei.

45. LIMA. Marcellus Polastri. *Juizado Especial Criminal – O procedimento sumaríssimo no processo penal*. 2. ed. São Paulo: Atlas, 2013. p. 55.

46. Nesse particular, crê-se que só é possível assim entender (renúncia tácita) se a vítima fora compromissada e, diante de sua ausência, houver redesignação de audiência preliminar com tentativa de intimação pessoal, por força do art. 71 da Lei 9.099/1995. Haveria, assim, a necessidade de duas ausências de audiência, uma na audiência em que fora compromissada e outra na audiência redesignada.

A parte final do parágrafo único do art. 69 dispõe que, em caso de violência doméstica, o Juiz poderá determinar, como medida de cautela, o afastamento do ofensor do lar, do domicílio ou do local de convivência com a vítima.

Quanto a esse tópico, é preciso afirmar a competência absoluta dos Juizados Especiais de Violência Doméstica quando o delito é praticado contra a mulher no âmbito doméstico ou familiar e verificada a motivação de gênero ou a vulnerabilidade da ofendida decorrente da sua condição de mulher (STJ. AgRg no AResp 1020280/ DF. Rel. Min Jorge Mussi, j. 23.08.2018).

Segundo a Lei 11.340/2006, trata-se de juízo especializado (art. 14), não sendo cabíveis, em delitos que configurem violência doméstica e familiar contra a mulher, medida de transação penal ou de suspensão condicional do processo (art. 17), sendo aplicáveis medidas protetivas de urgência (art. 22). O próprio Superior Tribunal de Justiça consolidou o entendimento (verbete da Súmula 536) segundo o qual a "suspensão condicional do processo e a transação penal não se aplicam na hipótese de delitos sujeitos ao rito da Lei Maria da Penha".

Tratando-se de competência absoluta dos Juizados Especiais de Violência Doméstica, será nula, a teor do art. 567 do Código de Processo Penal, eventual medida protetiva de urgência concedida por Juiz do Juizado Especial Criminal. Contudo, o Superior Tribunal de Justiça, em interpretação do revogado art. 113, § 2º, do Código de Processo Civil de 1973, entendeu pela possibilidade excepcional de o Juiz, ainda que absolutamente incompetente, deferir medidas de urgência (STJ. Resp. 1.273.068/ ES. Rel. Min. Castro Meira, j. 01.09.2011).

Destaque-se, outrossim, o disposto no atual art. 64, § 4º, do Código de Processo Civil de 2015, segundo o qual, "salvo decisão judicial em sentido contrário, conservar-se-ão os efeitos de decisão proferida pelo juízo incompetente até que outra seja proferida, se for o caso, pelo juízo competente". Com efeito, não se defende supressão de instâncias ou violação do regime legal de distribuição de competências, mas, diante da manifesta urgência, com risco à própria integridade física das pessoas, justifica-se a excepcionalidade de medidas protetivas de urgência pelo Juizado Especial Criminal, sobretudo com fulcro na Lei 11.340/2006, sem prejuízo da imediata remessa dos autos ao Juiz competente.

ACORDO DE NÃO PERSECUÇÃO PENAL

Com o advento da Lei 13.964/2019, que inseriu o art. 28-A no Código de Processo Penal,[47] o Ministério Público poderá realizar um acordo de não persecução penal

---

47. Artigo 28-A do Código de Processo Penal – Não sendo caso de arquivamento e tendo o investigado confessado formal e circunstancialmente a prática de infração penal sem violência ou grave ameaça e com pena mínima inferior a 4 anos, o Ministério Público poderá propor acordo de não persecução penal, desde que necessário e suficiente para reprovação e prevenção do crime, mediante as seguintes condições ajustadas e cumulativa e alternativamente:

nas hipóteses legais admitidas. Em verdade, a citada lei repetiu texto de resolução do Conselho Nacional do Ministério Público que previa a figura do acordo de não persecução penal, colocando, assim, uma pá de cal na discussão sobre a legalidade da medida.

O citado acordo é mais uma forma de mitigação do princípio da obrigatoriedade da ação penal pública, coroando uma nova fase do processo penal, sob a roupagem de justiça negociada, já amplamente aceita no Juizado Especial Criminal.

Como é sabido, por aqui, já há o instituto da transação penal e da suspensão condicional do processo (lembrando que esse último não é instrumento exclusivo do Juizado Especial Criminal).

O inciso I do § 2º do art. 28-A do Código de Processo Penal deixa claro que o instituto do acordo de não persecução penal não é aplicado no Juizado Especial Criminal, mesmo porque os benefícios da transação penal e da suspensão condicional do processo são suficientes para atender às demandas atinentes às infrações de menor potencial ofensivo. De mais a mais, as benesses da Lei 9.099/1995 são mais favoráveis ao autor do fato, porquanto não há presunção de culpa nem necessidade de confissão, afastando-se, com isso, a viabilidade do acordo de não persecução penal na Justiça Especial.

O próprio texto legal atesta que o cabimento da transação penal afastará a incidência do acordo de não persecução penal, tudo no âmbito de competência do Juizado Especial Criminal (art. 28-A, § 2º, I, do CPP).

Vale alertar que o art. 28-A, § 2º, III, do Código de Processo Penal prevê que o oferecimento de transação penal no Juizado Especial Criminal ou de *suspro* (suspensão condicional do processo), nos últimos 5 (cinco) anos, impede a realização do acordo de não persecução penal no processo em trâmite na Vara Criminal, ampliando, dessa forma, as consequências jurídicas de uma homologação dos benefícios da Lei 9.099/1995.

Faz pouco tempo, a homologação de transação penal produzia o único efeito de impedir o oferecimento de novo benefício no interstício de 5 (cinco) anos. Agora, impede também a realização do acordo de não persecução penal. Da mesma forma, a suspensão condicional do processo não inviabilizava o oferecimento de transação penal posterior, mas, agora, afasta a possibilidade de acordo de não persecução penal.

Seja como for, por força do art. 28-A, § 2º, I, do Código de Processo Penal, tem-se que o acordo de não persecução penal não será aplicado no Juizado Especial Criminal.

---

§ 2º O disposto no caput deste artigo não se aplicará nas seguintes hipóteses:

I – se for cabível transação penal de competência dos Juizados Especiais Criminais, nos termos da lei;

(...)

III – ter sido o agente beneficiado nos 5 anos anteriores ao cometimento da infração, em acordo de não persecução penal, transação penal ou suspensão condicional do processo.

> **Art. 70.** Comparecendo o autor do fato e a vítima, e não sendo possível a realização imediata da audiência preliminar, será designada data próxima, da qual ambos sairão cientes.
>
> **Art. 71.** Na falta do comparecimento de qualquer dos envolvidos, a Secretaria providenciará sua intimação e, se for o caso, a do responsável civil, na forma dos arts. 67 e 68 desta Lei.

Como foi visto, uma vez flagrado na prática delituosa, o autor do fato será encaminhado, juntamente com a vítima e eventuais testemunhas, à Delegacia de Polícia para lavratura de TCO.

Sendo possível, após lavrado o termo circunstanciado de ocorrência, o Delegado de Polícia deverá encaminhar imediatamente os envolvidos (ofendido e autor do fato) ao Juizado Especial Criminal, onde se fará uma audiência preliminar imediata, na presença do Juiz de Direito, do Promotor de Justiça (órgão de execução), do Advogado constituído, dativo ou do Defensor Público, além dos Conciliadores e auxiliares da Justiça. Nessa fase, há dispensa das testemunhas.

Caso não seja viável a realização de audiência imediata, o Delegado de Polícia colherá termo de compromisso de comparecimento dos envolvidos (vítima e autor do fato) para audiência previamente designada.

É comum, dependendo do relacionamento institucional, que a Autoridade Policial tenha em mãos agenda, com a pauta de audiências do Juizado Especial Criminal, para que possa marcar o dia em que os envolvidos deverão comparecer à audiência preliminar.

Todavia, se isso não puder ocorrer, o Delegado de Polícia dispensa os envolvidos e remete o TCO para ao Juizado Especial Criminal, para que o Juiz de Direito providencie a designação de audiência preliminar.

Na prática, em vez de o Juiz designar de ofício audiência preliminar, pode encaminhar o TCO, após autuação e formalização de expediente com cadastro no sistema de informática do Judiciário, ao Ministério Público, no intuito de obter, junto ao Promotor de Justiça, avaliação ministerial sobre qual a providência deve ser requerida.

Recebendo os autos na sequência, quase sempre[1] o Promotor de Justiça solicita a designação de audiência preliminar, com intimação pessoal da vítima e do autor do fato.

---

1. Valeu-se do termo "quase sempre" porque há situações em que o Ministério Público poderá requisitar diligências ou, de plano, solicitar arquivamento do TCO, nos casos, por exemplo, de flagrante atipicidade.

Ausente um ou todos os compromissados, o Juiz designará nova audiência preliminar, com a intimação pessoal dos envolvidos e, sendo o caso, do responsável civil,[2] tendo em vista a busca de possível composição dos danos.

Nota-se que o art. 71 da Lei 9.099/1995 faz menção aos arts. 67 e 68, sendo certo que o Juiz de Direito poderá determinar intimação dos envolvidos por meio de correspondência, com aviso de recebimento (AR). Se, porventura, um dos envolvidos for pessoa jurídica, haverá necessidade de se identificar o responsável pelo recebimento da correspondência, na portaria do estabelecimento.

Já tem sido aceita intimação por meios eletrônicos (como *e-mail* ou mensagens via "celular") na hipótese de o intimado manifestar, nos autos e previamente, seu aceite a futuras notificações e intimações, tudo com observância dos princípios da informalidade e economicidade. Nesse caso, haverá necessidade de expressa manifestação do intimado para que, no futuro, venha a ser cientificado dos atos processuais pelos meios tecnológicos.

Convém asseverar que, se uma das partes for intimada e não comparecer ao ato de audiência preliminar, considerar-se-á a injustificada ausência como contrariedade à conciliação ou ao acordo com o Ministério Público.

Nessa hipótese, além de existir uma solução diferente para cada envolvido, há que se distinguir a natureza do crime. Se o crime for de ação penal pública incondicionada, é bem possível que a vítima seja a própria coletividade ou o ente abstrato "Estado", de modo que a ausência da vítima secundária não teria o condão de interferir na regular tramitação do processo. É bem verdade que eventual composição civil entre o autor do delito e a vítima secundária, embora não influencie nem obste a marcha processual, pode, como será contextualizado à frente, minorar a pena-base, na dosimetria trifásica da pena.

Ainda, se o delito for de ação penal pública condicionada à representação ou de ação penal privada, o não comparecimento injustificado da vítima pode obstar o percurso procedimental, visto que será considerado uma manifestação de desinteresse e descompromisso com a lide. Nessas situações, a solução mais comum é se determinar que os autos aguardem em cartório o decurso do prazo decadencial, esperando que sejam completados os 6 (seis) meses para que a vítima possa resolver se deseja ou não que o autor do fato seja processado.

Em relação ao crime de ação penal privada, não surgem dúvidas ou divergências, já que o início da ação penal depende de um compromisso maior da vítima, que, além de contratar Advogado para ajuizar e movimentar o processo, deve respeitar o prazo decadencial de 6 (seis) meses.

---

2. Destaquem-se as hipóteses do art. 932 do Código Civil sobre a responsabilidade pela conduta de terceiro. E, ainda, as situações de seguro de responsabilidade civil.

Alguma dificuldade surge com o crime de ação penal pública condicionada, na hipótese em que a vítima já manifestara o interesse em processar o autor do fato, apresentando, por exemplo, termo de representação na Delegacia de Polícia, e, depois de cientificada da audiência preliminar, não comparece.

Daqui, surgem dois posicionamentos.

O primeiro se fundamenta na ideia de que o oferecimento da representação na Delegacia de Polícia já é plenamente suficiente para garantir o preenchimento da condição de procedibilidade, autorizando o Ministério Público a processar o autor do fato, de modo que a ausência da vítima, na audiência preliminar, não tem o condão de impedir que o órgão ministerial ajuíze a ação penal. Esse posicionamento encontra guarida na imperiosa noção de que não se exige formalidade para a representação, bastando, em algum momento, dentro do prazo decadencial, manifestação inequívoca de que a vítima deseja processar o agente da infração (art. 5º, § 4º, do Código de Processo Penal).[3]

O segundo posicionamento se baseia em uma deliberação do FONAJE,[4] que entendeu que a vítima precisa se comprometer com a lide e, portanto, sua ausência injustificada caracterizaria um desinteresse tácito, como quem se retrata da representação criminal anterior.

Essa corrente é a dominante nos Juizados Especiais Criminais, destacando-se uma perspectiva mais prática, segundo a qual não deve o Estado dispender energia e recursos em face do desinteresse dos envolvidos.

Já firmamos o entendimento segundo o qual o próprio art. 75 da Lei 9.099/1995 preceitua a audiência preliminar como momento oportuno para apresentação da representação. Quis, assim, o legislador alterar a regra geral do Código de Processo Penal, a fim de privilegiar a tentativa de composição civil do autor e da vítima.

Ensina Marcellus Polastri Lima[5] sobre a necessidade de se ratificar, em Juízo, eventual representação apresentada na fase policial:

> Destarte, caso seja tomada a representação na polícia, a princípio, esta não teria valia para o Juizado, uma vez que a representação válida a que o legislador almejava seria aquela feita por termo em juízo.
>
> Visou o legislador o fato de que a composição sempre devesse se dar em juízo, para só depois permitir-se a representação, evitando-se assim, ao máximo, a representação e, consequentemente, o oferecimento da denúncia e o resultante procedimento criminal.

---

3. Artigo 5º, § 4º, do CPP – Nos crimes de ação pública o inquérito policial será iniciado: [...] O inquérito, nos crimes em que a ação pública depender de representação, não poderá sem ela ser iniciado.

4. FONAJE Enunciado 117 – A ausência da vítima na audiência, quando intimada ou não localizada, importará em renúncia tácita.

5. LIMA, Marcellus Polastri Lima. Juizados Especiais Criminais – O procedimento sumaríssimo no processo penal. 2ª edição. Editora Atlas. São Paulo: 2013, p. 53.

Alguns órgãos de execução (membros do Ministério Público) oficiantes nos Juizados Especiais Criminais entendem a ausência injustificada da vítima, na audiência preliminar, não como desinteresse tácito, mas como falta de compromisso com a lide, que culmina, muitas vezes, no pedido de arquivamento por falta de provas, com base no art. 18 do Código de Processo Penal.[6] Nesse sentido, se a própria vítima não comparece à audiência preliminar, certamente não contribuirá para o deslinde do feito na instrução criminal. Esse posicionamento afasta eventual decretação de extinção da punibilidade, facilitando a reabertura do caso, desde que surjam novas provas.

Muito embora essa solução filtre as demandas que, possivelmente, não encontrarão sucesso ao final (caminho bem viável, na prática, em razão da grande quantidade de feitos nos Juizados Especiais Criminais), resguardando, contudo, a possibilidade de reabrir o procedimento caso surjam novas provas, entre elas, as palavras da vítima, tudo pela força do art. 18 do Código de Processo Penal, defendemos que a melhor técnica estaria por determinar que os autos aguardassem em cartório o decurso do prazo decadencial, em razão do comando do art. 75 da Lei 9.099/1995, que exige que a representação seja feita na audiência preliminar.

Por sua vez, a ausência injustificada do autor do fato à audiência preliminar, apesar de intimado, autoriza a continuidade da marcha procedimental com a oferta da peça acusatória.

Em delito de persecução penal privada, a ausência do autor do fato pode ser interpretada como desinteresse na composição civil, devendo os autos, pelo prazo decadencial, aguardar a oferta de eventual queixa-crime. Não obstante, não é rara a imediata oferta de queixa-crime pela vítima, devendo o Juiz designar audiência preliminar com vistas a eventual composição de danos.

Contudo, o Superior Tribunal de Justiça (HC 284107/MG. Rel. Min. Jorge Mussi, j. 12.08.2014) entende que a ausência de qualquer das partes à audiência preliminar não acarreta maiores consequências processuais, a não ser a dispensa da obtenção da transação penal por parte do autor do fato e a desistência de eventual reparação civil pelo ofendido. Seguindo essa posição, já tendo a vítima representado em sede policial, não pode a sua ausência à audiência preliminar ser interpretada como desinteresse na persecução penal. Nessa perspectiva, a ausência da vítima, devidamente intimada, apenas impede a composição civil dos danos, e não a oferta de eventual transação penal pelo Ministério Público.

A prática, contudo, demonstra que o grande problema não é a ausência dos intimados à audiência preliminar, mas a ausência dos compromissados, com a dificuldade ou a impossibilidade superveniente de intimação deles.

---

6. Artigo 18 do CPP – Depois de ordenado o arquivamento do inquérito pela autoridade judiciária, por falta de base para a denúncia, a autoridade policial poderá proceder a novas pesquisas, se de outras provas tiver notícias.

Nos delitos de ação penal pública incondicionada, se verificada a impossibilidade de intimação do autor do fato e presente justa causa para eventual denúncia, esta deve ser ofertada, sendo aplicada, posteriormente, a regra do parágrafo único do art. 66 da Lei 9.099/1995.

Nos delitos de ação penal pública condicionada, a ausência da vítima impede a oferta da representação em audiência preliminar, razão pela qual, com fulcro no parágrafo único do art. 75, defendemos a observância do prazo decadencial, findo o qual, sem nenhuma manifestação em Juízo, é caso de reconhecimento da extinção da punibilidade, com fulcro no art. 107, IV, do Código Penal. Igualmente, em se tratando de ação penal privada e verificada a impossibilidade de intimação da vítima, deve-se aguardar, por igual prazo e com as mesmas consequências, eventual oferecimento de queixa-crime. Igualmente, nesse caso de ação penal pública condicionada, se a vítima comparece à audiência preliminar e representa, a ausência do autor do fato não impede eventual denúncia, com possível incidência do parágrafo único do art. 66 da Lei 9.099/1995.

Nesses delitos de ação penal privada, a impossibilidade de intimação do autor do fato na audiência preliminar enseja para a vítima o ônus de sua localização para, querendo, ofertar eventual queixa-crime, sem prejuízo também da incidência do deslocamento da competência para a Justiça Comum. Por sua vez, a ausência da vítima enseja o transcurso do prazo decadencial para eventual queixa-crime.

Art. 72. Na audiência preliminar, presente o representante do Ministério Público, o autor do fato e a vítima e, se possível, o responsável civil, acompanhado por seus advogados, o Juiz esclarecerá sobre a possibilidade de composição dos danos e da aceitação da proposta de aplicação imediata da pena não privativa de liberdade.

Como o objetivo principal do Juizado Especial Criminal é a pacificação social, subsiste a possibilidade de os envolvidos buscarem a via da composição civil dos danos.

Não sendo possível a composição civil dos danos, permanece a possibilidade de eventual proposta de transação penal, que, sem maiores incursões doutrinárias, é um acordo com o Ministério Público, mediante o qual seu órgão de execução deixa de oferecer denúncia e de seguir com sua energia persecutória em troca do cumprimento de uma medida despenalizadora (prestação pecuniária, prestação de serviços à comunidade ou a entidades públicas, limitação de final de semana ou participação em cursos com caráter pedagógico).

Embora a regra preceitue que é o Juiz quem esclarecerá sobre a "possibilidade de aceitação de proposta de aplicação imediata da pena não privativa de liberdade", é bom deixar registrado que é o Membro do Ministério Público quem oferece a transação penal, já que esta é um acordo entre partes, que será, quando pronto, supervisionado e homologado pelo Magistrado.

O Supremo Tribunal Federal (RE 296185/RS. Rel. Min. Néri da Silveira, j. 20.11.2011) entendeu que a proposta de transação penal é exclusiva do Ministério Público, sendo nula a proposta judicial.

Igualmente, já decidiu o STJ (HC 42744/SP. Rel. Min. Hélio Quaglia Barbosa, j. 21.03.2006): "encontra-se igualmente consolidado o entendimento sobre a impossibilidade de oferecimento, *ex officio*, pelo magistrado de transação penal, conforme prevista no artigo 76 da Lei 9.099/95, eis que se cuida de atribuição exclusiva do Ministério Público." E ainda (HC 32148/SP. Rel. Min. Hamilton Carvalhido, j. 17.03.2005): "recusando a transação ou omitindo-se na sua proposta o Ministério Público, cabe ao juiz, à luz da norma inserta no artigo 28 do Código de Processo Penal, aplicável analogicamente, submeter a questão ao Procurador-Geral de Justiça."

A transação penal não será oferecida em qualquer situação, mas somente para os autores do fato que preencherem requisitos legais do art. 76 da Lei 9.099/1995.

Caso o autor do fato não faça jus ao citado benefício ou na hipótese de ele não aceitar o acordo, seguirão os autos para a próxima etapa, ou seja, para o oferecimento da denúncia, que pode ser oral, imediatamente apresentada na audiência, ou escrita, quando, então, o Juiz abrirá vista ao Ministério Público para tal finalidade.

Em resumo, haverá tentativa de composição civil das partes e, sendo esta infrutífera, os autos seguirão para o oferecimento de transação penal e, por fim, se nada surtir efeito, haverá o ajuizamento da ação penal por meio da denúncia.

Como será visto, a composição civil das partes não impede que o Ministério Público ofereça transação penal ou que apresente denúncia, nas hipóteses de crimes de ação penal pública incondicionada (STJ. HC 127904/SC. Rel. Min. Jorge Mussi, j. 03.05.2011). A homologação do acordo de composição de danos somente extingue a punibilidade nas hipóteses de delitos de ação penal privada ou pública condicionada (parágrafo único do art. 74).

Urge alertar que, na audiência preliminar, faz-se necessária a presença de Advogado, seja ele constituído ou dativo, para instruir o autor do fato sobre as consequências e os benefícios da aceitação da composição civil ou da própria transação penal. Desse modo, se o autor não estiver acompanhado de Advogado, o Juiz nomeará um dativo para representá-lo ou um Defensor Público.

Na hipótese de o autor do fato não estar acompanhado de Advogado e não sendo caso de composição civil dos danos ou de transação penal, é comum a nomeação de um dativo para acompanhar a audiência preliminar. Essa prática, apesar de pouco técnica, cresceu nos Juizados Especiais Criminais em razão da economicidade e da celeridade.

É verdade que, na fase preliminar, não há contraditório e ampla defesa, uma vez que nem sequer existe deflagração de ação penal. Todavia, por ser a audiência preliminar um ato presidido pelo Judiciário, afigura-se correta a ideia de que o suposto autor do fato esteja acompanhado de Defensor, notadamente nas situações em que se pode dar azo a situações desvantajosas a ele.

Assim, em situações em que o Ministério Público opta por promover o arquivamento do TCO, requisitar diligências à Polícia Judiciária ou, de outra frente, pugnar pela extinção da punibilidade do agente, não haveria prejuízo ao autor do fato se estivesse desacompanhado de Defensor. A exemplo do que ocorre na fase inquisitorial, após ser relatado o inquérito policial pelo Delegado de Polícia, pode o Promotor de Justiça promover o arquivamento da investigação, exigir novas diligências ou, ainda, solicitar a decretação da extinção da punibilidade do agente por verificar alguma situação prevista no art. 107 do Código Penal. Registre-se que, na Justiça Comum, tais manifestações ministeriais são proferidas em ambiente desprovido de contraditório, não sendo necessário ouvir a Defesa, porquanto ainda não há acusação.

Entretanto, torna-se necessária a presença de Advogado se o Promotor de Justiça entender presentes os elementos mínimos da materialidade e da autoria e, na sequência, ofertar a transação penal. Da mesma forma, é necessária a intervenção de Defensor se o *Parquet* deixar de ofertar o benefício da transação penal por entender não estarem ali os requisitos do art. 76 da Lei 9.099/1995.

Muitas vezes, o Promotor de Justiça toma conhecimento do histórico de ocorrência e de todo o TCO apenas na audiência preliminar, oportunidade em que avaliará qual o melhor caminho processual a trilhar. Nessa toada, haverá, não raras vezes, audiência preliminar, em que o autor do fato estará, de início, desacompanhado de Advogado (quando não houver constituído ou não estiver presente a Defensoria Pública), e, somente no transcorrer do ato, a depender do que fizer o Ministério Público (entre as opções acima), será necessário nomear um Defensor *ad hoc*.

Em relação à composição civil dos danos, crê-se necessária a presença do Advogado, pois, além de produzir efeitos no processo penal (extinção da punibilidade pela renúncia ao direito de representação ou de queixa-crime), abrangerá também o processo civil, porquanto faz coisa julgada, a impedir propositura de ação civil para questionar o *an debeatur* (a existência da dívida) e o *quantum debeatur* (valor da dívida). Posição contrária surge quando o montante da obrigação pecuniária não ultrapassar vinte salários mínimos, situação em que se prescinde da figura do Advogado na demanda junto ao Juizado Especial Cível.

Essa questão da presença do Advogado em audiência ganhou contornos ainda mais relevantes porquanto o art. 20 da Lei 13.869/2019[7] criminalizou a conduta de se impedir que o réu ou investigado se entreviste pessoal e reservadamente com seu Advogado ou Defensor (antes da audiência judicial). Assim, caso o agente demonstre o desejo de ser assistido por Advogado, deverá o Juiz determinar a presença de um causídico para lhe patrocinar os interesses.

Malgrado o texto legal exponha a possibilidade de a vítima estar acompanhada do responsável civil, trazendo a expressão "se possível", na verdade a presença do representante ou do assistente é imperiosa em situações de incapacidade absoluta ou relativa, podendo-se afirmar a necessidade ou a faculdade do responsável civil em situações de possível composição de danos, como já afirmado, pela responsabilidade pelo fato de terceiro. Como bem destacam Ada Pelegrini Grinover, Antônio Magalhães Gomes Filho, Antônio Scarance Fernandes e Luiz Flávio Gomes,[8] "certamente a presença do responsável civil é altamente conveniente para o acordo sobre a reparação dos danos. Por isso, a lembrança da lei é oportuna, ainda que de concretização mais difícil". É preciso, pois, distinguir situações de responsabilidade civil e penal, apesar do possível diálogo entre essas instâncias.

---

7. Artigo 20 da Lei 13.869/2019.

   Impedir, sem justa causa, a entrevista pessoal e reservada de preso com seu advogado:

   Pena – detenção de 6 meses a 2 anos, e multa

   Parágrafo único. Incorre na mesma pena quem impede o preso, o réu solto ou o investigado de entrevistar-se pessoal e reservadamente com seu advogado ou defensor, por prazo razoável, antes de audiência judicial, e de sentar-se ao seu lado e com ele comunicar-se durante a audiência, salvo no curso de interrogatório ou no caso de audiência realizada por vídeo conferência.

8. *Juizados especiais* criminais: comentários à Lei 9.099. 2. ed. São Paulo: Ed. RT, 1997, p. 112.

Art. 73. A conciliação será conduzida pelo Juiz ou por conciliador sob sua orientação.

Parágrafo único. Os conciliadores são auxiliares da justiça, recrutados, na forma da lei local, preferentemente entre bacharéis em Direito, excluídos os que exerçam funções na administração da Justiça Criminal.

A fase de conciliação tem por objetivo a pacificação social e deve, quando possível, ser buscada pelo Juiz de Direito que preside a audiência, seja pessoalmente ou por intermédio dos Conciliadores.

Os Conciliadores são auxiliares da Justiça capacitados para conduzir um acordo entre os envolvidos, com persuasão suficiente para mostrar os efeitos benéficos da retomada da situação de boa convivência. Essa capacidade é obtida com participação em cursos de conciliação e de Justiça Restaurativa.[1]

---

1. Justiça Restaurativa. Diversamente da mediação, as partes assumem a construção da resolução do conflito, com protagonismo na escolha dos caminhos consensuais. O Poder Judiciário, Ministério Público, Defesa, auxiliares da Justiça trabalham como facilitadores nessa construção da solução consensual entre os envolvidos (autor do fato e vítima). A Justiça Restaurativa coloca a vítima em evidência, como uma alternativa viável para a solução criminal, em alguns casos onde é possível o autor se responsabilizar pelo dano causado. Essa pacificação restaurativa deve levar em conta a voluntariedade das partes (não se pode impor a via alternativa), inclusive, do autor do fato, que deve confessar e se responsabilizar pelo evento. Na verdade, a Justiça Restaurativa trabalha com conceitos de controle e apoio, em equilíbrio. Assevera-se que o Estado, que só possui o controle e nenhuma apoio, é extremamente punitivista. Da mesma forma, se o Estado só apoia o infrator e não controla, passa a ser extremamente permissivo. A proposta da Justiça Restaurativa é equilibrar esses elementos (controle e apoio), de forma a responsabilizar o infrator na reparação ou na amenização do dano causado com o crime, auxiliando na reconstrução de laços e apoio na condução da vida, além de permitir o ressarcimento da vítima trazendo para a lide sua real aflição. Nessa perspectiva, há quem entenda que a Justiça Restaurativa deveria vir como uma mudança de paradigma a ser aplicada a todos os crimes, deslegitimando o sistema punitivo, com um abolicionismo penal (Daniel Achutti – Justiça Restaurativa e Abolicionismo Penal) e existem aqueles que defendem a aplicação para parcela dos crimes (Howard Zehr – Justiça Restaurativa), em especial de pequeno ou médio porte e para os menores infratores. Acredita-se que a Justiça Restaurativa, na atual fase, possa trazer um retorno eficiente ao sistema criminal nas situações de relações continuadas, nos crimes de menor potencial ofensivo (objeto da obra) em que a vítima é individualizada e bem definida, sem, contudo, resumir a lide penal (de interesse de toda a sociedade) em ressarcimento à vítima imediata.

Por outro lado, em interessante obra de Teresa Pizarro Beleza e Helena Pereira de Melo, intitulada "A Mediação Penal em Portugal", emerge alguns problemas ainda a serem superados, como, por exemplo, "o que justificaria que um violador seja punido e outro não, só porque as suas vítimas tiveram diferentes reações à sua humilhação e ao seu sofrimento? Também, aqui, não está ainda o início nem o fim do problema: tudo o que hoje sabemos, ou julgamos saber, através da investigação empírica, designadamente dos inquéritos de vitimação e de autorrelato de delinquência não oficialmente processada por um qualquer razão, questiona de forma virtualmente irrespondível a justiça e a legitimação da punição criminal" (BELAZA, Tereza Pizarro. MELO, Helena Pereira de. *A mediação penal em Portugal*. Lisboa: Almedina, 2012, p. 152).

Por não ser necessariamente uma atividade remunerada (a depender da lei local), não raro, os Tribunais recrutam Conciliadores entre os estagiários de Direito.

Os Juizados também podem contar com equipes multidisciplinares (v.g., psicólogos e assistentes sociais), fundamentais, sobretudo, em conflitos que envolvam relações de continuidade, como relações familiares.

Se houver ensaios preliminares de um possível acordo e sendo vontade inicial das partes, o Juiz poderá mandar os envolvidos para atendimento especializado, contando com a Justiça Restaurativa para solucionar o impasse.

Por fim, como medida de cautela, a lei exclui da atividade de conciliação aqueles que, de alguma forma, exerçam funções na administração da Justiça Criminal. Destarte, observada a regulamentação local, podem ser Conciliadores membros inativos do Ministério Público e da Magistratura.

Art. 74. A composição dos danos civis será reduzida a escrito e, homologada pelo Juiz mediante sentença irrecorrível, terá eficácia de título a ser executado no juízo civil competente.

Parágrafo único. Tratando-se de ação penal de iniciativa privada ou de ação penal pública condicionada à representação, o acordo homologado acarreta a renúncia ao direito de queixa ou representação.

O mesmo fato pode ter várias repercussões: administrativas, civis e penais.

É possível o diálogo entre as instâncias.

Nos termos do art. 200 do Código Civil, quando a ação se originar de fato que deva ser apurado no Juízo Criminal, não correrá a prescrição antes da respectiva sentença definitiva. O art. 935 desse diploma legal dispõe que a responsabilidade civil é independente da criminal, não se podendo questionar mais sobre a existência do fato ou sobre quem seja o seu autor quando essas questões se acharem decididas no Juízo Criminal.

Por sua vez, preceitua o art. 387, IV, do Código de Processo Penal que o Juiz, proferir sentença condenatória, fixará valor mínimo para reparação dos danos causados pela infração, considerando os prejuízos sofridos pelo ofendido.

Com efeito, o art. 74 da Lei 9.099/1995 reconhece a possibilidade do acordo sobre eventuais prejuízos econômicos decorrentes do ilícito, o que excluiria eventual punibilidade dos delitos de ação penal privada ou de ação penal pública condicionada.

Se o fato delituoso tiver mais de um autor, para efeitos de composição civil, é preciso avaliar a possível incidência da regra do art. 277 do Código Civil, segundo a qual o pagamento parcial feito por um dos devedores e a remissão por ele obtida não aproveitam aos outros devedores, senão até a concorrência da quantia paga ou relevada. Em se tratando de ação penal privada, pelo princípio da indivisibilidade (arts. 48 e 49 do Código de Processo Penal), o acordo em relação a um dos autores do fato, a todos se estenderá.

O Supremo Tribunal Federal e o Superior Tribunal de Justiça entendem que somente caberia esse princípio da indivisibilidade na ação penal privada (STF. HC 117.589. Relator Min. Teori Zavascki, Segunda Turma, j. 12.11.2013; HC 96.700. Rel. Min. Eros Grau, Segunda Turma, j. 17.03.2009. DJE de 14.08.2009; HC 93.524. Rel. Min. Cármen Lúcia, j. 19.08.2008, Primeira Turma; STJ. APn 382/RR. Rel. Ministro Teori Albino Zavascki, Corte Especial, j. 21.09.2011; STJ. HC 108341/BA. Rel. Min. Laurita Vaz, j. 09.11.2010).

A composição civil não exige a reparação integral do dano, bastando que todos os envolvidos se satisfaçam com o acordado. Vale alertar, todavia, que a composição civil surtirá efeitos tanto civis quanto criminais e, uma vez entabulada pelas partes e homologada pelo Juiz de Direito do Juizado Especial Criminal, servirá, a depender da espécie de crime (ação penal pública condicionada e ação penal privada), como renúncia ao direito de representação ou de oferecimento de queixa-crime, ocasionando a extinção da punibilidade.

Homologada a composição civil pelo Juiz de Direito do Juizado Especial Criminal, não será essa decisão homologatória passível de impugnação por nenhum recurso, conforme expressa disposição legal, mesmo porque, por terem os envolvidos participação efetiva na construção do acordo, faltaria a eles o interesse recursal, por ausência de sucumbência. Subsistiria, apenas, a possibilidade de oposição de embargos de declaração para conferir maior clareza à decisão.

A homologação empresta à composição civil a qualidade de ato processual e confere a ela a executoriedade necessária. O Juiz não pode modificar ou alterar os termos da composição civil, sendo certo que, na situação de não concordar com o estipulado, deve deixar de homologar o acordo.[2] Pode ele, todavia, sugerir alterações, de modo a torná-la viável, atentando para seus termos e antevendo eventual necessidade de executá-la. E ainda, segundo o Enunciado 74 do FONAJE, a prescrição e a decadência não impedem a homologação da composição civil.

Na hipótese de descumprimento do acordado, o envolvido prejudicado poderá executar, no Juízo Cível, a sentença homologatória da composição civil, fulcrando-se na eficácia de título executivo judicial. Não caberá, no entanto, a possibilidade de a vítima ajuizar ação civil autônoma, solicitando, no Juízo Cível, complementação da reparação se, na audiência preliminar, tiver aceitado valor menor na composição civil dos danos.[3] O máximo que poderá fazer é executar o acordo em caso de descumprimento.

É por tal motivo que o acordo de composição civil não pode se restringir à inclusão apenas dos prejuízos materiais, deixando de lado os prejuízos morais.

Alguns Juízes do Juizado Especial Criminal não aceitam, na fase de composição civil dos danos, a inclusão de danos morais, mas isso seria contraproducente e dificultaria um desfecho pacífico, pois poucos aceitariam desistir de valor relativo a essa modalidade de dano, renunciando, inclusive, ao litígio na seara cível.

---

2. MIRABETE. Julio Fabbrini. *Juizados Especiais Criminais* – Comentários, Jurisprudência, Legislação. São Paulo: Atlas, 2000, p. 109.

3. "Assim, homologado o acordo e não cumprido, a vítima deverá adentrar no cível para a execução. Outrossim, segundo entendemos, feita a conciliação no Juizado, a execução no cível se limita àquele acordo, não podendo a vítima pleitear indenização ou reparação a maior no cível, ou seja, a homologação do acordo no Juizado impede que se pleiteia outra espécie de indenização no cível ou indenização a maior. Caso já satisfeita a vítima no Juizado, não mias poderá pleitear indenização no cível contra o agente me relação àquele fato. O que poderá pleitear no cível é o acordo homologado no Juizado e não cumprido" (LIMA. Marcellus Polastri. *Juizado Especial Criminal* – O procedimento sumaríssimo no processo penal. 2. ed. São Paulo: Atlas, 2013, p. 50).

Há também quem defenda que o montante do valor a ser pago pelo autor do fato em benefício da vítima não pode ser superior a 40 (quarenta) salários mínimos, sob pena de se inviabilizar a homologação no Juizado Especial Criminal, uma vez que é imperativo legal, pelo valor da reparação e/ou compensação, a transferência da competência da demanda cível à Justiça Comum.

Cumpre asseverar, outrossim, que a Lei 9.099/1995, ao tratar da composição civil, não faz diferenciação alguma sobre o montante do acordo, não cabendo impor, aqui, nenhuma dificuldade que esteja na contramão da pacificação social.

Desse modo, é possível que a composição civil no Juizado Especial Criminal tenha por objeto o pagamento de soma superior a 40 salários mínimos, mas, uma vez descumprido o acordo homologado, o título executivo judicial deverá ser executado na Justiça Cível competente. Em outras palavras, se a dívida for menor que 40 salários mínimos, a execução correrá no Juizado Especial Cível. Se, por outro lado, for superior a esse limite, tramitará na Justiça Cível Comum.[4] O Enunciado 37 do FONAJE preceitua que o acordo civil poderá versar sobre qualquer valor ou matéria

É comum, outrossim, que os envolvidos apresentem acordo que se resuma a um "termo de boa convivência", manifestando compromisso de respeito mútuo. Nesse caso, não pode ser considerada uma composição civil dos danos, pois não versa sobre reparação ou compensação, não produzindo, assim, efeitos civis, a menos que haja, no termo, expressa renúncia ao direito de reparação do dano.

Em caso de expressa cláusula de renúncia ao direito de reparação do dano assinada pela vítima, o Juiz poderá homologá-la, não formando, por óbvio, título executório.[5]

Na praxe, a retratação de representação anterior ou a desistência de queixa-crime apresentada, devendo-se aguardar o prazo decadencial, na primeira hipótese, para fins de extinção da punibilidade.

Cumpre ressaltar ainda que o descumprimento do pactuado na composição civil dos danos não restabelece a situação anterior na seara criminal, sendo impossível falar-se em novo direito de representação ou de oferecimento de queixa-crime.

Em verdade, uma vez renunciado o direito de representação ou o direito de oferecimento de queixa, não haverá nova oportunidade de invocar tal direito, ainda que não se tenha esgotado o prazo decadencial. A renúncia, assim, culminará na extinção da punibilidade. À vítima, cabe a execução do título no Juízo Cível competente.

---

4. FILHO, Marino Pazzaglini. MORAES. Alexandre de. SMANIO, Gianpaolo Poggio. VAGGIONE, Luiz Fernando. *Juizado Especial Criminal* – Aspectos práticos da Lei 9.099/95. São Paulo: Atlas, 1996. p. 41.

5. MIRABETE. Julio Fabbrini. *Juizados Especiais Criminais* – Comentários, jurisprudência, legislação. São Paulo: Atlas, 2000. p. 109.

Como visto, a solução apresentada até aqui é cabível apenas nas duas espécies de delitos, quais sejam, delitos de ação penal pública condicionada à representação e de ação penal privada.

Quanto ao crime de ação penal pública incondicionada, a composição civil não impede a persecução penal, mesmo porque, como regra, nos crimes dessa modalidade, a vítima principal é a coletividade ou o ente abstrato "Estado". Em casos tais, importa ao Estado a punição de pessoas que tenham ultrapassado, com sua ação errante (delitos), os limites de tolerância social e das regras de convivência harmônica, não podendo recair sobre o particular (vítima) a escolha e a viabilidade de punição.

É por tal motivo que eventual composição civil entre autor do fato e vítima secundária não impede o Ministério Público de ajuizar ação penal e, ao final, exigir a condenação do acusado. Insta alertar, entretanto, que a composição civil, nos casos de ação penal pública incondicionada, produzirá atenuação da pena, na dosimetria trifásica.

É no art. 59 do Código Penal, na análise das circunstâncias judiciais e na fixação da pena-base, mais especificamente no quesito "consequências do crime", que a composição civil influenciará na dosagem da pena. Dessa forma, embora não impeça a propositura e a tramitação da ação penal, produzirá, ao final, efeitos positivos na aplicação da pena.

DELITOS DE AÇÃO PENAL PÚBLICA INCONDICIONADA: COMPOSIÇÃO CIVIL E PACIFICAÇÃO SOCIAL

É corriqueiro, na prática, que a conciliação entre o autor do fato e a vítima secundária, na hipótese de infração de ação penal pública incondicionada, acarrete arquivamento do expediente, sob o argumento de obtenção da pacificação social. Assim, mesmo não sendo a hipótese contemplada na lei, alguns membros do Ministério Público e da Magistratura aceitam o arquivamento dos procedimentos criminais, depois de acordo entre os envolvidos, acreditando terem atingido o principal objetivo do Judiciário, que é a pacificação social, com o restabelecimento do *status quo* anterior ao delito.

Em verdade, tal solução não encontra expressa previsão legal. Ao se aceitar a pacificação social, anuindo-se ao acordo entre os envolvidos em delito de ação penal pública incondicionada, desconsideram-se os reflexos *erga omnes* dos delitos dessa natureza.

Não se pode monetarizar tudo.[6] Aceitar o pagamento de indenização como forma de substituir o Direito Penal é o mesmo que negar-lhe legitimidade na guarida

---

6. Cf. SANDEL, Michael J. *O que o dinheiro não compra*: os limites morais do mercado. Trad. Clóvis Marques. Rio de Janeiro: Civilização brasileira, 2016.

social. Nem sempre se pode avaliar custo-benefício ou "aritmetrizar" a necessidade de aplicação da sanção penal.[7]

Nos evidentes casos de prevalência do interesse público, especialmente nos crimes de ação penal pública incondicionada, a equiparação do pagamento de indenização ou da reparação do dano ao ofendido secundário à ideia de pacificação social parece ser um desvirtuamento dos interesses da coletividade. Pacificação social não é o mesmo que pacificação pessoal, de modo que aquela deve restabelecer a tranquilidade de toda uma sociedade, e a segunda significa apenas um acordo entre sujeitos determinados.

Com efeito, o sentimento de justiça,[8] no arquivamento de procedimentos que envolvam algumas infrações de ação penal pública incondicionada com base no acordo entre autor do fato e vítima secundária, revela muito mais uma necessidade de aplicação de política criminal, diante de certos equívocos na catalogação de comportamentos criminais e na intensidade de resposta penal proporcional ao desvalor da conduta, do que propriamente a pacificação social.

Se todas as condutas estivessem adequadamente distribuídas no ordenamento jurídico, com previsão proporcional de sanções penais e separadas conforme o verdadeiro interesse público envolvido, não subsistiram razões para invocação da pacificação social.

Por exemplo, todas as contravenções penais, que são consideradas infrações menores[9] e de diminuto potencial ofensivo, sãos tratadas, pela lei, como infrações de

---

7. "A coisificação do direito penal. Ora, quando descobríamos tais crimes e conseguíamos coibi-los, via ação penal, enquadrando-os em conduta típica, com a edição da Lei 9249, de 26 de dezembro de 1995, a sociedade fez-se mais uma vez vencida. É o Estado humilhado, roto, de chapéu na mão, Brasil caboclo, envergonhado e constrangido, praticamente pedindo seu próprio dinheiro ao malfeitor privilegiado. É a inversão dos valores, onde fortalece-se aos poucos o poder informal de certa casta da delinquência, minorando-se a força do Estado. O coroamento do constrangimento da sociedade politicamente organizada (?) face à impunidade e seus consectários, como o recrudescimento da criminalidade. Como segue a tendência legislatória, surgirá, não longe, também alguma espécie de 'acordo' onde se negociará a devolução de parte do numerário em troca de nenhuma punição. Dirá o Estado: devolva-me parte do que é meu (em última instância, da sociedade) e lhe entrego oficialmente a impunidade. Afinal, 'também é melhor perder só uma parte do dinheiro do que ele todo', diriam já os defensores da medida. (...) Argumento pró-mercantilização do direito, ao tempo em que a ciência penal vai aos poucos sendo coisificada, bagatelizada e despudorizada. Não é a voz da sociedade, tampouco a pretensão dos muitos que militam em favor de uma apurada ética no direito. Sem contar na argumentação puramente dogmática, com a lição de Manoel Pedro Pimentel e Heleno Fragoso que eram contrários a essa destutela da fé e da administração pública, em favor do interesse mediatamente tutelado..." (BONFIM, Edilson Mougenot. 2. ed. São Paulo: Oliveira Mendes, 1998, p. 206-207).

8. Cf. SANDEL, Michael J. *Justiça*. Trad. Heloisa Matias e Maria Alice Máximo. Rio de Janeiro: Civilização brasileira, 2015.

9. "Crime e contravenção. O ilícito penal é um *genus* de que são *species* o crime e a contravenção. Esta, porém, não é senão crime de mentor entidade, o crime anão. Se não há diferença ontológica entre o ilícito penal e o ilícito civil ou administrativo, muito menos poderá ser encontrada entre esses dois ramos do mesmo tronco. A diferença, também aqui, é apenas de grau ou quantidade, e essa mesma não obedece a um critério constante, senão a oportunos e variáveis critérios de política criminal, quando não ao puro arbítrio do

ação penal pública incondicionada. Onde está o evidente interesse público a exigir tamanha rigidez legislativa a impedir que a composição civil dos danos não possa acarretar a extinção da punibilidade?

Por sua vez, o crime de violação de domicílio, que é subsidiário e, muitas vezes, apenas passagem para a prática de outro, é de ação penal pública incondicionada, enquanto outros que possam figurar como crimes-fim assumem a roupagem de crimes de ação penal pública condicionada. Não poderia o art. 150 do Código Penal[10] se travestir de delito de ação penal pública condicionada?

Não há dúvidas da premente necessidade de correção de incoerências no sistema penal e da manifesta desproporção entre comportamentos e a resposta penal.

---

legislador" (HUNGRIA, Nelson. DOTTI, René Ariel. *Comentários ao Código Penal*. 7. ed. Rio de Janeiro: GZ Ed., 2016, p. 26. v. 1, t. 2.).

10. Artigo 150 do CP – Entrar ou permanecer, clandestina ou astuciosamente, ou contra a vontade expressa ou tácita de quem de direito, em casa alheia ou em suas dependências: Pena – detenção, de um a três meses, ou multa.

Art. 75. Não obtida a composição dos danos civis, será dada imediatamente ao ofendido a oportunidade de exercer o direito de representação verbal, que será reduzida a termo.

Parágrafo único. O não oferecimento da representação na audiência preliminar não implica decadência do direito, que poderá ser exercido no prazo previsto em lei.

É cediço que a representação criminal é condição específica de procedibilidade,[11] com a qual a vítima autoriza o Ministério Público a promover a ação penal nas infrações que se processam por intermédio de ação penal pública condicionada.

Nas palavras de Edilson Mougenot Bonfim, "o que a lei chama de representação nada mais é do que a manifestação de consentimento no sentido de que o Ministério Público possa proceder ao ajuizamento da ação penal (ou de que a polícia judiciária possa proceder a instauração de inquérito policial), nos termos do art. 5º, § 4, do Código de Processo Penal".[12]

Como regra, a representação criminal deve ser apresentada pela vítima dentro do prazo decadencial de 06 (seis) meses a contar da data do conhecimento da autoria do fato e, sem ela, a Autoridade Policial não poderá nem sequer instaurar inquérito policial e, do mesmo modo, não será permitido ao Ministério Público ajuizar a ação penal nos crimes de ação penal pública condicionada.

Como já afirmado, a representação não é imprescindível para a lavratura de termo circunstanciado de ocorrência, pois o art. 75 da Lei 9.099/1995 permite a conclusão segundo a qual a representação será oferecida, depois de tentada a composição civil dos danos, na própria audiência preliminar.

Assim, se houver, nos autos, termo de representação assinado pela vítima, na Delegacia de Polícia, esta terá, na audiência preliminar, de ratificar a vontade de processar o autor do fato, para que, só então, o Ministério Público tenha permissão para exercer a persecução penal.

Trata-se, pois, de uma excepcionalidade de regra do Código de Processo Penal.

Reproduzindo o que já foi dito nos comentários aos arts. 70 e 71 da lei, existem dois posicionamentos no que se refere à representação criminal nos crimes de ação penal pública condicionada.

---

11. TAMG: RT 809/661.

12. BONFIM, Edilson Mougenot. *Código de Processo Penal anotado*. 6. ed. São Paulo: Saraiva, 2017. p. 158.

Por um lado, há quem ateste que o ato de representação criminal não deve assumir nenhuma forma burocrática, aceitando-se uma expressa manifestação de vontade, em qualquer das fases que precedem ao oferecimento da denúncia. Essa é, inclusive, a regra contida no Código de Processo Penal e o entendimento do Superior Tribunal de Justiça.[13]

Existe, por outro lado, posição assumida majoritariamente nos Juizados Especiais Criminais que converge para a ideia de que, somente após tentada a conciliação e a composição civil dos danos, é que a vítima pode apresentar representação criminal. Desse modo, se apresentada previamente à audiência preliminar, deve, naquele ato, a vítima ratificar a manifestação positiva de vontade em processar o autor do fato.

A representação criminal, portanto, deverá ser apresentada oralmente e reduzida a termo na própria ata de audiência preliminar, sem prejuízo de a vítima fazê-lo posteriormente, no caso de não oferecimento naquele ato. Deve-se, entretanto, respeitar o curso do prazo decadencial.

Cumpre alertar, todavia, que é praxe a colheita da assinatura da vítima na fase policial, em termo de representação, e é bom que seja assim, porque existe o perigo de a audiência preliminar, em razão do excesso de feitos nos Juizados Especiais Criminais, ser designada para data posterior ao término do prazo decadencial.

Assim, havendo termo de representação criminal já assinado na Delegacia de Polícia, basta a vítima ratificar, em audiência preliminar, mesmo que esta ocorra em data posterior ao decurso do prazo decadencial.

Como forma de resguardar o direito da vítima e de afastar dela os efeitos deletérios de eventual morosidade dos órgãos de persecução penal e do próprio Judiciário na marcação de audiência preliminar, é de bom alvitre que a Autoridade Policial colha a manifestação de vontade do ofendido ainda na fase embrionária.

É entendimento aceito também na praxe que se considere válida a representação criminal em Juízo, ainda que externalizada na Secretaria Judicial, quando a vítima, apesar de faltosa na audiência preliminar, vier, em ato posterior, a atestar contrariedade a eventual tentativa de composição civil e desejo de providências contra o autor do fato.

Destarte, no caso de não oferecimento de representação criminal no ato da audiência preliminar, os autos permanecerão em cartório aguardando o decurso do prazo decadencial. Há quem entenda que, nesse caso, o Juiz de Direito poderá decretar a extinção da punibilidade, de imediato, acreditando ter ocorrido a renúncia tácita ao direito de representação.

Crê-se, todavia, que a primeira corrente guarda a melhor técnica, já que o art. 107 do Código Penal, que elenca as hipóteses de extinção da punibilidade, não dispõe sobre renúncia ao direito de representação, mas tão somente sobre renúncia

---

13. HC 284107/MG, Rel. Min. Jorge Mussi, j. 12.08.2014.

ao direito de queixa (inciso V). É expresso, porém, na previsão do instituto da decadência (inciso IV) como causa de extinção da punibilidade.

Nessa situação, aplica-se o instituto da decadência ou será necessário construir uma analogia, emprestando a regra da renúncia ao direito de queixa para o direito de representação? Não se vê motivo para uma analogia, se a lei contempla regra para a hipótese (decadência), não havendo, assim, omissão. É por tal motivo que costumeiramente se tem optado por aguardar o prazo decadencial.

Por fim, merece consideração a situação de desclassificação, na Justiça Comum Criminal, para delitos de competência do Juizado Especial Criminal. Nessas situações, se o processo teve sua origem na Justiça Comum, não se verificou, pela natureza do delito imputado, a representação como condição de procedibilidade. Com o encaminhamento dos autos ao Juizado Especial Criminal, como consequência da desclassificação, como operacionalizar a representação? Invariavelmente, nessas situações, o prazo decadencial já se esvaiu há muito tempo, o que tornaria a exigência de representação criminal, pela transmutação da ação penal pública incondicionada em condicionada, o caminho certo da impunidade.

Em razão disso, surgiram três correntes que tentam solucionar o impasse.

A primeira delas acredita que, como existe omissão na lei a respeito do prazo de representação em caso de desclassificação, não há como afastar a decadência, visto que esta beneficia o réu e não se pode fazer analogia *in malam partem* (em prejuízo do acusado).

Entende-se que essa corrente deixa desguarnecida a vítima e a sociedade, além de, a nosso juízo, violar o princípio da proporcionalidade.

A segunda corrente firma seu posicionamento a partir da interpretação de que o prazo decadencial começa a correr a partir da sentença desclassificatória, uma vez que a vítima não pode ser prejudicada por um equívoco na classificação jurídica dada pelo Delegado de Polícia, quando da instauração do inquérito, ou do Promotor de Justiça, quando da propositura da ação, nem do Juiz de Direito, no momento do recebimento da peça vestibular acusatória.

Essa é a corrente que se mostra mais justa, embora críticos atestem que o prazo decadencial tem natureza peremptória[14] e não pode ser alargado.

A terceira corrente, que nos parece mais técnica, crê que a representação seja condição específica de procedibilidade verificável no momento em que a ação penal se instala, seja no ajuizamento da ação penal, seja no recebimento da denúncia. Assim, se a denúncia veiculava pretensão punitiva por delito de ação penal pública incondicionada, não seria exigível, naquele momento, a representação criminal. Desse modo, ultrapassada a fase de análise de recebimento da denúncia, preclusa

---

14. Observa-se a exceção prevista no art. 207 do Código Civil, segundo o qual "salvo disposição legal em contrário, não se aplicam à decadência as normas que impedem, suspendem ou interrompem a prescrição.

se afigura a exigência da representação criminal, não importando que a acusação seja desclassificada ao final.

A pensar de outro modo, se o processo foi instalado sem uma condição específica de procedibilidade, haveria um vício *ab ovo* (desde o início), que eivaria todo o processo a partir do recebimento da denúncia, tornando imprestável a prova colhida e impedindo que o recebimento da denúncia, por exemplo, interrompesse a prescrição.

A coerência e a aplicabilidade dessa terceira corrente se apresenta em situações em que, por exemplo, a pretensão punitiva pela tentativa de homicídio tramitou no Tribunal do Júri e, após desclassificada para o delito de lesões corporais leves, o magistrado, sem anular todo o processo, designa audiência "preliminar" para ofertar, conforme o caso, as benesses legais da transação penal ou da suspensão condicional do processo. Toda a prova colhida e todo o ato processual declarado findo antes da desclassificação serão considerados válidos como atos jurídicos e perfeitos que são. Não há que se falar em decadência pela ausência de representação no prazo legal.

Existe uma tendência doutrinária a se aceitar a segunda corrente.

Esse, contudo, não foi o entendimento do Egrégio Tribunal de Justiça de Minas Gerais (TJMG) em interpretação do art. 492, § 1º, do Código de Processo Penal. Entendeu-se pela decadência pela ausência de representação da vítima nos termos do art. 38 do Código de Processo Penal.[15]

Destaque-se, como já afirmado, que o Superior Tribunal de Justiça já entendeu pela competência do Juizado Especial Criminal na hipótese de desclassificação da imputação originária para delito de menor potencial ofensivo (STJ. AResp 1026625/MG. Rel. Min. Reynaldo Soares da Fonseca, j. 21.02.2017).

A questão, como se verifica, não é imune a divergências.

---

15. TJMG, APR 10348130016440002/MG, Rel. Des. Eduardo Brum, j. 02.05.2018.

Art. 76. Havendo representação ou tratando-se de crime de ação penal pública incondicionada, não sendo caso de arquivamento, o Ministério Público poderá propor a aplicação imediata de pena restritiva de direitos ou multas, a ser especificada na proposta.

§ 1º Nas hipóteses de ser a pena de multa a única aplicável, o Juiz poderá reduzi-la até a metade.

§ 2º Não se admitirá a proposta se ficar comprovado:

I – ter sido o autor da infração condenado, pela prática de crime, à pena privativa de liberdade, por sentença definitiva;

II – ter sido o agente beneficiado anteriormente, no prazo de cinco anos, pela aplicação de pena restritiva ou multa, nos termos deste artigo;

III – não indicarem os antecedentes, a conduta social e a personalidade do agente, bem como os motivos e as circunstâncias, ser necessária e suficiente a adoção da medida.

§ 3º Aceita a proposta pelo autor da infração e seu defensor, será submetida à apreciação do Juiz.

§ 4º Acolhendo a proposta do Ministério Público aceita pelo autor da infração, o Juiz aplicará a pena restritiva de direitos ou multa, que não importará em reincidência, sendo registrada apenas para impedir novamente o mesmo benefício no prazo de cinco anos.

§ 5º Da sentença prevista no parágrafo anterior caberá a apelação referida no art. 82 desta Lei.

§ 6º A imposição da sanção de que trata o § 4º deste artigo não constará de certidão de antecedentes criminais, salvo para os fins previstos no mesmo dispositivo, e não terá efeitos civis, cabendo aos interessados propor ação cabível no juízo cível.

Do texto *supra* colhem-se alguns fundamentos sobre o instituto da transação penal, inovação trazida pela Lei 9.099/1995 ao ordenamento jurídico pátrio.

Inicialmente, percebe-se que a intenção do legislador foi autorizar o oferecimento de transação penal nos crimes de ação penal pública, seja ela condicionada ou incondicionada, deixando de lado os delitos de ação penal privada – matéria objeto de discussões posteriores.

Ainda, o dispositivo penal mencionado demonstra que a transação penal será ofertada somente pelo Ministério Público, único legitimado a fazê-lo.[16]

---

16. CF, Recurso Extraordinário 296.185/RS, Rel. Min. Néri da Silveira, j. 20.11.2001.

Há indicativo, no *caput,* de que a transação penal será ofertada, após infrutífera composição civil dos danos, nos crimes de ação penal pública condicionada, depois da qual a vítima acabara por optar pela representação criminal. Assim, não havendo composição civil dos danos e tendo a vítima representado criminalmente, o membro do Ministério Público estará autorizado a oferecer a transação penal ao autor do fato.

No caso de crime de ação penal pública incondicionada, a composição civil dos danos, em regra, não implica o impedimento de o Ministério Público oferecer a transação penal, valendo aqui as considerações discorridas neste *Manual,* na parte sobre composição civil dos danos.

Percebe-se ainda que a transação penal só será ofertada nos casos que não forem de arquivamento, seja pela atipicidade ou pela insuficiência de provas, em uma análise preliminar. Se o Juiz entender que a transação penal oferecida pelo Ministério Público é descabida, deixará de homologá-la e, por analogia ao art. 28 do Código de Processo Penal, remeterá os autos ao Procurador-Geral de Justiça, que decidirá sobre a manutenção da proposta ou pelo oferecimento da denúncia.[17] Contudo, em outra via, o Enunciado 73 do FONAJE preceitua que o juiz pode deixar de homologar transação penal em razão de atipicidade, ocorrência de prescrição ou falta de justa causa para a ação penal, equivalendo tal decisão à rejeição da denúncia ou da queixa.[18]

Na hipótese de o Juiz não homologar a transação penal e não remeter os autos ao Procurador-Geral de Justiça, caberá apelação ou correição parcial por *error in procedendo,* quando prevista pela legislação local.[19]

O "Pacote Anticrime" não alterou a regra de homologação da transação penal, malgrado tenha normatizado o acordo de não persecução penal.[20]

---

17. "Não homologada a proposta pelo juiz, por entende-la descabida, deve ser aplicado, por analogia, o art. 28 do Código de Processo Penal, remetendo o magistrado o feito ao Procurador-Geral de Justiça, a quem caberá decidir obre a manutenção da proposta ou o oferecimento da denúncia" (MIRABETE, Júlio Fabbrini. *Juizados Especiais Criminais.* São Paulo: Atlas, 2000, p. 144).

18. Crê-se que essa não é a melhor solução processual, porquanto a não homologação em razão da atipicidade, por exemplo, equivaleria ao arquivamento de ofício pelo Juiz, contrariando a *opinio delicti* do Ministério Público, a quem, nessa fase processual, antes do oferecimento da denúncia e provocação do Judiciário, incumbe a delimitação da acusação. Pensar de outro modo é inverter a lógica do sistema acusatório.

19. "Em nossa opinião, cabe apelação da decisão do juiz que não homologar a proposta aceita, quando não remeter os autos ao Procurador-Geral de Justiça e determinar o prosseguimento da audiência. Apesar dos dizeres do art. 76, par. 5º, que se refere literalmente à sentença prevista no parágrafo anterior, ou seja, a sentença de homologação, deve prevalecer o sentido teleológico da lei, que não poderia deixar sem recurso ordinário a decisão que não homologa a transação efetuada entre as partes. Há que se aceitar, também, a orientação do cabimento de correição parcial ou reclamação, por *error in procedendo,* quanto tais medidas forem previstas na legislação local" (MIRABETE. Júlio Fabbrini. *Juizados Especiais Criminais.* São Paulo: Atlas, 2000, p. 144).

20. Vale lembrar que há uma ação direta de inconstitucionalidade proposta pela Associação Nacional dos Membros do Ministério Público (CONAMP) e Conselho Nacional de Procuradores Gerais (CNPG), junto ao STF, para questionar vários dispositivos da Lei 13.964/2019, entre eles os arts. 28, 28-A, incisos III, e IV e §§ 5º, 7º e 8º. Em liminar, o Ministro Luiz Fux suspendeu a figura do Juiz das Garantias e também a regra que previa a determinação do arquivamento pelo Membro do Ministério Público, sem filtro judicial. No teor da ação, existe questionamento sobre a necessidade de homologação do acordo de não persecução

Na prática, durante a audiência preliminar, diante de inúmeros e diversos procedimentos, não será possível, como regra, o Promotor de Justiça avaliar o contexto probatório com profundidade, motivo pelo qual, com análise superficial do mérito, acaba-se por ofertar a transação penal depois de simples leitura do boletim de ocorrência.

Assim, se o comportamento encontrar eco em uma norma penal incriminadora (sendo, portanto, típico) e o Ministério Público verificar que existem meios de se obter prova a atestar a prática do crime ou da contravenção, então deixará, naquele momento, de determinar o arquivamento e passará para a fase de proposta de transação penal.

Nada impede, todavia, que, em face de possíveis e contraditórias versões informais da vítima e do autor do fato, apresentadas na audiência preliminar, o Promotor de Justiça solicite o retorno dos autos à Delegacia de Polícia para realização de diligências imprescindíveis. Assim, depois do retorno dos autos ao Juizado Especial e não sendo caso de arquivamento, o Juiz designará nova audiência preliminar.

Destarte, são necessárias algumas considerações específicas sobre o instituto da transação penal.

ORIGEM E NATUREZA JURÍDICA DO INSTITUTO DA TRANSAÇÃO PENAL, EFEITOS DO CUMPRIMENTO E DO DESCUMPRIMENTO

À época da edição da Lei 9.099/1995 e em homenagem ao princípio da obrigatoriedade da ação penal pública, subsistindo prova da materialidade e indícios da autoria do fato penalmente relevante, o membro do Ministério Público deveria apresentar a acusação. Não havia o juízo de conveniência e oportunidade, como na ação penal privada.

O instituto da transação penal (assim como o benefício da suspensão condicional do processo) mitigou o princípio da obrigatoriedade da ação penal pública, permitindo ao Ministério Público a formulação de acordo com o suposto autor do fato, consistente na aplicação de penas restritivas de direito e/ou multa em troca de não se ver processado criminalmente.

Segundo o Enunciado 58 do FONAJE, a transação penal também pode conter cláusula de renúncia à propriedade do objeto apreendido.

Esse instituto da transação penal, com a mitigação do princípio da obrigatoriedade da ação penal pública, surgiu de uma ideia do direito comparado, mais

---

penal pelo Magistrado, já que, segundo os autores da ação, pela lógica do sistema acusatório, o Juiz não deveria intervir no citado acordo, nem sua validade ficaria vinculada à homologação do Magistrado. Por ora, prevalece a regra de que o acordo de não persecução penal deverá ser homologado pelo Magistrado para ser considerado válido, a exemplo do que acontece com a transação penal.

especificamente do instituto estadunidense do *plea bargaining*,[21] mediante o qual o Promotor de Justiça norte-americano tem plena liberdade para deixar de impulsionar uma ação penal em troca de uma pena mais branda ao autor do fato. Lá, vigora o princípio da conveniência e oportunidade da ação penal, podendo o Ministério Público avaliar, com liberdade e discricionariedade, se processa o autor do fato ou se lhe aplica uma pena minorada.

Como adaptação do instituto do *plea bargaining*, acreditou-se, inicialmente, que o Ministério Público brasileiro teria a mesma discricionariedade, havendo, inclusive, manifestações doutrinárias iniciais sobre a discricionariedade do *Parquet*.[22]

Todavia, no decorrer do tempo, ganhou força o entendimento segundo o qual a transação, presentes os requisitos e, por óbvio, ausentes as causas impeditivas, consistiria em direito subjetivo público do autor do fato, cabendo ao Ministério Público somente a discricionariedade sobre a medida despenalizadora aplicável (pena restritiva de direitos ou multa).

Todavia, dispõe o § 1º do art. 76 que, nas hipóteses de ser a pena de multa a única aplicável, o juiz poderá reduzi-la até a metade. Trata-se de autêntica modulação ou mitigação daquela discricionariedade.

Se o Ministério Público, fundamentadamente, não propuser transação penal, discordando o Juiz, não poderá ofertá-la de ofício. Caberia a aplicação, por analogia, do art. 28 do Código de Processo Penal (CPP), ou seja, a remessa do procedimento ao Procurador-Geral. Nesse sentido, é o teor do Enunciado 86 do FONAJE.[23]

O Supremo Tribunal Federal, segundo entendimento consolidado no verbete 696 da sua Súmula,[24] também reconhece a possibilidade de aplicação do disposto no referido art. 28 do CPP em face de recusa de proposta de suspensão condicional

---

21. "[...] o juízo que decide se permite ou não as negociações serem apresentadas para homologação, não se tratando de direito do acusado ou obrigação imposta ao juiz" (CASTRO, Ana Lara Camargo de. *Plea Bargain* – resolução penal pactuada nos Estados Unidos. Belo Horizonte: D'Plácido Ed., 2019, p. 61-62).

22. "A transação penal é o novo instrumento de política criminal de que dispõe o Ministério Público para, entendendo conveniente ou oportuna a resolução rápida do litígio penal, propor ao autor da infração de menor potencial ofensivo a aplicação sem denúncia e instauração de processo, de pena não privativa de liberdade" (FILHO, Marino Pazzaglini. MORAES, Alexandre de. SMANIO, Gianpaolo Poggio. VAGGIONE, Luiz Fernando. *Juizado Especial Criminal* – Aspectos práticos da Lei n. 9.099/95. São Paulo: Atlas, 1996. p. 45).

    (...) Desta forma, o Poder Judiciário verificaria a presença das condições legais que permitiriam a opção discricionária por parte do Ministério Público, mas não poderia de nenhuma forma fiscalizar a oportunidade, o mérito da opção formulada por inexistência de um critério legal determinante" (DEU, Teresa Armenta. *Criminalidad de Bagatela y Princípio de Oportunidad*. Barcelona; PPU, 1991, p. 181-183).

23. Enunciado 86: Em caso de não oferecimento de proposta de transação penal ou de suspensão condicional do processo pelo Ministério Público, aplica-se, por analogia, o disposto no art. 28 do CPP.

24. Súmula 696. Reunidos os pressupostos legais permissivos da suspensão condicional do processo, mas se recusando o Promotor de Justiça a propô-lo, o Juiz, dissentindo, remeterá a questão ao Procurador-Geral, aplicando-se por analogia o art. 28 do Código de Processo Penal.

do processo – entendimento aplicável, pelas mesmas razões, à negativa de proposta de transação penal.

Em síntese, não há juízo de conveniência ou oportunidade na apresentação da proposta de transação penal, nem direito público subjetivo[25] do autor do fato à transação penal. Subsiste, pois, a discricionariedade regulada.

Trata-se de medida despenalizadora que, ofertada, aceita e cumprida, exclui a persecução penal com a extinção da punibilidade do fato.

Por sua vez, o descumprimento injustificado da transação penal homologada acarretará a retomada do curso procedimental.[26]

Assim, se a transação penal tiver sido oferecida na audiência preliminar, antes do oferecimento da denúncia, como se faz em regra, o Ministério Público, em caso de descumprimento injustificado, pedirá vista dos autos para apresentação de denúncia. Em outra via, caso a transação tenha sido oferecida no curso de ação penal, depois da oferta denúncia, o procedimento seguirá a partir daí.

Logo no início da vigência da Lei 9.099/1995, ganhou corpo, na doutrina e na jurisprudência, entendimento de que o descumprimento injustificado da transação penal autorizaria a decretação da prisão do transator,[27] como forma de executar uma sentença homologatória judicial. Naquela época, entendia-se que o transator teria renunciado ao devido processo legal e, ao dispensá-lo, concordava com a força executiva da sentença homologatória.

Diante das reações contrárias à possibilidade de prisão pelo descumprimento da transação penal, esse entendimento foi afastado.

A solução encontrada, na atualidade, que culmina na propositura de ação penal em face do descumprimento da transação penal, apesar de encontrar harmonia com os princípios do devido processo legal, do contraditório e da ampla defesa, desconsidera efeitos práticos da homologação judicial da transação penal. Em razão disso, muitos magistrados passaram a homologar a transação penal somente após seu cumprimento integral. Todavia, ao procederem desse modo, conferiram força a uma transação penal sem homologação judicial, contrariando a lógica do sistema.

---

25. Há quem entenda que o autor do fato tem direito subjetivo à transação penal, se preenchidos os requisitos do artigo 76 da Lei 9.099/1995 e, no caso de recusa de oferecimento por parte do Promotor de Justiça, poderia o Juiz de Direito fazê-la em substituição. Assim entendem Damásio Evangelista de Jesus, na obra *Lei dos Juizados Especiais Criminais anotada* (Saraiva, São Paulo: 1985, p. 67), e Weber Martins e Luiz Fux, em obra conjunta (*Juizados Especiais cíveis e criminais e suspensão condicional do processo penal*, p. 322).

26. STF, RE602072/RS, Rel. Min. Cezar Peluso, j. 19.11.2009; STJ, HC217659/MS, Rel. Min. Maria Thereza de Assis Moura, j. 01.03.2012.

27. "Quanto à pena restritiva de direitos, no caso de descumprimento, deve ser ela convertida em pena privativa de liberdade, de acordo com o previsto no artigo 181, *caput*, e parágrafos, da Lei de Execução Penal, nos termos do art. 86 da Lei n. 9.099/95. Não se pode admitir que se ofereça denúncia para a instauração de ação penal, desconstituindo-se a decisão homologatória transitada em julgado. A decisão homologatória é definitiva, tornando o ato jurídico perfeito e acabado" (MIRABETE, Júlio Fabbrini. *Juizados Especiais Criminais*. São Paulo: Altas, 2000, p. 152).

Em resumo, a homologação da transação penal deixou de ter caráter de decisão condenatória com antecipação de pena, sendo apenas ratificação ou anuência judicial aos termos do acordo de transação penal, sem nenhuma força executiva, pois, em caso de descumprimento, haverá necessidade de propositura de ação penal.

Vê-se, assim, que a homologação é apenas um "de acordo" judicial, certificando que a transação penal não viola nenhum direito fundamental.

A matéria foi pacificada pelo Supremo Tribunal Federal, consoante Súmula Vinculante 35: "A homologação da transação penal prevista no artigo 76 da Lei 9.099/1995 não faz coisa julgada material e, descumpridas suas cláusulas, retoma-se a situação anterior, possibilitando-se ao Ministério Público a continuidade da perseguição penal mediante oferecimento de denúncia ou requisição de inquérito policial."

CRIMES DE AÇÃO PENAL PÚBLICA, DELITOS DE AÇÃO PENAL PRIVADA E LEGITIMADOS A PROPOR A TRANSAÇÃO PENAL

Basta uma leitura atenta do art. 76 da Lei 9.099/1995 para concluir que não há previsão legal para oferta de transação penal para crime de ação penal privada, mas somente para infrações que se processam mediante ação penal pública. Isso porque o *caput* do citado dispositivo traz as expressões "havendo representação ou tratando-se de crime de ação penal pública incondicionada", que conduzem à ideia de exclusão das infrações de ação penal privada.

Nesse diapasão, o mencionado artigo contempla o Ministério Público com a legitimidade exclusiva para a oferta da transação penal, não havendo, em mais nenhum outro dispositivo legal, a previsão de legitimado diverso do órgão ministerial.

Não é difícil entender os motivos pelos quais o legislador conferiu ao Ministério Público a tarefa de oferecer a transação penal. Isso porque, por ser um acordo entre as partes, somente o *dominus litis* (dono da ação) da ação penal pública teria condições de dispensá-la em troca de um ajuste com o autor do fato.

Não poderá, portanto, o Juiz de Direito oferecer, de ofício, a transação penal, ao argumento de que é um direito subjetivo do autor do fato, sob pena de ferir o princípio acusatório.[28]

Como já sublinhado, nem mesmo em caso de recusa injustificada do Promotor de Justiça em oferecer transação penal, estaria autorizado o Magistrado a substitui-lo,

---

28. "A nosso juízo, o princípio acusatório, avaliado estaticamente, consiste na distribuição do direito de ação, do direito de defesa e do poder jurisdicional, entre autor, réu (e seu defensor) e juiz" (PRADO, Geraldo. *Sistema Acusatório* – a conformidade constitucional das leis processuais penais. 3. ed. Rio de Janeiro: Lumen Juris, 2005, p. 113).

Nesse passo, pelo sistema acusatório, a intervenção judicial, na fase preliminar, deve ser restrita à preservação dos direitos fundamentais, não podendo assumir protagonismo exacerbado que se distancie de sua condição inercial, porquanto sequer fora provocada sua atuação por meio da denúncia ou queixa. Poderia, assim, homologar ou não a proposta de transação penal, mas não oferecê-la como um acordo entre partes.

devendo, nesse caso, remeter os autos ao Procurador-Geral, nos termos do art. 28 do Código de Processo Penal.

Todavia, alguns autores defenderam a possibilidade de o Juiz aplicar a transação penal independentemente de proposta do Promotor de Justiça, saindo de sua posição inercial e imparcial e assumindo o protagonismo em prol de um suposto direito subjetivo do réu. Essa é a posição de Nereu José Giacomolli, exposta na obra *Juizados Especiais Criminais – Lei 9.099/95 – abordagem crítica. Acordo civil. Transação Penal. Suspensão Condicional do Processo. Rito Sumaríssimo.*[29]

Seja pela clara estrutura do sistema acusatório – que distancia as funções de acusar e de julgar –, seja pela rígida característica jurisdicional da inércia e da imparcialidade, seja ainda pelo fato de a própria lei deixar claro que a intervenção do Juiz, no mérito da transação penal, somente se verificará na excepcional hipótese de redução da "pena de multa", consoante art. 76, § 1º, da Lei 9.099/1995, não há como se afastar da conclusão de que a proposta de transação penal é tarefa exclusiva do *Parquet*.

De mais a mais, não há que se falar em direito subjetivo do autor do fato a um acordo (transação penal), pois este deve estar revestido de voluntariedade de ambas as partes. Se adotássemos a noção de que a transação penal é um direito subjetivo do agente, não haveria, de fato, necessidade de a Lei 9.099/1995 ter conferido ao Ministério Público a tarefa de oferecê-la; bastaria que o Judiciário o fizesse.

Em síntese, é inquestionável a possibilidade de o membro do Ministério Público ofertar transação penal em delitos de ação penal pública incondicionada e condicionada – nesse caso, após formalizada, no prazo legal, a representação criminal da vítima.

Divergências surgem quanto à possibilidade do oferecimento da transação penal em delitos de ação penal privada.

É cediço que o ordenamento jurídico penal trabalha com as três modalidades de delitos, distribuídos conforme o procedimento persecutório.

Existem os delitos de ação penal pública, divididos em incondicionada e condicionada, e os de ação penal privada. O fundamento para essa divisão é a proeminência, ou não, do interesse público.

É imperioso sublinhar que o Direito Penal trabalha com os bens jurídicos socialmente mais relevantes e, por consequência, a resposta penal a comportamentos delitivos revela igual interesse público, tanto é que o *jus puniendi*, independentemente da legitimidade da ação penal, continua a ser do Estado. Todavia, nos crimes de ação penal pública, é mais evidente esse interesse público.

---

29. GIACOMOLLI. Nereu José. *Juizados Especiais Criminais – Lei 9.099/95 – abordagem crítica – Acordo Civil. Transação Penal. Suspensão Condicional do Processo. Rito Sumaríssimo.* 3. ed. Porto Alegre: Livraria do Advogado, 2009. p. 124-125.

Partindo dessa perspectiva, para os adeptos dessa corrente, não seria justo o oferecimento de um benefício despenalizador a um autor que cometesse um crime de ação penal pública, excluindo-se do benefício, contudo, o autor de delito de ação privada, como se a conduta desse último revelasse um desvalor maior, ensejando uma mais intensa reprovabilidade.

Ontologicamente, não há distinção entre os delitos. Se subsistisse algum fundamento para exclusão da transação penal, pelas razões sublinhadas, deveriam ser excluídos os autores de delitos de ação penal pública. O que não é o caso.

Nesses termos, parte da doutrina entende ser possível a transação penal para os crimes de ação penal privada, a fim de sanar injustiça ocasionada com a omissão legislativa. Trata-se, pois, de uma analogia *in bonam partem,* em favor do autor do fato.[30]

Todavia, outra parte respeitável da doutrina[31] entende, coerentemente, que os crimes de ação penal privada não comportam a transação penal, em razão do silêncio legal eloquente. De mais a mais, a vítima, caso quisesse transacionar com o autor do fato, poderia fazer a composição civil dos danos ou até formalizar renúncia ao direito de queixa, diante dos princípios da oportunidade e conveniência da ação penal privada. Para essa corrente, somente a ação penal privada subsidiária[32] poderia se sujeitar à transação penal, visto que possui natureza de ação penal pública.

Ainda nessa ideia, tem-se que os benefícios previstos nos arts. 76 e 89 da Lei 9.099/95 são institutos que mitigam o princípio da obrigatoriedade e não se relacionam com o da disponibilidade, que regra a ação penal privada.

Sobreleva notar que o Superior Tribunal de Justiça reconhece a possibilidade de aplicação da transação penal às ações penais privadas.[33]

Pois bem, aceita a corrente da transação penal em crimes de ação penal privada, subsiste a discussão: quem pode oferecer transação penal, uma vez que a Lei 9.099/1995 só aponta o Ministério Público com legitimidade para tal?

Se atentar para a natureza jurídica da transação penal como um acordo de partes, o mais correto seria acreditar que este deveria ser entabulado pela vítima e pelo autor

---

30. GRINOVER, Ada Pellegrini. FERNANDES, Antonio Scarance. FILHO, Antonio Magalhães Gomes. *Juizados Especiais Criminais.* 2. ed. São Paulo: Ed. RT, 1997, p. 129.

31. JESUS. Damásio Evangelista de. *Lei dos Juizados Especiais Criminais anotada.* Saraiva. São Paulo: 1995, p. 55.
    LIMA. Marcellus Polastri. *Juizados Especiais Criminais – O procedimento sumaríssimo no processo penal.* 2. ed. São Paulo: Atlas, 2013, p. 58.
    MIRABETE, Júlio Fabbrini. *Juizados Especiais Criminais.* 2. ed. São Paulo: Atlas, 1997, p. 84.

32. "Ação penal privada subsidiária, aquela que se intenta nos crimes de ação penal pública, seja condicionada, seja incondicionada, se o órgão do Ministério Público não oferecer denúncia no prazo legal (CPP, art. 29)" (FILHO Tourinho, Fernando da Costa. *Manual de Processo Penal.* 12. ed. São Paulo: Saraiva, 2009, p. 181-182).

33. RHC 102381/BA, Rel. Min. Félix Fischer, j. 09.10.2018.

do fato.[34] Nesse sentido, o Superior Tribunal de Justiça (STJ) entende que cabe ao querelante (vítima) a iniciativa da proposta de transação penal.[35] Tal entendimento, contudo, merece algumas reflexões.

Se a vítima deixou escapar a oportunidade de realizar a composição civil, por qual motivo aceitaria fazer a transação penal, já que, como regra, nada lucra ou ganha com a aplicação de medida restritiva de direito ou multa, cuja destinação é costumeiramente uma entidade pública ou com finalidade social relevante?

Se assim fosse, poderia a vítima se recusar a oferecer transação penal? Quem poderia reavaliar essa recusa? No caso de recusa pelo membro do Ministério Público, já se consolidou o entendimento de aplicação por analogia do art. 28 do Código de Processo Penal. E no caso da recusa da vítima/querelante?

E mais, suponha-se que a vítima se valha da proposta de transação penal como instrumento de vindita. Em autêntico comportamento emulativo, apresentaria, por exemplo, proposta demasiadamente excessiva, consistente no pagamento de R$ 40.000,00 (quarenta mil reais) a uma entidade filantrópica ou, também, 01 ano e 03 meses de prestação de serviços à comunidade, quando a imputação contida no tipo penal não ultrapassaria 06 (seis) meses de detenção. Ainda que o Magistrado, com fulcro no art. 76, § 1º, faça uso de sua prerrogativa de minorar a transação penal pela metade, o montante será excessivo, inviabilizando, na prática, o acordo.

Parece claro que a construção de uma participação da vítima na transação penal em crimes de ação penal privada, quando a lei aponta que esta é tarefa do Ministério Público, resulta em verdadeira analogia *in malam partem,* porquanto confere protagonismo a quem tem paixão e interesse no feito.[36]

Nesses termos, parece inviável eventual acordo pela iniciativa privada da transação penal, já que o próprio art. 76 reconhece a atribuição exclusiva do Ministério Público para formulação da proposta de transação penal.

Para os adeptos da corrente que aceita transação penal em crime de ação penal privada e que entende que é o Ministério Público o legitimado a oferecê-la, há que se enfrentar algumas situações. Como ficaria a questão em que o Promotor de Justiça, em audiência preliminar, verificasse que a queixa-crime, já proposta, não

---

34. "Em uma interpretação literal do art. 76, *caput,* da Lei 9.099/95 verifica-se que não é possível a transação penal nos crimes de ação penal privada. De fato, no aludido preceito o legislador utilizou as expressões: 'havendo representação' (crime de ação penal pública condicionada); 'ou tratando-se de crime de ação penal pública incondicionada'; 'o Ministério Público poderá'. Assim, tudo leva a crer ser impossível a transação penal" (NEGRÃO. Perseu Gentil. *Juizados Especiais Criminais* – doutrina e jurisprudência nos Tribunais Superiores. São Paulo: Juarez de Oliveira Ed., 2001, p. 33).

35. CC 43886/MG, Rel. Min. Gilson Dipp, j. 13.10.2004.

36. Há quem defenda que, em caso de ação penal privada, o ofendido teria legitimidade para a oferta de transação penal e, na hipótese de recusa infundada ou exagero na carga aflitiva da prestação pecuniária ou de outra modalidade de pena restritiva de direito, poderia o Ministério Público modular a proposta, adequando-a a níveis aceitáveis e justos.

contemplou hipótese de infração penal. Poderia o Ministério Público adequar a queixa-crime, avançando na intervenção de ação cuja iniciativa não possui? Deveria deixar de oferecer transação penal por entender atípica a conduta, por exemplo? Deveria propor o benefício, mesmo no caso de flagrante atipicidade, pois, como não é o titular da ação penal, não lhe cabe delimitar a acusação? Qual é o seu limite de atuação como fiscal da ordem jurídica na ação penal privada? Pensamos que o Promotor de Justiça não deveria propor transação penal em fato atípico, requerendo, desde já, o não recebimento da inicial.

E, na hipótese de o Promotor de Justiça oferecer transação penal em situação de fato atípico ou quando não houver justa causa mínima para seu oferecimento? Estaria incurso na hipótese do art. 30 da Lei de Abuso de Autoridade?

Cremos que não. Ao oferecer um benefício descabido, em vez de promover o arquivamento, o Promotor de Justiça não cumpre a hipótese de "dar início ou proceder à persecução penal, civil ou administrativamente, sem justa causa fundamentada ou contra quem sabe inocente" (art. 30 da Lei 13.869/2019), porquanto está a propor um acordo (via de mão dupla) com o autor do fato, assistido juridicamente por Defensor, que pode voluntariamente recusar os seus moldes.

A construção da figura do abuso de autoridade guarda a ideia de que há uma imposição autoritária, aflitiva e coercitiva, não se coadunando com a situação de construção de um acordo.

Ainda, deve-se atentar para o fato de que a transação penal é oferecida, em regra, na audiência preliminar, momento que antecede a deflagração da persecução penal, de modo que o comportamento de oferecê-la em desconformidade com a lei não se amolda ao art. 30, já citado, lembrando que as normas penais incriminadoras devem sempre ser interpretadas restritivamente, sendo descabido o alargamento da adequação típica.

De mais a mais, haveria que se provar que o Promotor de Justiça atuou com o "fim especial de agir", conhecido como dolo específico, no desejo de prejudicar o autor do fato, não sendo possível, em nosso ordenamento jurídico, a criminalização da interpretação/hermenêutica.

Esse mesmo entendimento deve ser aplicado ao Magistrado que homologa transação penal descabida. Por se tratar de um acordo entre "partes", que passa por uma supervisão judicial, não tem carga aflitiva a se travestir de abuso de autoridade, não encontrando tal conduta eco na norma penal incriminadora.

DELIMITAÇÃO DA TRANSAÇÃO PENAL E O MINISTÉRIO PÚBLICO

Como visto, é o Ministério Público o órgão que detém legitimidade para oferecer o benefício da transação penal, ressalvada – destaque-se – a polêmica envolvendo crimes de ação penal privada.

Assim, na audiência preliminar, o Promotor de Justiça, em contato com o autor do fato, avaliará a mais adequada medida despenalizadora.

A transação pode comportar penas restritivas de direito, como, por exemplo, prestação pecuniária a ser destinada à vítima ou a uma entidade de fins sociais, prestação de serviços à comunidade, limitação de final de semana e participação em palestras e cursos edificantes e propositivos, admoestações verbais e advertências.

Segundo o Enunciado 20 do FONAJE, a proposta de transação de pena restritiva de direitos é cabível mesmo quando o tipo penal em abstrato só comporta pena de multa.

A lei não estabelece os marcos de intensidade da proposta nem aponta qual a espécie de medida que melhor se amoldaria a cada tipo penal. Se não é amplamente discricionária a opção de oferecer ou não a transação penal, sendo esta uma espécie de discricionariedade regrada e fiscalizada pelo Juiz, parece haver, todavia, liberdade na eleição da medida e sua rigidez.

É razoável que o membro do Ministério Público leve em consideração a reprovação da conduta, além da pena prevista no preceito secundário da norma penal incriminadora (não sendo de bom alvitre que ultrapasse a pena máxima prevista, de forma a não tornar atrativo o acordo proposto) e as condições pessoais do agente (físicas e psíquicas).

A rotina do autor do fato (trabalho e estudos) também deve ser considerada na escolha da medida despenalizadora, de forma que o cumprimento da transação não impeça o seu sustento nem a sua evolução profissionalizante e educacional.

Por se tratar de um acordo bilateral, nada impedirá que o Advogado do autor do fato pondere e demonstre algumas especificidades do caso, solicitando que o Ministério Público avalie a possibilidade de modificação da proposta inicial.

Insta alertar que a previsão de interferência do Juiz de Direito na proposta do Ministério Público só é cabível, com fulcro no art. 76, § 1º, na situação de imposição de multa, podendo, nesse caso, reduzi-la até a metade. Por analogia *in bonam partem*, não se vê obstáculo para que o Juiz reduza os valores da prestação pecuniária, visto que, ainda que haja distinção quanto à natureza em relação à multa, não se pode olvidar que o modo de cumprimento é similar, pois se dá mediante pagamento em dinheiro.

Em que pese a ausência de uma padronização legal, em regra, os membros do Ministério Público apresentam posicionamentos funcionais similares a respeito da gravidade e das consequências de alguns comportamentos criminosos. Destarte, as propostas de transação penal buscam afastar o sentimento de impunidade. Por exemplo, em delitos de violência à pessoa, são raras as propostas pecuniárias, tudo com o intuito de afastar o sentimento popular da violência justificada pelo pagamento de algumas "cestas básicas." Propõe-se prestação de serviços comunitários ou participação e frequência em cursos específicos.

JUIZADO ESPECIAL CRIMINAL ART. 76

Com igual razão, nas contravenções de jogo do bicho ou jogo de azar, a proposta de transação penal consistente em pagamento de prestação pecuniária deve ser em valores adequados, servindo também de desestímulo a eventual reiteração delitiva. O valor não pode ser ínfimo a ponto de ser contabilizado no risco do empreendimento ilícito. Não se pode fomentar uma análise econômica do ilícito.

Porém, se a transação penal assumir a forma de prestação de serviço à comunidade, limitação de final de semana ou qualquer outra espécie de medida não privativa de liberdade, não pode o Magistrado alterá-la ou reduzi-la. Se não concordar, por entender que descumpre a pedagogia do art. 76 da Lei 9.099/1995, caberá deixar de homologar a transação penal, decisão sujeita à impugnação recursal por via de apelação.

Discute-se também a destinação dos valores pagos a título de transação penal.

A Resolução CNJ 154/2012 buscou disciplinar a matéria, dispondo, no art. 1º, § 2º, que os valores, quando não destinados à vítima ou aos seus dependentes (no nosso entender, em situação de composição civil), serão preferencialmente destinados à entidade pública ou privada com finalidade social, previamente conveniada, ou para atividades de caráter essencial à segurança pública, à educação e à saúde, desde que estas atendam às áreas vitais de relevante cunho social, a critério da unidade gestora (órgão do Judiciário).

Tal Resolução foi objeto de ação direta de inconstitucionalidade formulada pelo Procurador-Geral de República,[37] sob o argumento, em síntese, de que não poderia dispor sobre destinação de prestações pecuniárias provenientes de suspensão condicional do processo e de transação penal, pois tais institutos são de titularidade exclusiva do Ministério Público. Segundo o Procurador-Geral da República, "não cabe a juízes decidir sobre a dimensão negocial da transação penal, desde que ela não se contraponha à lei. Por conseguinte, não lhes cabe decidir destinação de recursos envolvidos nessas transações".

Com efeito, o valor e o destino da proposta pecuniária integram a proposta de transação penal, de oferta exclusiva pelo Ministério Público. E, como já sublinhado, o seu conteúdo deve observar o bem jurídico tutelado pela norma penal violada. Em casos, por exemplo, de violações ambientais, são comuns medidas que busquem resguardar ou compensar os danos ao meio ambiente.

A respeito dessa pertinência da transação penal, destaca-se a Lei 10.671, de 15 de maio de 2003 (Estatuto do Torcedor). Dispõe o art. 41-B, § 5º, que a transação penal consistirá em obrigação de não fazer, ou seja, medida impeditiva do autor do fato de comparecimento às proximidades do estádio, bem como a qualquer local em que se realize evento esportivo, pelo prazo de 3 (três) meses a 3 (três) anos, observada a gravidade de sua conduta.

---

37. ADI 5388/DF, Rel. Min. Marco Aurélio.

A proposta de transação penal é de atribuição exclusiva do Ministério Público, cabendo ao Judiciário a avaliação de sua legalidade.

Sobreleva notar que, quanto à prestação de serviços à comunidade, é possível convencionar com o Poder Executivo estadual a gestão e a fiscalização do cumprimento da transação penal, que poderá, a partir de uma central, distribuir os transatores para as atividades em entidades previamente cadastradas e conveniadas.

Nas comarcas menores, é possível que se tenha esse cadastro na própria Secretaria do Juizado Especial Criminal ou da Vara que lhe faça "as vezes".

TRANSAÇÃO PENAL ACEITA NA PRESENÇA DE ADVOGADO. PREVALÊNCIA DE UM SOBRE A RECUSA DE OUTRO

É sabido que anuência à proposta de transação penal não se traduz em inculpação do transator. Não há avaliação do mérito dos fatos, de modo que não produzirá efeitos para além daqueles previstos nos §§ 4º e 6º do art. 76 da Lei 9.099/1995, ou seja, a imposição da medida com o necessário cumprimento e impedimento de nova proposta nos próximos 05 (cinco) anos.

Ainda que a medida despenalizadora não enseje reconhecimento da culpabilidade penal, tem natureza sancionatória. A aplicação da pena privativa de liberdade ou multa pressupõe uma escolha orientada pelo transator, uma vez que devidamente assistida por um Advogado ou Defensor Público.

Após orientação técnica desse profissional do Direito, será indagado ao suposto autor do fato se ele deseja aceitar a transação penal ou se recusará a oferta. A consulta ao Defensor é medida impositiva, mas a concordância com ele não é fator determinante para a homologação da transação penal.

Assim, não obstante a defesa técnica no sentido da não aceitação da proposta de transação penal, vale a manifestação de vontade livre, refletida e consciente do autor do fato.

Embora o texto legal informe que, "aceita a proposta pelo autor da infração e seu defensor, será submetida à apreciação do Juiz" (art. 76, § 3º, da Lei 9.099/1995), induzindo ao entendimento de um eventual consenso, prevalece a tese da manifestação de vontade esclarecida e orientada do autor do fato.

Com efeito, Ada Pellegrini Grinover, Antonio Magalhães Gomes Filho, Antonio Scarance Fernandes e Luiz Flávio Gomes, há muito, afirmavam que: "Se houver conflito entre a vontade do autor do fato e de seu advogado, o juiz deverá, antes de mais nada, usando de bom senso e equilíbrio, tentar solucioná-lo. Mas, se não houver mesmo consenso, pensamos que deve prevalecer a vontade do envolvido, desde que devidamente esclarecido das consequências da aceitação. Só a ele cabe a última palavra quanto à preferência pelo processo ou pela imediata submissão à pena, que evita as agruras de responder em juízo à acusação para lograr um resultado que é sempre incerto."[38]

Como visto, a ausência de homologação da transação penal será passível de impugnação pelo recurso de apelação, que poderá ser manejado tanto pelo Ministério Público quanto pelo autor do fato, visto que, por ser um acordo que se presume benéfico para ambos (para o Ministério Público, que economizará energia persecutória, e para o autor do fato, que não precisará suportar um processo criminal), não se duvidará do interesse recursal de nenhum deles.

Entretanto, se o autor do fato aceitar transação penal, mas, após homologação, não quiser mais que produza efeitos, por arrependimento, acredita-se que não poderá recorrer (apelação), por falta de interesse recursal, uma vez que auxiliou na construção da decisão recorrida. Pode, todavia, deixar de cumprir a transação penal, que culminará na retomada do procedimento sumaríssimo, produzindo os mesmos efeitos práticos de eventual reforma decisória que seria obtida pelo provimento da apelação.

MOMENTO DE OFERECIMENTO DA TRANSAÇÃO PENAL

Da leitura do art. 76 da Lei 9.099/1995, percebe-se que o momento adequado para o oferecimento da transação penal é na audiência preliminar, após infrutífera composição dos danos civis e apresentação de representação criminal nos crimes de ação penal pública condicionada ou, independentemente desta, nos delitos de ação penal pública incondicionada.

Todavia, ocorre com certa frequência, na audiência preliminar, a ausência do autor do fato, seja por não ter sido localizado ou por não ter, deliberadamente, anuído a essa fase procedimental – situações que justificam vista dos autos ao Ministério Público, para oferecimento de eventual denúncia.

Ofertada a denúncia e designada audiência de instrução e julgamento, comparecendo o autor do fato, não se afigura impossível eventual oferta de transação penal pelo membro do Ministério Público. O recebimento da denúncia seria o marco temporal final impeditivo da proposta de transação penal.

O Supremo Tribunal Federal, no julgamento do Habeas Corpus 86.007/RJ, Rel. Min. Sepúlveda Pertence, j. 29.06.2005, concluiu que "a transação penal de que cogita o art. 76 da Lei é hipótese de conciliação pré-processual, que fica preclusa com o oferecimento da denúncia ou, pelo menos, com o seu recebimento sem protesto, se se admite, na hipótese, a provocação do Juiz ao Ministério Público, de ofício ou a instâncias da defesa".

---

38. GRINOVER, Ada Pellegrini et al. *Juizados especiais criminais*. 2. ed. São Paulo: Ed. RT, 1997, p. 141.

Todavia, é consolidado o entendimento do Superior Tribunal de Justiça de que, desclassificado o crime para outro que se amolde aos requisitos da transação penal, é cabível a proposta pelo Ministério Público (STJ. HC 203.278/SP. Rel. Min. Maria Thereza de Assis Moura, j. 07.05.2013).

Subsiste a discussão da possibilidade de proposta de transação penal, após o recebimento da denúncia, desconsiderando essa hipótese de desclassificação, ou seja, mantém-se a imputação originária de delito de menor potencial ofensivo, mas o denunciado, quando da audiência preliminar (como autor do fato), não comparece e, citado para audiência de instrução e julgamento, mantém-se inerte, sendo decretada a sua revelia, somente comparecendo quando já iniciada ou finda a instrução. Seria possível a proposta de transação penal nesse caso?

Segundo considerável parcela da doutrina, "Se aceita a transação penal, mesmo que após o recebimento da denúncia, estará preenchida a sua finalidade, que é evitar a discussão acerca da culpa e os males trazidos, por consequência, pelo litígio na esfera criminal" (Nucci, Guilherme de Souza. *Leis Penais e Processuais Comentadas*. 6ª ed. rev. atual. e ref. São Paulo: Editora Revista dos Tribunais, 2012, v. 2, p. 450). Nesse sentido, também é a lição de Márcio Franklin Nogueira, em obra específica sobre Transação Penal: "Outra oportunidade para a transação penal é na audiência de instrução e julgamento no procedimento sumaríssimo, como previsto no art. 77 da lei. Realmente, nos termos do art. 79, 'no dia e hora designados para a audiência de instrução e julgamento, se na fase preliminar não tiver havido possibilidade de tentativa de conciliação e de oferecimento de proposta pelo Ministério Público, proceder-se-á nos termos dos arts. 72, 73, 74 e 75'. E o art. 72 diz que o juiz 'esclarecerá sobre a possibilidade da composição dos danos e da aceitação da proposta de aplicação imediata de pena não privativa de liberdade'."[39]

Em que pese o posicionamento doutrinário e não sendo caso de desclassificação, não se afigura razoável a transação penal após o recebimento, não impugnado, da denúncia. Com efeito, o procedimento é uma marcha para frente. Não se pode afastar do procedimento sumaríssimo a possibilidade de preclusão.

E ainda, ultrapassada a fase preliminar, recebida a denúncia, não se poderia revogar esse recebimento, para permitir a avaliação da proposta de transação penal. Como bem decidiu o Superior Tribunal de Justiça, o processo é uma "marcha para frente", não podendo o julgador, "após ter recebido a denúncia e manifestando-se sobre a admissibilidade da acusação, simplesmente voltar atrás e reformar o seu despacho, em prejuízo à segurança jurídica, pois operada contra ele a preclusão *pro judicato*" (STJ. Resp. 1354838/MT. Rel. Min. Campos Marques (convocado), j. 02.04.2013).

---

39. NOGUEIRA, Márcio Franklin. *Transação penal*. São Paulo: Malheiros, 2003, p. 174.

Na prática, contudo, é recorrente a renovação da proposta de transação no início da audiência de instrução e julgamento, após recebimento de denúncia, antes de iniciada a colheita da prova oral. Nesses casos, deve-se ter o cuidado de agravar a intensidade da transação penal pelo custo da movimentação da máquina judicial (oferecimento de denúncia, citação do denunciado e intimação de vítima e testemunhas), desestimulando-se a praxe como tática protelatória de defesa.

Nos crimes de ação penal privada, como já dito, para os adeptos da tese de que é possível a transação penal a ser oferecida pelo Ministério Público em razão da analogia *in bonam partem,* haverá necessidade de oferecimento de queixa-crime antes da avaliação de oferta de transação penal pelo Promotor de Justiça, pois, como vigora o princípio da oportunidade e conveniência, pode a vítima dispor a qualquer tempo da ação penal antes do provimento jurisdicional, após tentada a composição civil dos danos e, desta, não se obtiver êxito. Assim, é praxe que, na audiência preliminar, após autocomposição frustrada, o Juiz determine que os autos aguardem em cartório o prazo decadencial para oferecimento de queixa-crime. Somente depois de protocolizada a queixa no interregno legal (com a demonstração clara de que a vítima deseja providências contra o querelante) é que o Juiz designará nova audiência preliminar, agora para a oferta de transação penal pelo Promotor de Justiça.

CASOS DE CABIMENTO, REQUISITOS E HIPÓTESES INADMISSÍVEIS

Como forma de mitigação do princípio da obrigatoriedade da ação penal pública, a lei autoriza o Promotor de Justiça a deixar de ajuizar a referida ação penal na hipótese em que o autor do fato preencher determinados requisitos, que convirjam para a ideia de que a medida não privativa de liberdade é a que melhor se amolda ao caso concreto e a que tem um caráter pedagógico mais apropriado para a situação.

Uma das maneiras de se dizer quais são as hipóteses de cabimento e adequação da transação penal é, *a contrario sensu,* apontar aquelas que não comportam a oferta do citado benefício. Por se tratar de uma benesse legal, por óbvio, não deverá ser ofertada para toda e qualquer pessoa que infrinja a lei. É mister demonstrar "mérito" suficiente para fazer jus ao benefício.

O § 2º do art. 76 da Lei 9.099/1995 traz as hipóteses nas quais não é admitida a transação penal.

O inciso I contempla a situação em que o autor da infração tiver sido condenado à pena privativa de liberdade, por sentença definitiva. De cristalina demonstração, o texto legal não deixa dúvidas de que a pessoa condenada a uma pena privativa de liberdade, pela prática de crime (e não está aqui a se falar de contravenção penal), não poderá se valer da transação penal, mormente se a sentença condenatória tornar-se imutável pela força definitiva da coisa julgada (sentença irrecorrível).

Assim, não haverá impedimento, pelo menos em relação a esse comando legal, à condenação por crime, se a pena imposta tiver sido restritiva de direito ou de multa ou se não tiver se tornado definitiva.

Na primeira hipótese, se houve sentença condenatória definitiva com imposição de pena restritiva de direito, só não haverá o impedimento se essa modalidade de sanção tiver sido aplicada autonomamente, e não como forma de substituição, prevista no art. 44 do Código Penal, segundo o qual o Juiz aplica a pena privativa de liberdade, mas depois converte em pena restritiva de direito.

A sentença condenatória definitiva que aplicar pena de multa só será um obstáculo legal para a oferta da transação penal se essa espécie de sanção vier cumulada com pena privativa de liberdade. Desse modo, se a sentença penal trouxer apenas a pena de multa, não haverá, *a priori*, óbice à proposta de transação penal, pelo inciso I do § 2º do art. 76 da Lei 9.099/1995.

Nada impedirá, outrossim, como se verá, que a condenação definitiva de multa ou de pena restritiva de direito autônoma sirva como obstáculo ao oferecimento da transação penal, com fundamento no inciso III do § 2º do art. 76 da Lei 9.099/1995.[40]

Em que pese a decisão do Supremo Tribunal Federal nas Ações Declaratórias de Constitucionalidade (ADC) 43, 44 e 54, em que se discutiu a possibilidade de execução provisória da pena antes do trânsito em julgado, entendemos que a decisão colegiada condenatória de 2ª Instância é suficiente para emprestar condição de definitividade em matéria de prova, que atesta a materialidade e a autoria do fato.

Mesmo que pendente recurso extraordinário (lembrando que, no Juizado Especial Criminal, não é aplicável o recurso especial), que é via estreita e não comporta revisão de matéria fática e probatória, mas somente matéria de direito, será considerada definitiva a decisão da Turma Recursal que confirme condenação anterior.

Nesse passo, havendo decisão condenatória, na Turma Recursal, ainda que haja recurso extraordinário aguardando provimento, não deverá ser proposta transação penal. Isso também valerá para a sentença condenatória que não tiver sido impugnada pela via recursal.

E se o autor tiver sido condenado por sentença definitiva em razão do cometimento de contravenção penal? Poderá ele ser beneficiado pela transação penal? Crê-se que não haverá óbice e resistência nesse inciso legal, mas deve-se levar em consideração para efeitos de antecedentes criminais ou de personalidade do agente. Assim, há quem sustente, dentro de vozes dissonantes,[41] não haver impedimento pelo inciso III do § 2º do art. 76 da Lei 9.099/1995.

---

40. Segundo o STJ (HC 489.226/RJ. Rel. Min. Jorge Mussi, j. 06.05.2019), "as condenações criminais cujo cumprimento ou extinção da pena ocorreu há mais de 5 anos, a despeito de não implicarem reincidência nos termos do que dispõe o art. 64, I, do CP, são hábeis a caracterizar maus antecedentes".

41. "Portanto, a condenação por uma contravenção, ou a uma pena não privativa de liberdade por outro crime, não impede a aplicação da medida de despenalizadora" (GIACOMOLLI, Nereu José. *Juizados Especiais Criminais* – Lei 9.099/95. 3. ed. Porto Alegre: Livraria do Advogado, 2009, p. 126).

Mais uma situação conduz para a discussão no âmbito do Juizado Especial Criminal: é o caso em que o agente, apesar de ter sofrido anterior condenação definitiva por crime, já cumpriu pena privativa de liberdade e figura como pessoa tecnicamente primária. É a hipótese em que já se esvaíram mais de 5 (cinco) anos do cumprimento integral da pena.

Aqui, apesar de ser tecnicamente primário, permanece a condenação para efeito de maus antecedentes, o que poderá ser um entrave para a oferta da transação penal (art. 76, § 2º, III, da lei).

De mais a mais, o inciso I do § 2º do art. 76 da lei menciona o termo "sentença definitiva" e não traz a palavra "reincidência", de modo que pouco importará se já se passaram 5 (cinco) anos do cumprimento de pena. É claro que, nessas hipóteses, deve imperar a razoabilidade, não sendo obstáculo quando passados muitos anos do cumprimento da pena, como, por exemplo, mais de vinte anos.

Segundo o Superior Tribunal de Justiça, "quando os registros da folha de antecedentes do réu são muito antigos, admite-se o afastamento de sua análise desfavorável em aplicação à teoria do direito ao esquecimento. Não se pode tornar perpétua a valoração negativa dos antecedentes, nem perenizar o estigma de criminoso para fins de aplicação da reprimenda, pois a transitoriedade é consectária natural da ordem das coisas" (STJ. Resp. 1707948/RJ. Rel. Rogerio Schietti, j. 10.04.2018).

Outra questão é a condenação definitiva anterior por posse de drogas (art. 28 da Lei 11.343/2006). Não raro, a Defesa pleiteia oferecimento de transação penal, mesmo diante de anterior condenação definitiva por posse de drogas, sob o fundamento de que o referido crime da Lei de Drogas não possui pena aflitiva e, consequentemente, reprovação suficiente para se criar um obstáculo legal.

Em que pese o argumento, é forçoso reconhecer que, em razão da pouca retribuição penal (penas diminutas, sem restrição da liberdade), o único efeito, em face do referido tipo penal, é a reincidência. Afastar esse efeito é o mesmo que dar ao dispositivo penal (art. 28 da Lei de Drogas) a *abolitio criminis* não desejada pelo legislador, pouco ou nada sobrando no âmbito do Direito Penal. Nesse passo, permanece a reincidência como impedimento da transação penal. Existe, todavia, forte tendência de, aproveitando teor da decisão da 5ª Turma do Superior Tribunal de Justiça, proferida no HC 453.437-SP, que excluiu o efeito da reincidência de condenação pelo artigo 28 da Lei n. 11.343/2006 (de questionável legalidade), autorizar transação penal mesmo após condenação pelo crime de posse de entorpecente para uso próprio. E mais, alargando sua incidência, forte corrente tem aceito transações penais sucessivas para o crime do artigo 28 da Lei n. 11.343/2006, sem respeitar o interstício de 05 anos, sob o argumento de que se a condenação não gera reincidência a impedir nova transação penal, o que não dizer de uma transação penal anterior que sequer adentra na análise de culpa?

O inciso II do § 2º traz como óbice ao oferecimento da transação penal o fato de o autor já ter se beneficiado dela nos últimos 5 (cinco) anos. Se consta, na certidão de antecedentes criminais, que o agente já se beneficiara da transação penal nos últimos 5 (cinco) anos, não lhe será, desse modo, ofertada nova oportunidade. Quis o legislador impedir a oferta de novo benefício quando o primeiro se mostrou pedagogicamente insuficiente para reiteração delitiva. Poderia o legislador ter estipulado outro prazo (como 1, 2, 3, 4 anos ou mais), mas preferiu 5 (cinco) anos, tratando-se, pois, de requisito objetivo para concessão de um benefício.

Muito se discutiu sobre o entrave de nova oferta durante os 5 (cinco) anos subsequentes à transação penal anterior. Poderia o legislador impedir transação penal pelo simples fato de haver o autor aceitado o benefício durante aquele interregno? Isso não atacaria o princípio da não culpabilidade ou, como querem alguns, o da presunção de inocência, uma vez que, como sabido, a anuência à oferta de transação penal não induz à aceitação de culpa?

Na verdade, a questão está longe de passar pelo filtro da presunção de inocência, visto que nada se está a discutir sobre ser ou não a pessoa considerada, para todos os efeitos, condenada só porque aceitou transação penal.

Por outro lado, não se pode olvidar que é lícito ao legislador estipular requisitos para agraciar alguém com benesses legais, não se sujeitando aos limites do princípio da presunção de não culpabilidade.[42] O que ocorre é que cabe ao legislador definir "méritos" mínimos necessários à obtenção do benefício, sem os quais o agente deve suportar o curso do processo, para, ao final, ser julgado.

Nota-se que a lei não fez diferenciação quanto ao teor da transação penal nem condicionou a proibição de nova transação penal a casos específicos. Sendo assim, havendo transação penal anterior, com efeitos ainda no interstício de 5 (cinco) anos, não se ofertará outra transação penal em nenhuma hipótese, nem se o que originou o primeiro processo tiver sido contravenção penal ou crime apenado somente com multa.

O legislador trouxe, no inciso III do § 2º do art. 76, mais um óbice à oferta de transação penal: quando "não indicarem os antecedentes, a conduta social e a personalidade do agente, bem como os motivos e as circunstâncias, ser necessária e suficiente a adoção da medida".

Fala-se que esse é um impedimento puramente subjetivo, porquanto cabe ao órgão de execução avaliar, diante dos indicadores sobre o autor do fato, se a transação penal terá, caso efetivada, efeito pedagógico recomendável. É aqui que surgem, na prática, as maiores divergências entre o Promotor de Justiça e o Juiz de Direito, culminando, em algumas situações, na aplicação, por analogia, do art. 28 do Código de Processo Penal. Diante da recusa do Promotor de Justiça em oferecer o benefício

---

42. "Garantia da presunção de inocência. A norma constitucional do inciso LVII (do art. 5º da CF), agora sob nosso exame, garante a presunção de inocência por meio de um enunciado negativo universal: "ninguém será considerado culpado até o trânsito em julgado de sentença penal condenatória" (SILVA, José Afonso. *Comentário Contextual à Constituição*. São Paulo: Malheiros, 2005, p. 155).

da transação penal, o Juiz de Direito, entendendo ser o caso de propô-la, remeterá os autos ao Procurador-Geral, para que ele mesmo faça a proposta de transação penal ou designe outro membro do Ministério Público para fazê-la. É claro que o Chefe do Ministério Público terá plena liberdade de concordar com a recusa de oferecimento de transação penal, oportunidade em que externalizará seu posicionamento e o procedimento seguirá seu curso, passando para a fase de eventual oferecimento de denúncia pelo órgão de execução natural (Promotor de Justiça original).

Por se tratar de regra construída com vagueza semântica, surgem as discussões doutrinárias.

O termo "antecedentes" (criminais) compreende as condenações criminais que já foram cumpridas há mais de 5 (cinco) anos ou as decisões de declaração de extinção da punibilidade, com o mesmo interstício, que preservam os efeitos secundários da condenação, como, por exemplo, a prescrição da pretensão executória. Assim, apesar de tecnicamente primários, teriam maus antecedentes aqueles que, após condenação criminal, cumpriram integralmente a pena há mais de 5 (cinco) anos. Nessas hipóteses, não seria possível o oferecimento da transação penal, pois não haveria indicação dos antecedentes.

Impende asseverar que existe um posicionamento mais restrito que entende como maus antecedentes as passagens pela Polícia, os inquéritos policiais em tramitação e as ações penais em andamento. A crítica a esse posicionamento reside na força do princípio de não culpabilidade, uma vez que, segundo essa corrente, não seria coerente agravar a situação processual do autor do fato, com o não oferecimento da transação penal, pelo simples fato de haver procedimentos em andamento, sem uma definição de mérito.

Crê-se, pois, que a posição mais ampla, que defende o oferecimento da transação penal em situações em que não haja condenação criminal anterior, parece mais acertada, pelo menos sob a óptica dos antecedentes.

Há quem defenda também a possibilidade de transação penal para autores que possuam condenação anterior prolatada há muito tempo. Para essa corrente, não seria possível a perpetuação dos maus antecedentes *ad eternum*.[43]

De fato, na prática, é possível se deparar com situações em que o autor do fato já fora condenado há dez, quinze ou vinte anos e que, pela regra penal, não seria possível a oferta do benefício da transação penal, pouco importando que os desvios sejam isolados e não encontrem eco em seu modo de vida.

A fim de solucionar o impasse e buscar uma via razoável, vê-se como possível analisar o prazo prescricional abstrato da infração penal e aplicá-lo a partir do término do prazo de 5 (cinco) anos após o cumprimento de pena (ou seja, no momento

---

43. Como já afirmado, o precedente do STJ, Resp. 1707948/RJ, Rel. Rogerio Schietti, j. 10.4.2018.

em que o condenado deixa de ser reincidente e passa a ser tecnicamente primário e possuidor de maus antecedentes).

Assim, se alguém foi condenado por um crime de ameaça (cuja pena privativa de liberdade abstrata é de 1 (um) a 6 (seis) meses e a prescrição é de 3 (três) anos), haveria a necessidade de aguardar o cumprimento de pena e, após esse prazo, iniciaria a correr o tempo de 5 (cinco) anos, em que seria considerado reincidente. Passado o prazo da reincidência (cinco anos do cumprimento de pena) e ganhando, novamente, a primariedade (técnica), haveria a necessidade e permanecer mais(três) anos sem praticar infração penal. Desse modo, se o agente cometesse outro crime depois de 8 (oito) anos (cinco anos da reincidência somados com três da prescrição) da data de extinção da punibilidade em razão do cumprimento da pena, seria coerente a oferta de nova transação penal, de modo que os maus antecedentes não perdurassem por toda uma vida.

Apesar de não guardar nenhuma técnica especial nem encontrar coro na legislação, a fórmula acima pode servir como uma criação de política criminal para adequar e calibrar a resposta penal e suavizar a conceituação de maus antecedentes, de modo a lhe conferir um termo final.

Outro indicador que pode desmerecer o autor do fato é sua conduta social, que mais se relaciona com seu modo de vida e sua reputação diante da sociedade e de familiares. É bem verdade que pouco se tem, nos autos, sobre a conduta social de alguém, especialmente no âmbito do Juizado Especial Criminal, que peca, como já se disse, na investigação sobre o fato e o autor.

Conforme já ensinou Flávio Augusto Monteiro de Barros,[44] existe distinção entre conduta social e maus antecedentes, embora ambos sejam juízos relacionado com o passado:

> É de convir que no processo penal são raras as informações sobre a conduta social. Esta se distingue dos maus antecedentes porque não diz respeito à ficha criminal do acusado, embora seja também um juízo relacionado com o passado. Passagens pelo Juizado da Infância e Juventude, perda ou suspensão do pátrio poder[45] e a decretação da falência são alguns exemplos de conduta social negativa.

Nesse diapasão, mesmo sendo primário o autor do fato (ainda que tecnicamente), o Promotor de Justiça poderia deixar de oferecer transação penal se, por exemplo, o autor do fato tivesse diversas passagens pela Vara da Infância e da Juventude por atos infracionais graves. A recusa, no caso, pode se escorar no inciso III do § 2º do art. 76 da Lei 9.099/1995, quando o autor do fato, agora maior de idade e plenamente imputável, ostentar condenações infracionais graves na Justiça Menorista, indicando conduta social reprovável.

---

44. BARROS, Flávio Augusto Monteiro. *Direito Penal* – Parte Geral. São Paulo: Saraiva, 1999, p. 416. v. 1.

45. Atualmente, poder familiar.

Outro indicador de mérito ou demérito é a personalidade[46] do agente. Existe uma dificuldade enorme em determinar o que deva servir como critério a definir a personalidade do agente para fins de dosimetria da pena ou, até mesmo, requisito para oferecimento de transação penal. Há quem entenda que a "personalidade" trazida no art. 59 do Código Penal (circunstâncias judiciais) ou no próprio art. 76 da Lei 9.099/1995 é uma periculosidade "enrustida" e camuflada. Outros acreditam que não se têm critérios seguros para avaliar a personalidade do agente, especialmente por quem não detém conhecimentos técnicos psicológicos ou psiquiátricos, apartados de um laudo pericial.

O fato é que, diante dessa dificuldade, não se vê, na prática, a recusa de oferecimento de transação penal pela personalidade do agente, confundindo-se, muitas vezes, os antecedentes criminais com a ideia de "personalidade voltada para o crime".

Os motivos[47] também podem ser determinantes para a possibilidade de oferta do benefício da transação penal ou sua recusa. A motivação torpe ou fútil "qualifica" alguns crimes (como, por exemplo, o homicídio). Para outros, concorre como agravantes (art. 61, II, "a", do Código Penal). Além disso, motivos flagrantemente reprováveis podem exteriorizar a ineficiência da transação penal, sob o filtro pedagógico, mostrando-se insuficiente a medida no caso concreto. Nesse caso, deixará o Promotor de Justiça de oferecer a transação penal, valendo-se do inciso II do § 2º do art. 76 da Lei 9.099/1995.

Por fim, há impedimento de oferta do benefício quando as circunstâncias[48] da infração penal revelarem um desvalor da conduta peculiar que torne clara a noção de que a transação penal não surtirá efeitos sobre o autor do fato.

Nota-se que o dispositivo legal em comento traz, para o campo da transação penal, os mesmos critérios das circunstâncias judiciais do art. 59 do Código Penal, quando, na dosimetria trifásica de aplicação da pena, o Juiz, já na primeira fase, fixa a pena-base com fundamento nos antecedentes, na conduta social, na personalidade do agente e, ainda, nos motivos e nas circunstâncias do crime. São critérios um pouco abertos, que permitem certa liberdade ao Juiz na individualização da pena. A mesma regra valerá para o Promotor de Justiça na fase de transação penal.

O § 4º do art. 76 da Lei 9.099/1995 traz também uma limitação temporal para o oferecimento da transação penal, ou seja, não poderá ser oferecida para quem já tiver se beneficiado anteriormente com igual benesse nos últimos 5 (cinco) anos.

---

46. "A personalidade não é algo que 'nasce' com o indivíduo e que nele se estabiliza. Dizendo melhor, ela 'nasce' com ele e também se modifica, continuamente – com variações na intensidade – abrangendo, além das manifestações genéticas, também os traços emocionais e comportamentais, herdados ou continuamente adquiridos, naquele sentido de totalidade que permite a alguém se distinguir de todos os outros indivíduos do planeta" (BOSCHI, José Antonio Paganella. *Das penas e seus critérios de aplicação*. 3. ed. Porto Alegre: Livraria do Advogado, 2004, p. 208).

47. "[...] fatores externos que participam na formação da vontade criminosa e se agregam às variáveis psíquicas [...]" (BOSCHI, José Antonio Paganella. idem, p. 214).

48. "São circunstâncias influenciadoras do apenamento básico todas as singularidades propriamente ditas do fato e que ao juiz cabe ponderar para exasperar ou abrandar o rigor da censura" (BOSCHI, José Antonio Paganella, idem, p. 216).

Nesse diapasão, fica claro que a transação penal é uma benesse oferecida para os autores de infrações de menor potencial ofensivo a cada 5 (cinco) anos, não sendo possível renovação em período inferior ao indicado na lei.

Essa proibição não tem relação alguma com o princípio da não culpabilidade ou da presunção de inocência, mesmo porque a transação penal não induz a ideia de culpa (em sentido amplo). O fato de a lei impedir nova proposta de transação penal em período inferior a 5 (cinco) anos é uma opção do legislador, exigindo certos requisitos a nivelar o mérito do beneficiário.

Em verdade, parece que o legislador entendeu que a prática de nova infração penal de menor potencial ofensivo em tempo inferior a 5 (cinco) anos, contados a partir da transação penal anterior, indica e atesta que a medida contida naquele acordo não foi suficiente para refrear o impulso desviante do agente, não lhe sendo possível o gozo de outra benesse.

Há quem pleiteie sucessivas transações penais, independentemente do tempo entre uma e outra, nos casos de crimes de posse ilegal de drogas para uso próprio,[49] por questão de economia processual e de política criminal, sob o argumento de que a aflição de eventual condenação não será muito maior do que poderia ser estipulado no acordo regrado pelo art. 76 da Lei 9.099/1995.

Não obstante as razões que justificariam o Enunciado 115 do FONAJE, a prática judicial se fundamenta na proibição expressa constante do § 4° do art. 76 da Lei 9.099/1995, ou seja, deve-se aguardar os 5 (cinco) anos entre uma transação penal e outra.

Outra questão que comumente aporta nos Juizados Especiais Criminais é sobre a possibilidade – ou não – de nova proposta de transação penal em tempo inferior a 5 (cinco) anos, quando a primeira, apesar de homologada judicialmente, deixou de ser cumprida pelo autor do fato. Assim, estar-se-ia diante de uma situação em que a primeira transação penal não foi cumprida e a segunda proposta seria feita antes do término do prazo de 5 (cinco) anos da homologação da primeira.

Defendemos que a segunda proposta não poderá ser feita antes do interstício de 5 (cinco) anos da homologação da primeira, pouco importando se o autor cumpriu ou não o acordado naquele primeiro ajuste. Entender o contrário seria desprezar uma "homologação judicial" na primeira proposta de transação penal, além de contrariar a "meritocracia", porquanto, com o descumprimento injustificado, demonstrou o agente descompromisso com o sistema judicial.

Ainda, vale anotar que o Superior Tribunal de Justiça, mediante o verbete 536 de sua Súmula, consolidou o entendimento de que "a suspensão condicional do processo e a transação penal não se aplicam na hipótese de delitos sujeitos ao rito da Lei Maria da Penha".

---

49. Enunciado 115 do FONAJE: A restrição de nova transação do art. 76, § 4°, da Lei 9.099/1995, não se aplica ao crime do art. 28 da Lei 11.343/2006.

HOMOLOGAÇÃO DA TRANSAÇÃO PENAL

Como já foi dito, "aceita a proposta pelo autor da infração penal e seu defensor, será submetida à apreciação do Juiz" (art. 76, § 3º, da Lei 9.099/1995). Assim, o acordo entre as partes deverá ser apreciado pelo Juiz de Direito, que homologará – ou não – a transação penal.

Já se decidiu que a homologação teria natureza de sentença condenatória com antecipação de penalidade,[50] com renúncia ao devido processo legal. Porém, já se entendeu também que a homologação da transação penal seria apenas um título executivo judicial,[51] que poderia ser executado, de plano, em caso de descumprimento.

Evoluiu-se para o entendimento de que não se inclina nem para um nem para outro. Não poderá ser considerada sentença condenatória, pois não há presunção de culpa com renúncia ao devido processo legal. Não se autoriza, em caso de descumprimento da medida, a conversão da pena restritiva de direitos em pena privativa de liberdade, como já se fez no passado. Por sua vez, não será considerada uma decisão de título executivo judicial, pois, excetuando-se o caso de aplicação de multa, não será possível exigir o cumprimento de uma obrigação de fazer, como, nas hipóteses de pena restritiva de direitos, como, por exemplo, prestação de serviços à comunidade.

Assim, a homologação da transação penal passou apenas a uma ratificação ou anuência judicial com os termos do acordo de transação penal, sem força executiva, pois, em caso de descumprimento, haverá a necessidade de propositura de ação penal.

Assim, a homologação é um "de acordo" judicial, atestando que a transação penal está em harmonia com os direitos e as garantias fundamentais do cidadão e não fere os interesses das partes. Atua, aqui, o Juiz em atividade atípica de fiscalização.

Insta alertar que o Juiz não poderá alterar o conteúdo da transação penal, salvo na hipótese legal de redução (até a metade) do valor da multa, por força expressa do art. 76, § 1º, da Lei 9.099/1995.[52]

---

50. "Segundo entendemos, a sentença homologatória da transação tem caráter condenatório e não é simplesmente homologatória, como muitas vezes tem-se afirmado. Declara a situação do autor do fato, tornando certo o que era incerto, mas cria uma situação jurídica ainda não existente e impõe uma sanção penal ao autor do fato. Essa imposição, que faz a diferença entre a sentença constitutiva e a condenatória, que se basta a si mesma, à media que transforma uma situação jurídica, ensejara um processo autônomo de execução, quer pelo Juizado, quer pelo Juiz da Execução, na hipótese de pena restritiva de direitos. Tem efeitos processuais e materiais, realizando a coisa julgada formal e material e impedindo a instauração de ação penal. É certo, porém, que a sentença não reconhece a culpabilidade do agente nem produz os demais efeitos da sentença condenatória comum. Trata-se, pois, de uma sentença condenatória imprópria" (MIRABETE, Júlio Fabbrini. *Juizados Especiais Criminais*. São Paulo: Atlas, 2000, p. 142).

51. GRINOVER, Ada Pellegrini; GOMES FILHO, Antonio Magalhães; FERNANDES, Antonio Scarance; GOMES, Luiz Flávio. *Juizados especiais criminais*. 2. ed. São Paulo: Ed. RT, 1997, p. 146.

52. "Em havendo aceitação da proposta pelo autor do fato, e se o juiz entender que a proposta do *parquet* foi muito elevada ou desproporcional em relação ao fato e às condições de seu autor, o §1º do art. 76 dá o poder discricionário para reduzir a pena de multa até a metade. Tal poder só e concedido ao Juiz em relação à pena de multa e não em relação à restritiva de direitos. Mitiga-se, assim, qualquer abuso por parte do Ministério Público na proposta, que, mesmo aceita pelo autor do fato, pode ser reduzida" (LIMA, Marcellus Polastri. *Juizados Especiais Criminais* – O procedimento sumaríssimo no processo penal. 2. ed. São Paulo: Atlas, 2013. p. 64).

Nas demais situações, a lei reserva ao Ministério Público o mérito da transação penal e de qual medida estará contida na proposta. Se o Promotor de Justiça oferecer a prestação de serviço à comunidade, não poderá o Juiz modificá-la para prestação pecuniária ou para participação em cursos, por exemplo.

No caso de haver discordância do Juiz com os termos da transação penal, poderá deixar de homologar o acordo. Nesse caso, as partes (Ministério Público e autor do fato) poderão impugnar a recusa com a apelação.

Em quais situações pode o Juiz discordar da proposta de transação penal, se é correto dizer que o mérito do benefício é do Ministério Público? Aqui, pode surgir alguma dificuldade, porque, da mesma forma em que se está no campo do sistema acusatório (com distinção clara entre as tarefas de acusar, defender e julgar), não é possível negar ao Judiciário a apreciação de algum fato que viole direitos e garantias fundamentais (princípio da indeclinabilidade da jurisdição).

Dessa forma, como encontrar uma razoável situação que não afaste o "bom senso" e não atinja o sustentáculo do sistema acusatório nem resvale nas garantias do Estado Democrático de Direito? Acredita-se, pois, que o Ministério Público tem liberdade para eleger a forma como tomará corpo a transação penal (prestação pecuniária, prestação de serviços à comunidade, limitação de final de semana, participação em cursos pedagógicos, etc.) e a intensidade da medida (qual o valor a ser pago, se será à vista ou parcelado, quanto tempo durará a medida, etc.), mas não poderá se afastar do norte legislativo, sob pena da necessária intervenção do Judiciário, que atuará como fiscal de garantias.

Assim, a proposta de transação penal estará sempre vinculada ao desvalor da conduta, não podendo ultrapassar, em hipótese alguma, o *quantum* de pena previsto no preceito secundário da norma penal incriminadora. O próprio legislador já indicou a reprovabilidade abstrata da conduta ao eleger a pena a ser imposta em caso de condenação, de modo que um acordo (transação penal) jamais poderá ser mais gravoso do que a sanção que seria aplicada se provada a culpa ao final do processo.

Além da intensidade da medida aplicada na transação penal, o Promotor de Justiça deve zelar para que a escolha da modalidade não viole direitos fundamentais.

A proposta de transação penal deve guardar relação com os atributos físicos e intelectuais do destinatário. Isso não quer dizer que o Promotor de Justiça escolherá qual a modalidade de transação penal pela posição social que a pessoa ocupe.

Se a proposta de transação penal violar esses parâmetros ou se for demasiadamente gravosa para o transator, na comparação com a pena abstrata prevista no preceito secundário da norma, poderá o Juiz deixar de homologar a transação penal.

Nessa hipótese, não existe previsão legal de recurso para impugnar recusa de homologação de transação penal, mas somente para o caso de homologação da proposta, conforme texto do § 5º do art. 76 da Lei 9.099/1995.[53]

---

53. Artigo 76. Havendo representação ou tratando-se de crime de ação penal público incondicionada, não sendo caso de arquivamento, o Ministério Público poderá propor a aplicação imediata de pena restritiva de direitos ou multas, a ser especificada na proposta.

Ada Pellegrini Grinover, Antonio Magalhães Gomes Filho e Antonio Scarance Fernandes atestam que a via impugnatória contra a recusa de homologação de transação penal não seria a apelação, mas o mandado de segurança.[54] Julio Fabbrini Mirabete entendia que, por interpretação teleológica, deveria ser autorizada a apelação.[55] Damásio Evangelista de Jesus também vê na apelação a saída para a impugnação da recusa à homologação da transação penal.[56] Por sua vez, Marcellus Polastri Lima,[57] seguindo José Barcelos de Souza, acredita que a melhor medida seria o *habeas corpus*, visto que a não homologação da transação penal culminaria em suportar um processo penal.

A questão merece algumas considerações.

A primeira consideração diz respeito a qual o juízo competente para apreciar mandado de segurança de decisão dos Juizados Especiais Criminais?

Segundo o verbete 376 da Súmula do Superior Tribunal de Justiça (STJ), compete à turma recursal processar e julgar o mandado de segurança contra ato de Juizado Especial.

Por sua vez, no julgamento do Recurso em Mandado de Segurança 53927/SC, Rel. Min. Ricardo Villas Bôas Cueva, j. 24.10.2017, entendeu o mesmo Superior Tribunal de Justiça que cabe aos Tribunais de Justiça o julgamento de mandados de segurança que veiculem questões sobre a própria competência dos Juizados Especiais. Assim, o mérito da possibilidade – ou não – de transação penal caberá à Turma Recursal.

A segunda consideração se refere à possibilidade – ou não – de a decisão da Turma Recursal suprir a negativa da homologação de transação penal e, também, confirmar a recusa e deixar de homologar a proposta ofertada.

Na primeira hipótese, quando há o suprimento da negativa da homologação da transação penal, não há nenhuma dificuldade. O autor do fato, cumprindo o acordo, terá extinta a sua punibilidade.

(...)

§ 4º Acolhendo a proposta do Ministério Público aceita pelo autor da infração, o Juiz aplicará a pena restritiva de direitos ou multa, que não importará em reincidência, sendo registrada apenas para impedir novamente o mesmo benefício no prazo de cinco anos.

§ 5º Da sentença prevista no parágrafo anterior, caberá apelação referida no art. 82 desta Lei.

54. Cf. GRINOVER, Ada Pellegrini; GOMES FILHO, Antonio Magalhães; FERNANDES, Antonio Scarance; GOMES, Luiz Flávio. *Juizados especiais criminais*. 2. ed. São Paulo: Ed. RT, 1997, p. 149.

55. MIRABETE, Júlio Fabbrini. Juizados Especiais Criminais. Editora Atlas. São Paulo: 2000, p. 140.

56. "Se o juiz entende que a proposta, embora aceita pelo réu e seu defensor, é injusta, ilegal ou por demais gravosa. Não a homologa, cabendo recurso de apelação" (JESUS. Damásio Evangelista. *Lei dos Juizados Especiais Criminais anotada*. 6. ed. São Paulo: Saraiva, 2001, p. 68).

57. LIMA, Marcellus Polastri. *Juizados Especiais Criminais – O procedimento sumaríssimo no processo penal*. 2. ed. São Paulo: Atlas, 2013. p. 68.

A segunda hipótese é complexa. Se a Turma Recursal não concede a ordem, vale dizer, mantém a não homologação da proposta ofertada, poderia condicionar a proposta a determinados parâmetros? Poderia, ao contrário, apontar a necessidade de oferta da denúncia?

Como já afirmado, o Ministério Público, com fundamento na titularidade da ação penal pública (art. 129, I, da Constituição República), tem a legitimidade exclusiva para o oferecimento da transação penal. Não poderia ser compelido pelo Poder Judiciário a ofertar essa ou aquela medida despenalizadora. Muito menos, não seria obrigado à oferta da peça acusatória.

Com efeito, a recusa judicial de homologação de transação penal enseja, no caso concreto, a avaliação pelo Ministério Público da possibilidade de oferta de denúncia. No caso concreto, reavaliando os fatos e entendendo pela impossibilidade da ação penal, o Ministério Público requererá o arquivamento do procedimento. Subsistindo a discordância judicial, afigura-se a possibilidade de aplicação do art. 28 do Código de Processo Penal.

Em síntese, não se pode afastar a titularidade constitucional da ação penal, seja no assentimento ministerial, quer a transação penal, quer a propositura da ação penal.[58]

Crê-se, pois, que, se a recusa judicial de homologação da transação penal, confirmada pela 2ª instância, fundamenta-se na impossibilidade de aplicar o benefício na hipótese do caso concreto, não restará ao Ministério Público, após formada a *opinio delicti,* outra alternativa senão ajuizar a ação penal. Como o ato de homologação judicial dá validade ao acordo entre as partes, não sendo este possível por discordância do Judiciário, estará o Ministério Público obrigado a oferecer denúncia (após formada sua *opinio delicti*), ajuizando a ação penal.

E, no caso de homologação de transação penal, podem as partes recorrer, manejando a apelação? Esta é a lógica do § 5º do art. 76 da Lei 9.099/1995. Todavia, como já foi dito, não se vê, na prática, interesse recursal das partes em questionar a homologação da transação penal, quando o Juiz acolhe, na íntegra, o que foi proposto e aceito por ambas, já que houve participação de todos na construção das regras. Ficará, assim, a apelação para situação em que o Juiz ultrapassar o estipulado pelas partes, acrescentando regras não entabuladas no acordo.

Como já se expôs, o Juiz, na homologação da transação penal, não poderá alterar o conteúdo dela nem a forma, tampouco o destinatário ou beneficiário.

De *lege ferenda*, seria necessário emprestar efeito interruptivo da prescrição da pretensão punitiva à homologação de transação penal,[59] porquanto alguns acordos podem se arrastar no tempo até seu cumprimento integral, mormente nos casos de frequência

---

58. STF, RE 468.161/GO, Rel. Min. Sepúlveda Pertence, j. 14.03.2006.

59. Segundo o Enunciado 44 do FONAJE, no caso de transação penal homologada e não cumprida, o decurso do prazo prescricional provoca a declaração de extinção de punibilidade pela prescrição da pretensão punitiva.

a cursos ou prestação de serviço à comunidade. Não se pode desconsiderar a realidade segundo a qual a pretensão punitiva das infrações de menor potencial ofensivo, diante da diminuta retribuição (penas pouco elevadas), prescreve em curto espaço de tempo.

Ao contrário da suspensão condicional do processo (art. 89, § 6º, da Lei 9.099/1995), a homologação da transação não é marco suspensivo da prescrição da pretensão punitiva.[60]

Desse modo, é preciso atenção redobrada com propostas de transação penal que se prolongam no tempo, seja de forma originária, seja pelas sucessivas justificativas de descumprimento.

Convém alertar que a Lei 13.964/2019 não alterou regra de prescrição para o instituto da transação penal, embora o tenha feito para o "acordo de não persecução penal",[61] ao modificar a redação do art. 116 do Código Penal[62] e acrescentar causas impeditivas da prescrição.

Por fim, conforme regra do § 6º do art. 76 da lei, os apontamentos das transações penais não constarão das certidões criminais, salvo para impedir novos benefícios.[63] Assim, as transações penais não constarão nas certidões criminais expedidas para fins de emprego ou de qualquer destinação particular que não os processos criminais.

Não haverá lançamento no "rol dos culpados" nem será considerada para efeito de condenação, mesmo porque a aceitação da transação penal não significa "concordância com a culpa".

Desse modo, além de não produzir efeitos condenatórios no campo penal, não produzirá efeitos, também, para fins de responsabilidade civil, não sendo aplicável o disposto no art. 935 do Código Civil. Por fim, convém anotar que o Pacote Anticrime (Lei n. 13.964/2019), trouxe um novo efeito para a transação penal aceita e homologada, qual seja, impedimento de oferta de ANPP (acordo de não persecução penal) nos cinco anos subsequentes para os crimes com pena mínima inferior a 4 anos, tudo nos termos do artigo 28-A, parágrafo 2º, inciso III, do Código de Processo Penal.

Perceba que a alteração trouxe uma situação inusitada, pois a homologação de transação não impede posterior oferta do benefício da suspensão condicional do processo, mas obsta o acordo de não persecução penal.

---

60. STJ: RHC 80148.

61. Artigo 28-A do Código de Processo Penal – Não sendo caso de arquivamento e tendo o investigado confessado formal e circunstancialmente a prática de infração penal sem violência ou grave ameaça e com pena mínima inferior a 4 anos, o Ministério público poderá propor acordo de não persecução penal, desde que necessário e suficiente para reprovação e prevenção do crime, mediante as seguintes condições ajustadas cumulativa e alternativamente...

62. Artigo 116 do Código Penal – Antes de passar em julgado a sentença final, a prescrição não corre:
    (...) IV – enquanto não cumprido ou não rescindido o acordo de não persecução penal.

63. Cf, STJ, RMS 28838/SP, Rel. Min. Humberto Martins, j. 01.10.2003.

Art. 77. Na ação penal de iniciativa pública, quando não houver aplicação de pena, pela ausência do autor do fato, ou pela não ocorrência da hipótese prevista no artigo 76 desta Lei, o Ministério Público oferecerá ao Juiz, de imediato, denúncia oral, se não houver necessidade de diligências imprescindíveis.

§ 1º Para o oferecimento da denúncia, que será elaborada com base no termo de ocorrência referido no artigo 69 desta Lei, com dispensa do inquérito policial, prescindir-se-á do exame de corpo de delito quando a materialidade do crime estiver aferida por boletim médico ou prova equivalente.

§ 2º Se a complexidade ou circunstâncias do caso não permitirem a formulação da denúncia, o Ministério Público poderá requerer ao Juiz o encaminhamento das peças existentes, na forma do parágrafo único do artigo 66 desta Lei.

§ 3º Na ação penal de iniciativa do ofendido poderá ser oferecida queixa oral, cabendo ao Juiz verificar se a complexidade e as circunstâncias do caso determinam a adoção das providências do parágrafo único do art. 66 desta Lei.

No *caput*, o princípio da oralidade se apresenta no trecho em que o legislador disciplina a possibilidade de o Ministério Público oferecer denúncia oral ao Juiz já na audiência preliminar, após ultrapassada a análise da transação penal e não sendo necessária nenhuma outra diligência.

Certamente que, na audiência preliminar, o Promotor de Justiça ditará oralmente o texto da denúncia, devendo ser reduzida a termo pelo Escrevente responsável pela formalização da ata de audiência.

É bem verdade que, em muitas situações, diante do dinamismo e do excesso de audiências, o Promotor de Justiça solicita seja aberta vista para posterior oferecimento de denúncia escrita, sob pena de se alongar por demasia a duração da audiência preliminar.

Haverá situações em que o Promotor de Justiça não estará seguro para o oferecimento da denúncia em razão da fragilidade na formação da *opinio delicti*, seja pela precária redação do histórico do boletim de ocorrência que dá suporte ao termo circunstanciado de ocorrência (que pode, por exemplo, não trazer toda a narrativa dos acontecimentos), seja pela necessidade de outras diligências investigativas para lhe aclarar a verdade dos fatos.

Poderia o Advogado da vítima, já na audiência preliminar, oferecer queixa-crime em substituição à denúncia, em crime de ação penal pública, alegando desídia do Promotor de Justiça, caso ele não viesse a ofertá-la? Seria possível o ajuizamento da ação penal privada subsidiária da pública?

Calha esclarecer que seria plenamente possível a ação penal privada subsidiária da pública em caso de omissão do Ministério Público.

Todavia, não será considerado omissão do Promotor de Justiça o não oferecimento de denúncia em audiência preliminar quando pedir vista para melhor análise ou quando requisitar mais diligências.

A ação penal privada subsidiária da pública surgiu, no ordenamento jurídico pátrio, como mecanismo de colmatação da lacuna decorrente da omissão deliberada do órgão de execução, não alcançado, pois, a situação em que o Promotor de Justiça, diligente e zeloso, busca a melhor e a adequada prestação jurisdicional.

Assim, na hipótese de o Promotor de Justiça não apresentar denúncia oralmente em audiência preliminar e solicitar vista dos autos sem, contudo, indicar quais diligências seriam indispensáveis à formação de sua opinião delitiva, crê-se que a vítima poderia, após ultrapassado o prazo de 15 dias da data da vista (regra subsidiária do Código de Processo Penal – artigo 46), ofertar a queixa-crime.

Em sequência, nota-se que a redação do § 1º do presente dispositivo penal dá o tom da simplicidade na formação da materialidade. Ele traz a possibilidade de propositura de ação penal sem o exame de corpo de delito, inclusive em crimes de *facti permanentes* (que sempre deixam vestígios), podendo ser substituído por boletim médico, se for o caso, ou por outro elemento de prova.

Apesar de não trazer impedimento para novas diligências, o texto legal demonstra uma conformação menos exigente na formação do conjunto probatório, contentando-se com elementos de prova que não teriam tanta força persuasiva em processos criminais com tramitação em varas estranhas ao Juizado Especial Criminal.

Há quem diga que a necessidade de novas diligências transfere a competência do Juizado Especial Criminal para a Justiça Comum, por força da redação do § 2º do artigo em análise.[64]

Como dito, crê-se que não é toda e qualquer diligência que tem o condão de afastar a competência do Juizado Especial Criminal, mas somente aquela complexa e de difícil confecção, sob pena de esvaziamento da jurisdição desta Justiça Especializada em todos os termos circunstanciados de ocorrência porventura mal elaborados e que não representem com fidedignidade os fatos criminosos pretéritos.

Assim, vê-se, como possível, a devolução dos autos à Delegacia de Polícia para oitiva da vítima ou para colheita de depoimento de testemunhas ou, ainda, para

---

64. "Assevere-se que, se a omissão ou imperfeição do termo for de tal monta que dependa, inclusive, de novas diligências, ou mesmo se o fato for por demais complexo, deverá o promotor requerer a remessa do feito ao *parquet* perante o juízo comum, onde, melhor investigado e examinado, poderá ser oferecida denúncia escrita com o prosseguimento no rito amplo (§ 2º do art. 77)" (LIMA, Marcelus Polastri. *Juizados Especiais Criminais*. 2. ed. São Paulo: Atlas, 2013, p. 71).

realização e juntada de perícia,[65] como laudo de prestabilidade de arma, laudo de comprovação do dano ou laudo toxicológico definitivo, por exemplo.

Vale lembrar, todavia, que a complexidade da diligência pode autorizar a remessa dos autos à Justiça Comum, como no exemplo do incidente de insanidade mental, sendo certo que, mesmo se tratando de delito de menor potencial ofensivo ou de contravenção penal, será julgado em vara estranha ao Juizado Especial Criminal, ainda que, posteriormente, comprove-se a imputabilidade do autor do fato.

Desse modo, não haverá retomada do expediente ao Juizado Especial Criminal em hipótese alguma, nem mesmo quando a diligência que autorizou a transferência de competência se mostrar inócua ou imprestável por algum motivo.

Nota-se que o § 2º do citado dispositivo penal confirma o sistema acusatório, porquanto exige que seja o Ministério Público o órgão que deva avaliar, nessa fase preliminar, se o caso é complexo ou se demanda outras diligências, de modo que a remessa dos autos à Justiça Comum, nesse caso, apesar de ser uma determinação do Juiz, depende de requerimento do órgão ministerial. Entende-se, pois, que o Juiz não poderá determinar a remessa de ofício (sem provocação do Ministério Público), porquanto a formação da opinião delitiva e tudo o que se faz necessário para sua definição são matérias afetas ao Promotor de Justiça. Relembra-se que, como ainda não há ação penal, não caberá ao Juiz a interferência na concretização da *opinio delicti*, devendo atuar, até aqui, como um guardião de garantias a fim de evitar excessos.

Tanto é assim que qualquer divergência, nessa fase preliminar, acerca da atribuição será dirimida pelo Chefe do Ministério Público[66] em incidente de conflito de atribuição, e não pelo Juiz, já que, por ainda não haver ação penal, não existe hipótese de conflito de jurisdição.

O § 3º do citado artigo contempla a solução para os casos de crime de ação penal privada. Aqui, substitui-se a legitimidade ativa do Ministério Público para o querelante (vítima), que poderá igualmente oferecer queixa-crime oralmente.

Aqui, o ofendido deve atentar para o prazo decadencial (em regra de 6 (seis) meses a contar do conhecimento da autoria do fato). Assim, se a audiência preliminar for designada durante esse interstício, o ofendido, acompanhado de seu advogado, poderá apresentar queixa-crime oral na própria ata de audiência. Contudo, se a audiência preliminar for realizada após esgotado o prazo decadencial, não poderá a vítima ofertar a queixa-crime, uma vez que o interregno é peremptório e não pode

---

65. Insta alertar que, para o oferecimento de denúncia, não se faz necessária a juntada de laudo toxicológico definitivo, mas somente de laudo de constatação preliminar. Aquele só é exigido na formação completa da "culpa" (sentido amplo), quando da prolatação da sentença de mérito.

66. Ressalvada a decisão do Supremo Tribunal Federal, no julgamento das Petições 4891, 5091 e no Agravo nº 5756, que atribui ao Conselho Nacional do Ministério Público (CNMP) a decisão de conflitos de atribuições entre os diversos ramos dos Ministérios Públicos.

ser dilatado. Nesse caso, haverá extinção da punibilidade pela decadência (art. 107, IV, do Código Penal).

Suponha-se também que o prazo decadencial não tenha se esgotado e que a vítima prefira, na audiência preliminar, apresentar queixa-crime escrita, posteriormente. Não há nada que a impeça de oferecer em outro momento que não o da audiência preliminar, desde que não tenha se exaurido o prazo decadencial.

A conjugação da redação do *caput* do art. 77 da Lei 9.099/1995 com o § 3º reforça aquela ideia implícita de que somente os crimes de ação penal pública admitem a transação penal. Isso porque o § 3º não repete o texto do *caput*, deixando de mencionar a possibilidade de aplicação de pena, nos termos do art. 76.

Como já afirmado, apesar de a Lei 9.099/1995 não autorizar a oferta do benefício da transação penal para o autor de crimes de ação penal privada (por ausência de previsão legal), na prática, profissionais do Direito entendem-na possível, por analogia *in bonam partem* (em favor do agente), tudo sob o argumento de que não haveria motivo para que se graduassem tais crimes como mais reprováveis que os de ação penal pública, a afastar a referida benesse. Para tal corrente, a melhor solução é a oferta do benefício pelo Promotor de Justiça (em vez do querelante), porquanto, a se afigurar como o único protagonista do feito que não tenha paixão pessoal pelo deslinde do caso, terá a isenção necessária para não contaminar a justeza da medida ofertada com temperos de vingança. De mais a mais, a Lei 9.099/1995, em momento algum, confere ao querelante a discricionariedade da transação penal, fazendo menção somente ao Ministério Público.

É por tal motivo que o Promotor de Justiça, como fiscal da ordem jurídica, atento ao princípio da oportunidade (que autoriza a vítima a renunciar ao direito de propositura de ação penal), não oferecerá o benefício da transação penal em audiência preliminar se a vítima não tiver apresentado queixa-crime.

Nesse caso, como dito, na prática, tem-se adotado o ritual de aguardar o prazo decadencial para, se nesse interregno, houver a vítima protocolizado queixa-crime, redesignar-se a audiência preliminar, oportunidade em que se formalizará a transação penal, se preenchidos todos os requisitos do art. 76 da Lei 9.099/1995. Se, porém, escoar o prazo decadencial com total inércia do ofendido, o Juiz declarará a extinção da punibilidade pela decadência.

Tem ganhado importantes adeptos, todavia, a corrente que não aceita transação penal na ação penal privada, já que a vítima, pelo princípio da disponibilidade, pode dispor da ação penal a qualquer tempo antes da prolatação da sentença.

Por fim, vinculado ao prazo decadencial, ainda que pendente de alguma diligência, o ofendido deverá apresentar queixa-crime, sob pena de se perder o direito ao exercício de ação. Ofertará, assim, uma queixa-crime sem o esgotamento da narrativa de todo o *iter criminis* ou ausente algum elemento de prova que lhe empreste sustentáculo. Ainda assim, deverá fazê-lo, pois o prazo decadencial é inexorável.

Esse será um caso de propositura de ação penal que pode ser concomitante com investigação em andamento.

Percebe-se, contudo, que, se a autoria for desconhecida e houver demanda por diligências, o prazo decadencial não se esgotará facilmente, visto que o início do interregno se dá a partir do conhecimento da autoria do fato. Enquanto esta for ignorada, as diligências no sentido de descortiná-la poderão se arrastar no tempo. Frise-se, todavia, que essa atividade investigativa não será *ad infinitum* (para sempre), mas até que a prescrição da pretensão punitiva ocorra.

É claro que, pela dificuldade de trânsito com a rotina policial e de acesso ao linguajar investigativo, especialmente em se tratando de um particular, pode haver algum empecilho na colheita de elementos necessários a embasar uma ação penal privada. Se a Polícia Judiciária tem dificuldade operacional, em face de seus contemporâneos problemas estruturais, sejam materiais ou de pessoal, para cumprir as requisições do Ministério Público, que, constitucionalmente, é o órgão que exerce o controle externo da atividade policial, o que não dizer de requerimentos feitos diretamente por um particular, desprovido de autoridade processual e de conhecimento jurídico adequado, por vezes?

A praxe forense, todavia, tem demonstrado que as queixas-crime quase sempre prescindem de muitas diligências, pois a maioria delas a aportar no Juizado Especial Criminal representam crimes contra a honra, que se provam por testemunhas ou por meio de escritos em redes sociais.

Algumas diligências evidenciadas na audiência preliminar acabam por ser requeridas pelo advogado da vítima, no próprio termo de audiência, contando com a anuência do Ministério Público e com a determinação de devolução dos autos à Delegacia de Polícia para conclusão, que pode ser desde perícias para auferir o dano (em crime do art. 163 do Código Penal), até degravação de filmagens ou reprodução de som e ofensas, entre outras. Nesse caso, a determinação judicial, em audiência preliminar, facilita a comunicação da vítima com a Polícia Judiciária.

Vale alertar que todo o ir e vir da Polícia Judiciária para o Juizado Especial Criminal deve observar o prazo decadencial para oferecimento da queixa-crime e, mesmo que não se tenham por completas todas as diligências requeridas, a vítima deverá apresentar queixa-crime antes do termo final.

A estrutura e os requisitos da denúncia oral (ou queixa) seguem o mesmo padrão da apresentada por escrito. Deve-se observar os requisitos do art. 41 do Código de Processo Penal, trazendo a descrição do fato criminoso, que encontrará subsunção e adequação a uma norma penal incriminadora (tipicidade), além da capitulação legal da imputação ao autor do fato. Em caso de necessidade de se provar o fato por outro meio estranho à prova documental, é possível apresentar também o rol de testemunhas, além, é claro, da vítima.

Divergência surge em relação ao número de testemunhas a serem apontadas no rol. A Lei 9.099/1995, na parte que trata do processo penal, não traz um número exato de testemunhas, omitindo sobre a matéria. Assim, há quem diga que o número seria o apontado no art. 34 da própria Lei 9.099/1995,[67] ainda que referente ao processo civil.

Nesse caso, entende-se que o número de testemunhas possíveis seria de 3 (três) para cada fato criminoso.

Há também quem defenda que o número de testemunhas possíveis seria 5 (cinco) para cada fato delituoso, uma vez que esse é o número previsto para o rito sumário, que traz o menor número possível no sistema processual penal.

Malgrado a divergência em razão da omissão da Lei 9.099/1995, a praxe forense tem uma inclinação pela aceitação do número máximo de 5 (cinco) testemunhas para cada fato delituoso, por analogia ao rito sumário do Código de Processo Penal.

Por derradeiro, urge esclarecer que, da mesma forma que no processo penal convencional, o Ministério Público, aqui, só oferecerá denúncia caso presentes prova da materialidade e indícios da autoria. Na ausência de qualquer deles, deverá o Promotor de Justiça requisitar diligências à Autoridade Policial para esclarecimento do que faltar e, na impossibilidade de alguma outra elucidação, solicitar o arquivamento do termo circunstanciado de ocorrência.

---

67. Artigo 34 da Lei 9.099/95 – As testemunhas, até o máximo de três para cada parte, comparecerão à audiência de instrução e julgamento levadas pela parte que as tenha arrolado, independentemente de intimação, ou mediante esta, se assim for requerido.

Art. 78. Oferecida a denúncia ou queixa, será reduzida a termo, entregando-se cópia ao acusado, que com ela ficará citado e imediatamente cientificado da designação de dia e hora para a audiência de instrução e julgamento, da qual também tomarão ciência o Ministério Público, o ofendido, o responsável civil e seus advogados.

§ 1º Se o acusado não estiver presente, será citado na forma dos arts. 66 e 68 desta Lei e cientificado na data de audiência de instrução e julgamento, devendo a ela trazer suas testemunhas ou apresentar requerimento para intimação, no mínimo cinco dias antes de sua realização.

§ 2º Não estando presentes o ofendido e o responsável civil, serão intimados nos termos do art. 67 desta Lei para comparecerem à audiência de instrução e julgamento.

§ 3º As testemunhas arroladas serão intimadas na forma prevista no artigo 67 desta Lei.

Como visto, a denúncia ou a queixa podem ser apresentadas oralmente na audiência preliminar, reduzindo-as a termo.

Se isso ocorrer, será entregue uma cópia ao denunciado ou querelado e, no mesmo ato, será citado e cientificado do dia e da hora da audiência de instrução e julgamento. No ato da audiência preliminar, sairão todos os presentes intimados da audiência de instrução e julgamento, entre eles, o Ministério Público, a vítima (se estiver presente), o representante legal da vítima e os Advogados.

Nota-se diferença entre a ciência do denunciado e a dos demais presentes. O denunciado é citado e chamado para conhecer o teor da imputação e da acusação (citação) que pesará contra ele, além, é claro, do dia e da hora da próxima audiência (intimação). Os demais serão cientificados da data e do horário da audiência (intimação).

Pode ocorrer que o denunciado não esteja presente na audiência preliminar (por não ter sido localizado para intimação); nesse caso, deverá ser citado pessoalmente (por mandado), não lhe sendo lícito receber por intermédio de outra pessoa ou por algum representante civil.

A citação por edital não é aceita no Juizado Especial Criminal; sendo ela necessária, haverá remessa dos autos à Justiça Criminal Comum para que se proceda à citação editalícia (art. 66, parágrafo único, da Lei 9.099/1995). Ainda que o denunciado seja encontrado ou que compareça, depois de citado por edital, na audiência de instrução e julgamento, não se procederá à devolução dos autos ao Juizado Especial Criminal, ficando o Juízo Comum o responsável e competente para julgar a causa.

Em que pesem divergências já expostas, será aceita a citação por hora certa no Juizado Especial Criminal, uma vez que não há complexidade alguma nessa modalidade a justificar a remessa dos autos à Justiça Comum.

Nem sempre a vítima é chamada para a audiência preliminar, especialmente nos crimes de ação penal pública incondicionada, que independem da vontade dela para ter início e prosseguimento. Como a composição e o acordo entre ofendido e autor do fato não influenciariam, em regra, na instalação ou não do processo por meio do ajuizamento da ação penal nas infrações de ação penal pública incondicionada, opta-se, muitas vezes, por não intimar a vítima para a citada audiência preliminar. Pode acontecer de a vítima ter sido compromissada na Delegacia de Polícia e, por conta disso, comparecer à audiência preliminar.

Reafirmando: eventual acordo entre autor do fato e vítima não teria, em regra, influência no trâmite processual; mas, em caso de sentença condenatória de mérito, o Juiz o levaria em consideração para minorar a pena, quando da dosimetria, ao avaliar as circunstâncias judiciais favoráveis, como, por exemplo, consequências do crime.

Convém ressaltar, outrossim, que é praxe, em alguns Juizados Especiais Criminais, principalmente ao levar em consideração alguns enunciados do FONAJE,[68] que eventual composição civil entre vítima e autor do fato enseje o arquivamento do expediente pela pacificação social, como objetivo precípuo a ser seguido pela Lei 9.099/1995.

Assim, para quem adota essa tendência mais flexível, a presença da vítima é de suma importância na audiência preliminar, independentemente da natureza da infração, seja de ação penal privada, pública condicionada ou até pública incondicionada.

As consequências da composição civil nas várias espécies de infrações penais já foram analisadas; deve-se avaliar também se a vítima imediata teria poderes especiais para transigir em nome de toda uma coletividade (vítima mediata), que é quem, em muitos casos de infrações de ação penal pública incondicionada, é a verdadeira vítima.

Crê-se, pois, que a situação seria mais bem resolvida se determinadas infrações de ação penal pública incondicionada fossem, por lei, convertidas em infrações de ação penal pública condicionada. Haveria uma correção de rota sem a necessidade de ativismo judicial e de alteração do comando normativo. Exemplo disso é o que sistematicamente acontece com as contravenções penais do art. 42 do Decreto-Lei 3688/1941. Apesar de ser uma infração de ação penal pública incondicionada, não é raro aceitar a composição entre autor do fato e vítima imediata (o vizinho que se incomoda com o barulho, por exemplo) como forma de pacificação social, malgrado seja a coletividade a principal vítima do caso. Se houvesse migração do referido dispositivo para incluí-lo nas hipóteses de infração de ação penal pública

---

68. Enunciado 90 FONAJE – A desistência do autor, mesma sem a anuência do réu, já citado, implicará na extinção do processo, sem julgamento do mérito, ainda que tal ato se dê em audiência de instrução e julgamento (XVI – Encontro no Rio de Janeiro/RJ).

condicionada, estaria tudo resolvido, pois um acordo seria uma forma de renúncia ao direito de representação.

Nas infrações de ação penal privada ou de ação penal pública condicionada, após compromisso de comparecer ao Juizado Especial Criminal no dia e na hora apontados pela Autoridade Policial, pode ocorrer de a vítima não comparecer ao ato aprazado. Nesse caso, é praxe, em alguns Juizados Especiais Criminais, que se redesigne a audiência preliminar, determinando-se a intimação pessoal da vítima e do autor do fato, tudo nos termos do art. 71 da Lei 9.099/1995.[69] Em outros, entretanto, prefere-se aguardar o decurso do prazo decadencial para, somente após provocação da vítima, redesignar-se a audiência. Ultrapassado o termo decadencial, extingue-se a punibilidade, com espeque no art. 107, IV, do Código Penal.

É na audiência de instrução e julgamento que se produzirá a prova oral (declarações da vítima, depoimentos de testemunhas e interrogatório do réu).

Em relação à produção da prova, tem-se que o momento adequado para arrolar testemunhas da acusação é no rol contido na denúncia ou na queixa-crime (petição inicial), não podendo ser feito em outra oportunidade em razão da preclusão. As testemunhas ali arroladas só podem ser substituídas caso não sejam encontradas, não se permitindo a substituição por conveniência.

Nada impedirá, contudo, que o Ministério Público, desejando incluir nova testemunha, adite a denúncia para incrementar o rol, submetendo-se, é claro, à renovação do trâmite processual, reiniciando-se a ação penal.

Por sua vez, atento ao momento de admissibilidade do Assistente de Acusação (somente admissível após o oferecimento da denúncia), não lhe será oportunizado arrolar testemunhas, devendo se contentar com aquelas apontadas pelo Ministério Público. A acusação só poderá fazê-lo na denúncia ou na queixa, não cabendo exceção a essa regra.

A Defesa, por sua vez, poderá arrolar testemunhas até cinco dias antes do ato de audiência de instrução e julgamento, sob pena de preclusão. Assim, poderá se dirigir à Secretaria Judicial com o rol daqueles que deseja serem ouvidos, quando, então, o Juiz determinará a intimação pessoal para comparecerem à audiência de instrução e julgamento.

Ultrapassado o prazo, a Defesa, independentemente de intimação, poderá levar as testemunhas, que, se comparecerem, serão ouvidas pelo Juiz. Nesse caso, o Juiz procederá à oitiva das testemunhas presentes, ignorando as que porventura faltarem ao ato. Não será expedido mandado de condução coercitiva para testemunhas ausentes quando estas tiverem sido apontadas como as que compareceriam independentemente de intimação.

---

69. Artigo 70 da Lei 9.099/95 – Na falta do comparecimento de qualquer dos envolvidos, a Secretaria providenciará sua intimação e, se for o caso, a do responsável civil, na forma dos arts. 67 e 68 desta Lei.

Para as demais testemunhas ausentes, arroladas pelas partes e intimadas pessoalmente, o Juiz poderá determinar a condução coercitiva, seja em razão do pedido da acusação, seja pelo pleito da própria Defesa. Nesse caso, a parte que arrolou a testemunha faltosa poderá insistir em sua oitiva e solicitar, com as devidas justificativas, a condução coercitiva.

> **Art. 79.** No dia e hora designados para audiência de instrução e julgamento, se na fase preliminar não tiver havido possibilidade de tentativa de conciliação e de oferecimento de proposta pelo Ministério Público, proceder-se-á nos termos dos arts. 72, 73, 74 e 75 desta Lei.

A lógica do art. 79 da Lei 9.099/1995 é a de que a audiência de instrução e julgamento ocorrerá tão somente se não tiver sido possível composição civil nos casos de crime de ação penal pública condicionada ou de ação penal privada ou, ainda, se não tiver sido possível a realização da transação penal (em todas as espécies de infrações penais – ação penal pública condicionada ou incondicionada e ação penal privada), seja por não preencher o autor do fato os requisitos do art. 76 da referida lei, seja por não ter aceitado o benefício.

Após o oferecimento da denúncia ou da queixa, o próximo ato é a designação de audiência de instrução e julgamento, quando ocorrerá ou não o recebimento da petição inicial, depois de formulada a defesa preliminar, e, na sequência, será realizada a oitiva da vítima (se houver), como também serão colhidos depoimentos de testemunhas arroladas pela acusação e pela defesa, nessa ordem, além de, ao final, proceder-se ao interrogatório. Depois disso, terão início os debates orais das partes, que culminarão na prolatação de sentença judicial de mérito.

Sendo possível o oferecimento de suspensão condicional do processo, se preenchidos os requisitos do art. 89 da Lei 9.099/1995, ao reverso do que dispõe a lei, tem-se o costume de fatiar a audiência de instrução e julgamento em dois atos. O primeiro se resume à apresentação de defesa preliminar pelo Advogado do denunciado ou do querelado e, na sequência, à avaliação de recebimento ou não da denúncia ou queixa. Recebida a denúncia ou queixa, o Promotor de Justiça, se presentes os requisitos legais, poderá ofertar o citado benefício, que, se aceito pelo autor do fato, será homologado pelo Juiz de Direito, com a suspensão do feito pelo tempo apontado pelo Representante do Ministério Público (que poderá ser de dois a quatro anos). O segundo ato, não sendo possível a realização da suspensão condicional do processo, traduz-se na audiência de continuação, quando se procederá às oitivas da vítima, das testemunhas e do réu, além das alegações orais finais e da sentença.

Na verdade, tudo isso ocorreria em um único ato de audiência de instrução e julgamento. Contudo, por questão de credibilidade da Justiça e de respeito com a vítima e as testemunhas, é que se tem, como praxe, a divisão desse ato em dois, já que, se aceita a suspensão condicional do processo, o Juiz dispensará a vítima e as testemunhas, fazendo com que elas deixem de se deslocar desnecessariamente ao Juizado Especial Criminal.

Vale lembrar que parte da doutrina se inclina para a possibilidade de nova oferta de transação penal antes do início da audiência de instrução e julgamento (ainda que recusada a anterior na audiência preliminar), antes mesmo de apresentada a proposta de suspensão condicional do processo, desde que não se tenha iniciado a colheita da prova, para não se sugestionar a vantagem ou não do benefício.[70]

Como já se abordou, nesse caso, o Ministério Público tem incrementado o conteúdo da proposta de transação penal, aumentando, por exemplo, o tempo de prestação de serviço à comunidade ou o valor da prestação pecuniária, como forma de compensar a superveniente movimentação da máquina judiciária. Ao propor transação penal com mesma intensidade aflitiva daquela ofertada inicialmente na audiência preliminar, estaria o Promotor de Justiça transmitindo a mensagem implícita de que não seria vantajosa a aceitação do benefício no primeiro ato, mas somente quando iniciada a instrução criminal, atrapalhando, com isso, o bom andamento dos trabalhos.

Convém alertar ainda que é facultado ao Promotor de Justiça ofertar novamente a transação penal quando do início da instrução criminal, não sendo isso, nem de perto, direito subjetivo do réu, porquanto o momento legalmente adequado para apreciação do acordo é a audiência preliminar.

Malgrado a posição supracitada, crê-se que a transação penal só deveria ser proposta na audiência de instrução e julgamento se, por algum motivo, não tivesse sido apresentada na audiência preliminar. Vê-se com reservas o oferecimento de novo benefício quando tiver havido recusa anterior à deflagração da ação penal. Nesse caso, o instituto da preclusão impede nova oferta.

A propósito, têm-se visto, não raras vezes, pedidos da Defesa ao Ministério Público para que oferte transação penal quando do início da audiência de instrução e julgamento, argumentando-se que, agora e doravante, o réu tem o direito ao benefício. Essa é a situação em que, à época da audiência preliminar, não lhe fora possível ofertar a transação penal por não preencher o autor do fato, por exemplo, o requisito de não ter sido beneficiado anteriormente com transação penal nos últimos 5 (cinco) anos (art. 76, § 2º, II, da Lei 9.099/1995). Entende-se, nesse caso, que não seria possível a proposta de transação penal, em decorrência da preclusão.

---

70. "Apesar do dispositivo se referir apenas às hipóteses em que não houve o oferecimento de transação ou não tenha sido oferecida a oportunidade de transação, a doutrina se inclina no sentido de que, mesmo que essas medidas despenalizadoras tenham sido tentadas na audiência preliminar, deve-se dar nova chance, desta feita na abertura da audiência de conciliação e julgamento" (LIMA, Marcellus Polastri. *Juizados Especiais Criminais* – O procedimento sumaríssimo no processo penal. 2. ed. São Paulo: Atlas, 2013. p. 80).

Art. 80. Nenhum ato será adiado, determinando o Juiz, quando imprescindível, a condução coercitiva de quem deva comparecer.

Conforme comando do art. 80 da lei, nenhum ato deve ser adiado, sendo lícito ao Magistrado, quando imprescindível à realização dele, a condução coercitiva de quem deva comparecer.

Disso se extraem algumas conclusões. A lei deixa clara a intenção e a tendência de não se adiarem atos, privilegiando o princípio da celeridade processual do Juizado Especial Criminal. Ainda, pode o Juiz lançar mão da condução coercitiva, que é medida extrema, se a pessoa que deveria comparecer não o fez de maneira justificada.

E quem estaria sujeito à condução coercitiva?

Estarão sujeitos à "condução sob Vara" (coercitiva) todas aqueles que deveriam contribuir para a elucidação dos fatos e se ausentaram do ato, como, por exemplo, testemunhas, peritos e qualquer outro chamado a colaborar. Nota-se que, até mesmo a vítima, apesar de não prestar o compromisso de dizer a verdade, tem o dever de prestigiar o Judiciário e de contribuir para o desfecho processual.

Por óbvio, a ausência injustificada da vítima, a depender da natureza da ação penal, terá soluções diferenciadas. Se a ação for pública incondicionada ou condicionada, a falta injustificada da vítima à audiência de instrução e julgamento poderá ensejar a condução coercitiva, na medida em que o Juiz de Direito, atento ao art. 201 do Código de Processo Penal (que determina que o Juiz, sempre que possível, qualifique e pergunte ao ofendido sobre as circunstâncias da infração, quem ele presume ser o autor e quais as provas pode indicar), deve ouvir, na possibilidade, a vítima sobre a mecânica dos fatos. Aqui, por ser uma prova do juízo, a condução coercitiva poderá ser determinada de "ofício", sem provocação da parte ou, até mesmo, a pedido do Ministério Público ou da Defesa. Em caso de ação penal privada, a ausência da vítima, sem motivo, poderá acarretar perempção, por força do art. 60, III, do Código de Processo Penal.[71] Nesse caso, haverá extinção da punibilidade e não se exigirá a condução coercitiva da vítima.

Não se exigirá a condução coercitiva do acusado quando ausente da audiência de instrução e julgamento, visto que é conferido a ele o direito de presença (comparecimento) e audiência (se fazer ouvir), não se tratando, contudo, de um dever. Não

---

71. Artigo 60 do CPP – Nos casos em que somente se procede mediante queixa, considerar-se-á perempta a ação penal;

III – quando o querelante deixar de comparecer sem motivo justificado, a qualquer ato do processo a que deva estar presente, ou deixar de formular o pedido de condenação nas alegações finais.

comparecendo à audiência de instrução e julgamento, apesar de citado e intimado, o acusado será considerado revel, desobrigando a Justiça a chamá-lo a qualquer outro ato a ser realizado.

Quanto às testemunhas faltantes, privilegiando o sistema acusatório, o Juiz deverá indagar para a parte que as arrolou se deseja a condução coercitiva ou se prefere desistir de seu depoimento. Se a resposta for positiva, o Magistrado providenciará a condução coercitiva.

Na prática, diante das inúmeras audiências que se sobrepõem durante o dia, especialmente nas capitais e nas grandes cidades, fica difícil o cumprimento literal dessa regra, porquanto o aguardar da realização da condução coercitiva, que pode se prolongar diante das distâncias e do trânsito, acaba por tumultuar o andamento dos trabalhos forenses. Assim, não raro, o Juiz determina a condução coercitiva do faltante, mas redesigna audiência de instrução e julgamento para data próxima.

Diferente seria, por exemplo, se a falta injustificada acontecesse na audiência preliminar. Como nessa etapa não há testemunhas arroladas (mesmo porque ainda não existe ação penal) e somente a vítima e o autor do fato são chamados a comparecer, a ausência, sem motivo, de qualquer deles pode ter desfecho diferente, não sendo possível, todavia, a condução coercitiva.

Se a vítima, compromissada a comparecer, não o faz, injustificadamente, a audiência não será adiada nem será determinada sua condução. Se a infração penal for de ação penal privada, a ausência da vítima conduz à impossibilidade de composição civil, devendo os autos aguardar o prazo decadencial para propositura de ação penal por meio de queixa-crime. Se a infração for de ação penal pública condicionada, adotando-se o entendimento de que a representação deve ser oferecida em audiência preliminar, conforme reza o art. 75 da Lei 9.099/1995, a falta da vítima acarretará obstáculo à composição das partes, devendo-se aguardar o decurso do interregno decadencial para apresentação de representação. Por fim, se o ilícito for de ação penal pública incondicionada, a presença ou a ausência da vítima, em regra, não alteram a realização da audiência preliminar, uma vez que o Ministério Público prescinde dela para avaliar a viabilidade de se oferecer transação penal. Percebe-se, assim, que, em nenhuma das hipóteses de ação penal, se adiará o ato nem se exigirá condução coercitiva para trazer a vítima.

Com o autor do fato será a mesma lógica. Pode ele se fazer presente à audiência preliminar, mas a sua ausência não autoriza sua condução coercitiva nem o adiamento do ato. A falta injustificada será considerada como inexistência de desejo de realizar a composição civil ou de aceitar o benefício da transação penal. Como não se trata de investigação, mas de audiência preliminar, malgrado ainda na fase pré-processual, não há que se falar em possibilidade ou não de condução coercitiva do suposto autor do fato, sendo certo que, aqui, não se pode adentrar na discussão de ser possível ou autoritária a condução coercitiva para o suposto autor prestar seu esclarecimento extrajudicial.

Se o Defensor constituído para o ato, devidamente intimado, não comparecer, não será adiada a audiência seja preliminar, seja de instrução e julgamento, devendo, nesse caso, ser nomeado um Advogado *ad hoc*, que, então, orientará a parte e buscará a situação processual mais vantajosa.

Por sua vez, se o Promotor de Justiça não comparecer à audiência preliminar ou de instrução e julgamento, após intimação, o ato deverá ser adiado pela impossibilidade constitucional de se nomear substituto processual para tanto. Se a ausência for injustificada, deverá ser acionada a Corregedoria-Geral do Ministério Público para avaliar eventual falta funcional.

Art. 81. Aberta a audiência, será dada a palavra ao defensor para responder à acusação, após o que o Juiz receberá ou não a denúncia ou queixa; havendo recebimento, serão ouvidas a vítima, as testemunhas de acusação e defesa, interrogando-se a seguir o acusado, se presente, passando-se imediatamente aos debates orais e à prolatação da sentença.

§ 1º Todas as provas serão produzidas na audiência de instrução e julgamento, podendo o Juiz limitar ou excluir as que considerar excessivas, impertinentes ou protelatórias.

§ 2º De todo o ocorrido na audiência será lavrado termo assinado pelo Juiz e pelas partes, contendo breve resumo dos fatos relevantes ocorridos em audiência e a sentença.

§ 3º A sentença, dispensado o relatório, mencionará os elementos de convicção do Juiz.

No início da audiência de instrução e julgamento, não há ação penal propriamente dita, visto que ainda não houve recebimento da peça vestibular (denúncia ou queixa).

Iniciados os trabalhos, o Juiz passará a palavra à Defesa, que poderá refutar a acusação, apresentando questões relativas a possíveis faltas de pressupostos processuais, condições da ação, requisitos exigidos no art. 41 do Código de Processo Penal, preliminares sobre irregularidades ou nulidades, além, é claro, de matérias de prova, na tentativa de afastar a materialidade ou os indícios da autoria.

Em seguida, o Juiz avaliará se o caso é de recebimento da denúncia ou queixa ou de rejeição da exordial (denúncia ou queixa). Poderá rejeitá-la se não estiverem presentes os requisitos formais do art. 41 do Código de Processo Penal (exposição do fato criminoso, com todas as suas circunstâncias, qualificação do acusado ou esclarecimentos pelos quais se possa identificá-lo, classificação do crime e, quando necessário, rol de testemunhas).

O Juiz poderá, ainda, com a nova redação do art. 397 do Código de Processo Penal (que revogou o art. 43 do mesmo diploma legal com o advento da Lei 11.719/2008), julgar antecipadamente a lide, absolvendo sumariamente o acusado.

Ambas, rejeição e absolvição sumária, estão a desafiar o recurso de apelação, como será visto adiante. Por óbvio, para que não haja prejuízo ao devido processo legal, não está prevista, nas hipóteses de julgamento antecipado da lide, a condenação sumária.

Avaliando que existe um injusto penal e que há provas suficientes da materialidade (levando em consideração que a formalidade dessa prova não tem os mesmos rigores das ações penais de infrações estranhas ao Juizado Especial Criminal) e indícios da autoria, o Juiz deverá receber a denúncia, passando a palavra ao Ministério Público para avaliação acerca de eventual proposta de benefício da suspensão condicional do processo, como se verá adiante, quando analisarmos o texto do art. 89 da Lei 9.099/1995.

O recebimento da denúncia ou queixa, embora não exija fundamentação de fôlego, comporta carga decisória: o Juiz aceita a acusação, fazendo um juízo, ainda que superficial, de que há prova da materialidade e indícios da autoria acerca de um fato tido como criminoso ou contravencional.[1] Além disso, o Magistrado confirma, com o recebimento da denúncia ou queixa, que estão presentes as condições da ação e os pressupostos processuais.[2]

Nota-se que alguns Promotores de Justiça optam por propor, após recebida a denúncia ou queixa na audiência de instrução e julgamento, a transação penal ao autor do fato que não compareceu à audiência preliminar ou que recusou anteriormente o benefício. Existe divergência em relação a essa possibilidade, pois poder-se-ia concluir que houve preclusão e que não caberia nova proposta. Todavia, antes do início da colheita da prova, momento em que o réu ainda não pôde avaliar se o conjunto probatório lhe traria prejuízo ou uma situação mais vantajosa, há quem não veja problema em se repetir a proposta de transação penal,[3] desde que, é claro, esta tenha um grau de aflição maior que a anterior, diante da movimentação da máquina judicial a que deu causa o denunciado.

---

1. "Admissível a denúncia ou queixa, o juiz a receberá, mediante decisão interlocutória mista terminativa, decisão irrecorrível, só passível do remedido heroico do habeas corpus, cuja interposição na prática será difícil, dada a concentração de atos, e a audiência imediatamente prosseguirá, caso o promotor não ofereça proposta de suspensão condicional do processo (art. 89 da Lei 9.099/95), presentes os requisitos legais, que analisaremos no artigo próprio, ou caso o autor do fato não aceite a proposta" (LIMA, Marcellus Polastri. *Juizados Especiais Criminais* – O procedimento sumaríssimo no processo penal. 2. ed. São Paulo: Atlas, 2013, p. 85).

2. "Pressupostos processuais. O Direito Processual brasileiro adota critérios mais ou menos bem demarcados quanto a titularidade, oportunidade e viabilidade do exercício da ação penal, bem como acerca dos requisitos de validade da relação processual veiculada no processo. Em relação às primeiras, teríamos as chamadas condições da ação, enquanto, relativamente aos demais, os denominados pressupostos processuais. Encontram-se na doutrina afirmações acerca dos pressupostos de existência do processo e da relação processual, além daqueles outros ligados ao seu regular desenvolvimento (pressupostos de validade). Parece-nos, contudo, que, ao menos em relação à validade, nem de pressupostos se cuida, tratando-se, na verdade, de meros requisitos, sem os quais a lei não confere validade à atividade processual desenvolvida. Por pressupostos deve-se entender apenas o antecedente logicamente necessário à própria existência do objeto, em cujo campo se poderá afirmar a validade ou invalidade das atividades neles desenvolvidas. Daí por que, segundo nos parece, somente é possível falar em pressupostos de existência do processo e da relação jurídica processual, bem como de requisitos de validade de seu regular desenvolvimento" (PACELLI, Eugênio. *Curso de Processo Penal*. 20. ed. São Paulo: Atlas, 2016, p. 120-121).

3. "Apesar do dispositivo se referir apenas às hipóteses em que não houve o oferecimento de transação ou não tenha sido oferecida a oportunidade de transação, a doutrina se inclina no sentido de que, mesmo que essas medidas despenalizadoras tenham sido tentadas na audiência preliminar, deve-se dar nova chance, desta feita na abertura da audiência de conciliação e julgamento" (LIMA, Marcellus Polastri. *Juizados Especiais Criminais* – O procedimento sumaríssimo no processo penal. 2. ed. São Paulo: Atlas, 2013. p. 80).

Ofertado e recusado o benefício da transação penal ou, ainda, a benesse da suspensão condicional do processo (ou não lhe sendo possível por falta de requisito legal), o Juiz passará à oitiva da vítima (se houver) e das testemunhas (se houver) e, ao final, procederá ao interrogatório do acusado.

Como é extranumerária, prescindível de ser arrolada na denúncia ou queixa, a vítima deverá, sempre que possível, ser ouvida pelo Magistrado (art. 201 do Código de Processo Penal). Crê-se que sua oitiva não depende da provocação da parte, devendo o Magistrado, ainda que de ofício, ouvir o ofendido sobre os meandros do fato delituoso. Como foi visto, é possível que a vítima seja conduzida coercitivamente se faltar injustificadamente à audiência de instrução e julgamento.

Alguns Juízes do Juizado Especial Criminal optam por não ouvir a vítima em crimes de ação penal privada, sob o argumento de que a versão dela se exterioriza no bojo da queixa-crime, para a qual apresentou procuração *ad juditia*. Contudo, defende-se que a vítima deve ser ouvida pelo Magistrado independentemente da natureza da ação penal, seja porque o art. 201 do Código de Processo Penal não faz distinção, seja porque a queixa nem sempre representa os fatos com a mesma fidedignidade das palavras captadas em audiência, além de não poder ser considerada uma prova propriamente dita (petição inicial não é prova).

De mais a mais, somente a colheita de declarações respeita, na íntegra, os princípios do contraditório e da ampla defesa, porquanto é ali que há a participação integral das partes na construção da prova, com perguntas e esclarecimentos de todos. Ainda, pelo princípio da comunhão da prova, as palavras da vítima a todos pertencem, sendo producente que haja a participação do querelado e do Ministério Público, além, é claro, do Juiz, na construção das declarações, com perguntas e indagações.

Apenas para lembrar, malgrado a vítima não preste compromisso de dizer a verdade, não respondendo por perjúrio, não se pode olvidar que pode pesar sobre ela o crime de denunciação caluniosa, caso, falsa e sabidamente, provoque imputação de um ilícito a alguém que deseja prejudicar.

Ainda no que toca ao ofendido, na prática, já houve questionamento acerca da possibilidade de a denúncia ser recebida quando a vítima, em crime de ação penal pública condicionada, não estiver presente, após comprovação de sua intimação, porquanto haveria uma retratação tácita da representação e, por via de consequência, não seria possível o prosseguimento do feito.[4]

---

4. Vale alertar que há corrente que aceita a retratação da representação após o oferecimento da denúncia, contrariando comando normativo do art. 25 do Código de Processo Penal ("a representação será irretratável, depois de oferecida a denúncia"). Para quem adota esse posicionamento, a ausência da vítima, depois de confirmada sua intimação para a audiência, poderia ser considerada retratação tácita a obstaculizar a continuidade do feito. Crê-se, por outro lado, que, se é possível encerrar a lide pela pacificação social, flexibilizando-se regras processuais no âmbito do Juizado Especial Criminal, esta deveria, ao menos, se dar quando vítima e réu estivessem presentes, frente a frente, em audiência, para construir uma solução restaurativa. A ausência da vítima obstaria a solução consensual.

Entretanto, em que pese a sedução do argumento, preenchida a condição de procedibilidade, com a apresentação de representação criminal antes da denúncia, a ausência da vítima na audiência de instrução e julgamento não terá o condão de obstar o trâmite da ação, podendo o Ministério Público solicitar sua condução coercitiva. Na impossibilidade de fazê-lo, a ausência da vítima poderá influir no mérito da ação penal, que poderá culminar, ao final, na absolvição do réu se outras provas não suprirem a demonstração da materialidade e não conferirem certeza à autoria. Nota-se, todavia, que a falta da vítima não conduz necessariamente à absolvição do acusado, uma vez que o sistema de livre convicção motivada ou persuasão racional autoriza ao Juiz avaliar a credibilidade de todo o conjunto probatório, sem escalonamento de valoração de prova.

Na sequência, o Magistrado passará à oitiva das testemunhas de acusação e da Defesa, nessa ordem, oportunizando a realização de perguntas relacionadas ao fato delituoso. Poderá ser feita a inversão da ordem das testemunhas, ouvindo-se alguma arrolada pela Defesa antes mesmo daquela apontada pela acusação, com registro de anuência e concordância do Advogado em ata, tudo para facilitar o trâmite e privilegiar o comparecimento da testemunha ao Juizado.

Vale anotar que as testemunhas serão indagadas primeiramente por quem as arrolou. Se forem de acusação, o Ministério Público iniciará as perguntas e, somente após, indagarão a Defesa e, supletivamente, o Juiz. Se a testemunha for da Defesa, a ordem se inverte, começando pelo Advogado do acusado, passando, posteriormente, para o Ministério Público e para o Juiz. O Assistente de Acusação, se houver, perguntará depois do Ministério Público.

Pode haver a situação em que a Defesa, tomando conhecimento das testemunhas de acusação através do rol da denúncia ou queixa, passe a arrolar as mesmas testemunhas do Ministério Público ou do querelante. Nesse caso, ainda que sejam testemunhas comuns a ambas as partes, a ordem de perguntas continua a se iniciar com a acusação – Ministério Público ou querelante –, passando, sucessivamente, à Defesa.

Em relação ao Assistente de Acusação, impende ressaltar que poderá se habilitar com deferimento do Magistrado, após recebida a denúncia, com anuência do Ministério Público.

Por óbvio, o Ministério Público não poderá recusar discricionariamente e sem justificativa o Assistente de Acusação, devendo, se o fizer, demonstrar o prejuízo.

Por fim, é mister realçar que o Assistente da Acusação não poderá arrolar testemunha, visto que assume participação processual depois de formulada e recebida a denúncia, estando, portanto, precluso o momento de apontar testemunhas.

Em ação penal privada,[5] por figurar a vítima como acusação, representada por seu Advogado, deverá ela iniciar as perguntas das testemunhas de Acusação. O

---

5. Foi vivenciada situação curiosa em ação penal privada em que a vítima, Advogada atuando em causa própria, ao ser ouvida pelo Magistrado em audiência, não poderia ser por ela mesma indagada (querelante/

Ministério Público, nessa espécie de ação, assume a condição de "fiscal da ordem jurídica", afastando-se da condição de parte. Assim, perguntará após as partes, precedendo apenas ao Juiz.

Discussão poderá surgir em relação a essa ordem.

Há quem ateste que a Defesa perguntará ao final, para garantir a ampla defesa, ficando o Ministério Público na segunda ordem de perguntas, após o querelante. Ousa-se discordar, contudo, desse argumento, porquanto o Ministério Público não figura, nesse caso, como órgão de acusação, mas como fiscal da ordem jurídica.

Como o art. 400 do Código de Processo Penal noticia que perguntará a acusação e, após, a Defesa, não fazendo menção ao Ministério Público na situação de crime de ação penal privada, colocar o *Parquet* na segunda ordem de perguntas, antes da Defesa, é o mesmo que considerar que ele continua a figurar como acusação, mas, agora, como Assistente Público da acusação particular (algo sem sentido algum).

E mais, se o Juiz poderá perguntar após a Defesa, não se vê problema no fato de o Ministério Público, na situação de crime de ação penal privada, perguntar depois das partes, pois ambos figuram isentos na formação da culpa, sendo o Promotor de Justiça o fiscal da ordem jurídica, e o Juiz, o julgador.

Retomando: após ouvidas as testemunhas, o Juiz passará ao interrogatório do réu, qualificando-o e passando ao mérito da questão, com elaboração de perguntas. Aqui, o Magistrado inicia as perguntas, oportunizando às partes, no afã de dirimir alguma dúvida, perguntar ao final diretamente ao acusado. Se a ação penal for pública, o interrogatório seguirá a seguinte ordem de perguntas: Juiz, Promotor de Justiça, Assistente de Acusação (se houver) e Defesa. Se a ação penal for privada, a ordem será a seguinte: Juiz, Querelante, Defesa e Promotor de Justiça (como fiscal da ordem jurídica).

Em ação penal privada, durante a audiência de instrução e julgamento, o Ministério Público, como fiscal da ordem jurídica, efetuará, por último, perguntas para a vítima e testemunhas (independentemente se foram arroladas pela Acusação ou pela Defesa), depois das partes. Por fim, perquirirá o Juiz.

Se houver litisconsórcio entre Ministério Público e querelante, por conexão entre ação penal pública e privada, o Promotor de Justiça perguntará primeiro e, na sequência, o querelante. Após o compartilhamento da acusação entre o Ministério Público e o querelante, perguntará a Defesa e, ao final, o Juiz. Essa é a lógica da oitiva das testemunhas de acusação. Se, porventura, houver testemunha de Defesa, esta perguntará primeiro e, em ato contínuo, passará o Juiz à palavra ao Promotor de Jus-

---

acusação), acarretando, assim, a inversão da ordem inicial. Nesse caso, o Ministério Público iniciou as perguntas e, após a Defesa, para, ao final, o Juiz fazê-las supletivamente. Nesse caso, o Ministério Público assumiu o início da reinquirição para que não surgisse a estranha hipótese em que a Defesa iniciaria as perguntas da instrução criminal.

tiça e, depois, ao querelante. Por derradeiro, se houver mais algum esclarecimento, o Magistrado poderá formular perguntas.

É possível que haja, ainda, necessidade de alguma testemunha ser ouvida por carta precatória, sendo certo que o Magistrado expedirá ao Juízo da comarca deprecada para que ali se proceda à oitiva.

Nada impede que, havendo alguma divergência entre os depoimentos das testemunhas ou da vítima, seja determinada a realização de acareação, oportunidade em que se colocarão frente a frente os responsáveis pelas palavras conflitantes. Essa diligência não é complexa a sugestionar o afastamento da competência do Juizado Especial Criminal.

E mais, se alguém for apontado em algum dos depoimentos de testemunhas, pode o Magistrado, de ofício ou a pedido de alguma das partes, determinar a intimação da testemunha referida (apontada no depoimento de outra testemunha), como testemunha do Juízo, garantindo, assim, que, na busca da verdade, chegue-se à elucidação da mecânica dos fatos. Nesse caso, poderá o Magistrado determinar a condução da testemunha referida (fazendo valer o princípio da celeridade) ou redesignar a audiência para data próxima, quando, então, esta será intimada para comparecer e prestar depoimento.

O interrogatório, como em outros ritos, deve ser estruturado em duas partes. A primeira tratará da qualificação do interrogando e do fornecimento de dados pessoais, além de explicação sobre sua "vida anteacta" e seu histórico de antecedentes criminais. A segunda parte se refere ao mérito do ato descrito na denúncia.

Da primeira parte, não pode se escusar o réu, devendo responder, com fidedignidade, sua correta qualificação, sob pena de incorrer em falsa identidade (se atribuir a si outra identidade) ou, a depender do *modus operandi*, até em falsidade ideológica (se subscrever interrogatório com nome falso, alterando conteúdo de documento público). A recusa em se identificar pode também configurar a contravenção penal do art. 68 do Decreto-Lei 3.688/1941.

Na segunda parte do interrogatório, que trata do mérito fático, não estará o acusado obrigado a responder às perguntas do Juiz ou da acusação (ou de sua Defesa), podendo-se reservar no direito de ficar calado, como derivação do princípio *nemo tenetur se ipsum accusare* (ninguém será obrigado a produzir prova contra si mesmo) ou do direito à não autoinculpação (ou também denominado direito de não autoincriminação), previsto no art. 5º, LXIII, da Constituição da República.

Ao contrário do que ocorre em alguns países (a exemplo da maioria do território estadunidense), o ordenamento pátrio amplia o âmbito do citado princípio ao autorizar o réu não só a ficar em silêncio,[6] sem que isso o prejudique, mas também a mentir para o Magistrado, sem que isso seja considerado crime de perjúrio.

Todavia, parte da doutrina[7] entende que o réu não tem o direito de mentir, pois poderá, a depender das circunstâncias, responder pelo delito de denunciação caluniosa (art. 339 do Código Penal) ou por crime de autoacusação falsa (art. 341 do Código Penal).

Deve o Magistrado, portanto, alertar o réu quanto ao direito ao silêncio antes de iniciar a segunda parte de seu interrogatório, sob pena de invalidar o ato processual. Pode ainda o Magistrado aceitar a recusa genérica do réu em não franquear versão alguma sobre os fatos, como também registrar todas as perguntas feitas e consignar, em cada uma delas, que o réu se quedou silente.

Terminada a colheita da prova oral, o Magistrado oportunizará às partes a apresentação de debates orais. As alegações finais serão orais pelo tempo de vinte minutos para cada uma das partes (e, também, para o Ministério Público, como fiscal da ordem jurídica, na ação penal privada), prorrogável por mais dez minutos a critério do Juiz.

Perceba que a Lei 9.099/1995 é omissa quanto ao tempo disponível para alegações finais orais, tomando emprestado, por analogia, a regra do art. 538 do Código de Processo Penal.[8]

Na prática, isso nem sempre acontece. Muitas vezes, em razão do número expressivo de audiências ou até mesmo de alguma dificuldade, o Juiz pode determinar a apresentação de memoriais (alegações escritas), normalmente pelo prazo de cinco dias.

Na sequência, o Juiz proferirá sentença em audiência, aproveitando que tudo fora ali produzido, ou, se preferir e perceber necessidade, determinará que os autos sejam "conclusos" para produção de decisão escrita.

Ada Pellegrini Grinover,[9] contudo, não admite que o Juiz determine conclusão dos autos para sentença posterior, por acreditar que isso feriria o princípio da celeridade:

---

6. Artigo 186 do CPP – Depois de devidamente qualificado e cientificado do inteiro teor da acusação, o acusado será informado pelo juiz, antes de iniciar o interrogatório, do seu direito de permanecer caldado e de não responder perguntas que lhe forem formuladas.
    Parágrafo único – O silêncio, que não importará em confissão, não poderá ser interpretado em prejuízo da defesa.

7. MOUGENOT. Edilson. *Curso de Processo Penal*. 12. ed. São Paulo: Saraiva, 2017, p. 471.

8. Artigo 538 do CPP – Nas infrações penais de menor potencial ofensivo, quando o juizado especial criminal encaminhar ao juízo comum as peças existentes para a adoção de outro procedimento, observar-se-á o procedimento sumário previsto neste Capítulo.

9. GRINOVER. Ada Pellegrini et al. *Juizados Especiais Criminais*. São Paulo: Ed. RT, 1996, p. 153.

O procedimento sumaríssimo será encerrado com a prolatação da sentença, o que, como já mencionado, deve ocorrer imediatamente. Não se admite, assim, possa o magistrado determinar conclusão dos autos para um futuro pronunciamento.

Nesse caso, os princípios da celeridade e da oralidade imprimiram força ao princípio da identidade física do Juiz, que já vigorava no Juizado Especial Criminal antes mesmo da reforma do Código de Processo Penal.

Pelo sim ou pelo não, o fato é que se perfaz corriqueira a situação em que Juízes do Juizado Especial Criminal determinam conclusão dos autos para prolatação de sentença. A propósito, se é possível a abertura de vista às partes para a juntada de memoriais *a posteriori*, não seria de se estranhar que pudesse o Magistrado proferir decisão em momento posterior à audiência.

Em verdade, apesar de haver um regramento a exteriorizar que tudo se resumiria a uma audiência de instrução e julgamento, na busca da celeridade processual, não se pode olvidar que isso não cria dever ao Magistrado, que é quem tem conhecimento das dificuldades diárias de sua Vara e o aperto de sua pauta de audiências. De mais a mais, já se assentou, na doutrina e na jurisprudência, que a adoção de rito ou de ato que incremente o direito de defesa, expandindo prazos e não suprimindo vantagens para o réu, não tem o condão de invalidar ou anular o processo.[10]

Por outro lado, não poderá o Juiz ficar com os autos conclusos indefinidamente, ainda que se trate de prazo impróprio (aquele cuja inobservância não acarreta ônus processual), sob pena (aí sim) de afronta ao princípio da celeridade.

Insta salientar que a audiência de instrução e julgamento pode ser reduzida a termo ou, ainda, como já acontece em várias cidades, gravada em mídia, garantindo maior agilidade e fidedignidade à prova produzida.

Com as modificações do Código de Processo Penal ocorridas em 2008, os ritos ordinário, sumário e sumaríssimo (esse último do Juizado Especial Criminal) ganharam contornos muito similares. Em todos os três procedimentos é possível o denunciado apresentar defesa preliminar antes do recebimento da denúncia ou queixa, sendo certo que, nos dois primeiros, tal ato se dá antes da audiência de instrução e julgamento, enquanto que, no último (rito sumaríssimo), tudo acontece na própria audiência de instrução e julgamento.

Convém alertar, também, que o rito ordinário autoriza a parte, após oitiva de todas as testemunhas e do interrogatório do réu, requerer, ainda na audiência de instrução e julgamento, alguma diligência faltante (houve revogação do art. 499 do Código de Processo Penal, que concedia prazo de 24 horas para que as partes plei-

---

10. "Mera irregularidade ocorrerá, diante da inexistência de prejuízo, se, apesar da inobservância do procedimento previsto, tiver sido seguido outro mais amplo, que dê às partes maiores oportunidades de participação: é o que sucede se, imputado ao réu delito punido com detenção, o juiz, em lugar de realizar audiência de debates e julgamento, seguir o rito dos crimes de reclusão..." (GRINOVER. Ada Pellegrini et al. *As nulidades no processo penal*. 6. ed. São Paulo: Ed. RT, 1997, p. 250-251).

teassem diligências). Essa previsão de requerimento não acontece no rito sumário ou sumaríssimo.

É claro que, se saltar aos olhos, após a colheita de toda a prova na audiência de instrução e julgamento, a necessidade e a imprescindibilidade de alguma diligência até então não realizada ou requerida, poderá o Magistrado determiná-la, independentemente de previsão legal, tudo como forma de aclarar o espírito e formar sua convicção.

Por fim, a sutil distinção dos ritos ainda fica por conta do número de testemunhas, já que o procedimento ordinário prevê 8 (oito) testemunhas para cada parte, correspondentes a cada fato delituoso, enquanto que os ritos sumário e sumaríssimo[11] autorizam até 5 (cinco) testemunhas para cada parte, referentes a cada fato infracional.

Por fim, no rito sumaríssimo, ao contrário dos demais procedimentos, o momento de a Defesa apresentar as testemunhas que deseja ouvir deve respeitar o interstício de 5 (cinco) dias que precedem a audiência de instrução e julgamento, a fim de garantir a viabilidade de intimação. Se a parte não respeitar esse prazo, poderá trazer as testemunhas independentemente de intimação. Todavia, se as testemunhas não vierem à audiência, nessa segunda hipótese, não poderá a Defesa solicitar sua condução coercitiva, já que tinha ela a obrigação de trazê-las ao ato.

Se, por algum motivo, houver audiência de continuação, preclusa estará a fase de arrolar ou trazer testemunhas, se tal não tiver sido feito quando da ocorrência da primeira. Em outras palavras, não é porque o Juiz partiu a audiência de instrução e julgamento em duas que renovado estará o prazo para arrolar testemunhas. Conta-se o prazo de 5 (cinco) dias a partir da primeira audiência. Claro que a preclusão não atinge o Magistrado. Assim, se o Juiz desejar ouvir a testemunha arrolada a "destempo" pela parte, como testemunha do Juízo, poderá fazê-lo, no intuito de buscar a verdade. Isso, por óbvio, não pode se tornar frequente e deve, sempre, exigir cautela do Magistrado, para que não se desvirtue o sistema acusatório, com o qual a iniciativa probatória deve partir, em regra, das partes.

Existe mais uma possibilidade de se ouvir testemunha que não fora arrolada a tempo pela parte: é o caso, por exemplo, de esta não ser encontrada. Dessa maneira, autorizada estará sua substituição por outra, a ser indicada doravante.

O § 1º do dispositivo em comento possibilita ao Magistrado limitar ou excluir as provas que entender excessivas, impertinentes ou protelatórias. Essa é uma inovação da Lei 9.099/1995, a partir da qual o Legislador traz para o processo penal uma regra mais afeta ao processo civil, a fim de privilegiar a celeridade da relação jurídica processual.

---

11. Em relação ao número de testemunhas no rito sumaríssimo, há divergência doutrinária, já apontada neste texto, visto que existe posicionamento minoritário a pontuar que o número permitido é de 3 (três) testemunhas para cada parte, relativo a cada fato delituoso.

Como tradicionalmente o processo penal tem uma tendência à busca da verdade real (embora modernamente já aceite que a verdade atingida é apenas a formal),[12] não é comum que o Juiz restrinja a produção da prova pelas partes, a menos que seja considerada inadmissível ou ilícita.

Crê-se, pois, que a regra do § 1º não autoriza o Magistrado a restringir e limitar a produção da prova por já se sentir convencido, se as partes insistirem na colheita dos elementos probatórios e não houver nada que comprometa a licitude ou lhe faça presumir sejam eles impertinentes ou protelatórios.

Essa regra deve ser observada com cautela e parcimônia, para que não haja ataque ao exercício do direito de ação (que compreende não só o ajuizamento da ação, como também a instrumentalização e a colheita da prova), nem ao direito de ampla defesa. Não pode, por exemplo, o Magistrado indeferir a oitiva de testemunha arrolada pelo Ministério Público, na denúncia, por já se sentir convencido sobre o *meritum causae* com a oitiva de apenas uma delas.

Se, a partir disso, o Magistrado, valendo-se equivocadamente da regra do § 1º do art. 81 da lei, indeferir a oitiva da testemunha, dizendo-se já convencido do fato, sem, contudo, justificar sua decisão em impertinência ou protelação da prova, desafiará, com sua decisão, recurso de correição parcial, em razão do tumulto processual, porquanto, nessa hipótese, a parte fora tolhida de produzir prova e de firmar seu convencimento.

Ainda que o Magistrado já estivesse convencido, urge possibilitar ao órgão ministerial que também forme sua opinião delitiva definitiva, mesmo que o primeiro não esteja vinculado ao segundo.

De mais a mais, o Magistrado de primeiro grau pode não ser o destinatário final da prova produzida, bastando que haja recurso de apelação para que a última decisão parta da Turma Recursal, não sendo, portanto, producente que o Juiz impeça a confecção da prova sem maiores fundamentos. Essa é a lógica e a interpretação que devem prevalecer para ambas as partes (acusação e Defesa).

---

12. "É certo, ademais, que, mesmo na justiça penal, a procura e o encontro da verdade real se fazem com as naturais reservas oriundas da limitação e falibilidade humanas, e, por isso, melhor seria falar de 'verdade processual', ou 'verdade forense', até porque, por mais que o Juiz procure fazer a reconstrução histórica do fato objeto do processo, muitas e muitas vezes o material de que ele se vale (ah! Testemunhas...) poderá conduzi-lo a uma 'falsa verdade real'" (TOURINHO FILHO, Fernando da Costa. *Manual de Processo Penal*. 12. ed. São Paulo: Saraiva, 2009, p. 18). Como bem acentua Deltan Martinazzo Dallagnol, "embora seja possível alcançar a verdade no processo é impossível que alguém saiba que a verdade foi alcançada no processo. Essa é, em nosso sentir, a verdadeira questão sobre a qual focam os processualistas ao tratar o tema da verdade no processo" (DALLAGNOL, Deltan Martinazzo. *As lógicas das Provas no Processo Penal* – Prova direta, indícios e presunções. Porto Alegre: Livraria do Advogado, 2015, p. 42).

Seguindo essa linha, Nereu José Giacomolli ensinou que "de qualquer forma, a limitação probatória tem limites, os quais se situam no marco das garantias constitucionais".[13]

Realmente, é nos limites constitucionais que o Magistrado deve fincar atenção para que não viole o princípio acusatório (segundo o qual as tarefas de acusar, investigar, instrumentalizar e provar afastam-se do julgador) ou, na outra ponta, o princípio da ampla defesa (para que não seja gratuitamente tolhida a produção da prova que inocente ou busque situação mais vantajosa para o réu). Demasiada intervenção judicial na iniciativa da prova quase sempre acompanha violação a algum desses princípios.

Assim, somente a prova proibida ou inadmissível[14] por lei, além da protelatória, que visa à perpetuação da demanda no afã de se buscar a prescrição da pretensão punitiva, deve ser evitada.

Por fim, a regra do § 3º deixa claro que o relatório normalmente presente nas sentenças pode ser dispensado no Juizado Especial Criminal, privilegiando a celeridade e a informalidade.

É sabido que toda sentença deve ser estruturada de modo a expor, em primeiro lugar, os elementos de convicção que influíram no convencimento do Magistrado. Deve conter, assim, a exposição dos fatos, por meio do relatório, como também apontar a lógica empregada na valoração da prova colhida, além, é claro, de trazer a conclusão e o comando, para lhe garantir efetividade. Assim, será dividida em três partes: relatório, motivação ou fundamentação e dispositivo.

A Lei 9.099/1995 dispensa que o Juiz tenha o trabalho de exteriorizar minuciosamente as impressões colhidas, bastando que deixe, às claras, a fundamentação que deu suporte a seu *decisum*.

No Juizado Especial Criminal, a sentença deve manter, em sua estrutura, a motivação e o dispositivo, para que as partes possam entender qual foi o trabalho intelectivo do Magistrado que o levou àquela conclusão e qual é a consequência jurídica e a determinação ali contidas, tudo a facilitar seu cumprimento ou, pelo menos, sua impugnação.

---

13. GIACOMOLLI, Nereu José. *Juizados Especiais Criminais* – Lei 9.099/95 – abordagem crítica – acordo civil, transação penal, suspensão condicional do processo, rito sumaríssimo. 3. ed. Porto Alegre: Livraria do Advogado, 2009, p. 162.

14. "Valoração de provas inadmissíveis: consequências. Também é através do exame da motivação da sentença que se torna viável apurar a utilização, pelo julgador, de provas vedadas pelo ordenamento; se a sentença deve conter, necessariamente, uma referência às provas e ao raciocínio formado a partir das mesmas, fácil será constatar a relevância causal da transgressão à proibição probatória. (...) Mas, se isso não foi feito, e a sentença estiver claramente amparada por um prova inadmissível, a hipótese não será de vício de motivação (e que, portanto, deve levar à invalidade da decisão), mas de erro de julgamento, que poderá levar à reforma da sentença em sede de apelação" (GOMES FILHO, Antonio Magalhães. *Direito à prova no processo penal*. São Paulo: Ed. RT, 1996, p. 167-168).

Alguma divergência de posicionamentos pode surgir sobre serem possíveis os institutos da *emendatio libelli* (art. 383 do Código de Processo Penal) e da *mutatio libelli* (art. 384 do Código de Processo Penal) no Juizado Especial Criminal.

É cediço que a *emendatio libelli* é a possibilidade de o Magistrado, na decisão, conferir nova capitulação legal ao fato descrito na petição inicial (denúncia ou queixa), sem que isso viole o princípio da correlação –[15] a indicar julgamento *extra petita* (fora do pedido) ou *ultra petita* (além do pedido) – ou o princípio da ampla defesa. Isso é permitido porque o Juiz julga de acordo com os fatos descritos na peça exordial, não se vinculando ao dispositivo legal.

Não há que se falar, dessa maneira, em inovação a prejudicar e causar surpresa à Defesa, uma vez que o réu se defende dos fatos, e não da capitulação legal trazida na peça vestibular acusatória.

Na verdade, em relação à regra do art. 383 do Código de Processo Penal, tem--se que esta é plenamente possível, desde que respeitada a pena máxima abstrata que conceitua infração de menor potencial ofensivo e que limita a competência do Juizado Especial Criminal.

Assim, se, na sentença, o Magistrado entender que o crime não é o capitulado na denúncia ou queixa, mas outro, com pena superior a dois anos, deve, em razão disso, afastar a competência do Juizado Especial Criminal e encaminhar os autos à Justiça Comum ou a outra Vara Especializada que não o Juizado Especial Criminal.

Vale lembrar, aqui, que, na *emendatio libelli,* não há nova acusação, mas apenas nova capitulação jurídica do fato já narrado na denúncia ou queixa.

Interessante situação pode ocorrer quando o querelante ajuíza ação penal privada, imputando ao querelado, por exemplo, o delito de calúnia (art. 138 do Código Penal) e, ao final do processo, após a instrução criminal, já na prolatação da sentença, o Magistrado verifica que o fato seria de denunciação caluniosa (art. 339 do Código Penal, e não calúnia), que não ensejaria ação penal privada, mas desafiaria ação penal pública, na Justiça Comum, em razão de a pena máxima abstrata ser bem superior a 2 (dois) anos.

Nesse caso, o Juiz se valerá da *emendatio libelli* dando nova capitulação jurídica ao fato e determinando a remessa dos autos à Justiça Comum, não para que o Magistrado profira nova decisão, aproveitando a prova que fora colhida, mas para que a receba como "notícia crime" e encaminhe o processo ao Ministério Público para que avalie se é caso de deflagrar nova ação penal (agora sob a roupagem "pública incondicionada"). Esse é um caso em que a *emendatio libelli* só foi proferida ao final

---

15. "O princípio da correlação entre acusação e sentença, também chamado da congruência da condenação com a imputação, ou, ainda, da correspondência entre o objeto da ação e o objeto da sentença, liga-se ao princípio da inércia da jurisdição e, no processo penal, constitui efetiva garantia do réu, dando-lhe certeza de que não poderá ser condenado sem que tenha tido oportunidade de se defender da acusação" (GRINO-VER, Ada Pellegrini et al. *As nulidades no processo penal.* 6. ed. São Paulo: Ed. RT, 1996, p. 219).

da instrução, não em razão de prova nova, mas por um descuido da Acusação em apresentar equivocadamente uma petição inicial, cuja capitulação legal induziu a erro o Magistrado, que nem sequer teria competência para julgar o caso.

Também não se vê problema na aplicação do instituto da *mutatio libelli*, bastando que se respeite o rito processual. Havendo necessidade de aditamento da denúncia, pelo rito do art. 384 do Código de Processo Penal (com a redação modificada pela Lei 11.719/2008), após surgimento de nova prova durante a instrução criminal, poderão ser ouvidas até 3 (três) testemunhas indicadas para cada parte (acusação e Defesa), acrescendo àquelas que já foram ouvidas.

Se o Juiz entender que é caso de aditamento, mas o Promotor de Justiça se recusar a tal, poderá se valer da regra do art. 28 do Código de Processo Penal, encaminhando os autos ao Chefe do Ministério Público (Procurador-Geral de Justiça), cumprindo, com isso, a inteligência do art. 384, § 1º, do Código de Processo Penal.

Contudo, se o Promotor de Justiça entender por bem aditar a denúncia, cumprindo a regra da *mutatio libelli*, mas o Juiz não receber o aditamento por discordar do *Parquet*, deverá o processo prosseguir nos moldes da denúncia original, sem emenda, conforme regra do art. 384, § 5º, do Código de Processo Penal.

Ousa-se discordar da lógica do legislador, acreditando-se que seria mais técnico respeitar-se o princípio acusatório, pelo qual, diante da mutação da acusação, com nova imputação, deveria o Juiz apenas receber ou não o aditamento – essa última hipótese estaria sujeita à apelação.

Em verdade, haveria distinção de resoluções em situações diferentes. Existindo modificação substancial da acusação, com o aditamento a alterar completamente o *modus operandi* narrado na inicial, o *iter criminis* e a capitulação legal, o Juiz, ao não acolher a pretensão do Ministério Público, deveria rejeitar a denúncia e extinguir o processo, sem julgamento do mérito, e não dar seguimento ao processo, sem correlação com a nova acusação. Caso contrário, haverá uma ação penal em tramitação, na qual a parte autora não concorda com os termos originais da acusação, situação absolutamente estranha aos moldes do sistema acusatório.

Existe divergência sobre ser possível a *mutatio libelli* no Juizado Especial Criminal, na inovação completa da acusação, para que não se deixe de observar o princípio da celeridade.

Há quem diga que, no caso de inovação da acusação, ainda que a nova capitulação jurídica, já escorada em recente prova, preserve a competência do Juizado Especial Criminal, acarretará alargamento probatório a sugestionar a remessa dos autos à Justiça Comum, como se complexidade houvesse a dar suporte ao referido deslocamento de competência.[16]

---

16. "(...) o aditamento que acresça a novo fato ou outro autor, ou modifique inteiramente o fato antes imputado, só será possível na fase inicial do procedimento, até a nova tentativa de conciliação prevista no art. 79 da

Contudo, tem-se aceito, com certa frequência, a *mutatio libelli,* com inovação de acusação, sem que isso implique o deslocamento de competência com base na complexidade da produção da prova. Assim, se o novo crime for de menor potencial ofensivo, o rito continuaria a seguir no Juizado Especial Criminal, após aditamento da denúncia ou queixa.

Na verdade, independentemente de a celeridade processual ser um objetivo a ser buscado, é forçoso reconhecer que ela não pode ser um salvo-conduto para um processamento de qualquer forma. De mais a mais, vê-se que não se pode, na prática, deslocar toda e qualquer situação para a Justiça Comum, sob pena de esvaziamento indevido do Juizado Especial Criminal e sobrecarga à Justiça Criminal Comum, tornando inócua a inovação trazida na Lei 9.099/1995.

Crê-se, dessa forma, que apenas os casos de complexidade relevante devem ser objeto de deslocamento de competência para a Justiça Criminal Comum, não sendo esse o caso de uma simples *mutatio libelli.*

Esse é, inclusive, o entendimento de Fernando da Costa Tourinho Neto,[17] que não vê problema na aplicação do *mutatio libelli* nos Juizados Especiais Criminais:

> "Mutatio libelli.
>
> O que deve, então, o juiz fazer? Se isso acontecer no Juizado Especial, como proceder?
>
> – Na hipótese do caput do art. 384 do CPP, a pena ou continua a mesma ou pode ser menor, ou ser maior, a depender da nova classificação. Em qualquer caso, pena menor, igual ou maior, havendo mudança de capitulação deve obedecer-se ao disposto no art. 384.

Pode ocorrer, entretanto, que a nova capitulação do novo fato seja de crime estranho ao Juizado Especial Criminal. Nesse caso, justificada estará a remessa dos autos à Vara Criminal Comum ou Especializada, a depender de Lei de Organização Judiciária local.

No exemplo de a denúncia contemplar o crime de posse de entorpecente para uso próprio (art. 28 da Lei 11.343/2008) e, durante a instrução, ficar certo que a droga se destinava à mercancia lucrativa, a solução será o encaminhamento dos autos ao Promotor de Justiça com atuação na Vara de Tóxicos para que ele faça aditamento da denúncia para capitular o fato no crime de tráfico ilícito de entorpecente (art. 33 da Lei 11.343/2008). Será, então, naquela Especializada, a deflagração de nova ação, com aditamento da denúncia.

Lei 9.099/95, uma vez que durante a audiência do art. 81 não será mais cabível, pois, conforme o art. 80 da mesma lei, nenhum ato será adiado, não se admitindo, assim, dilação probatória, sendo hipótese de encaminhamento de peças para a instauração de novo processo. Porém o aditamento impróprio espontâneo para retificar, suprir e esclarecer a denúncia original sempre será possível, pois não constitui óbice à celeridade do rito, não exigindo dilação probatória e visando à regularidade formal" (LIMA, Marcellus Polastri. *Juizados Especiais Criminais* – o procedimento sumaríssimo no processo penal. 2. ed. São Paulo: Atlas, 2013, p. 89).

17. TOURINHO NETO, Fernando da Costa. *Juizados Especiais Federais* – Cíveis e Criminais. 4. ed. São Paulo: Saraiva, 2019, p. 734.

JUIZADO ESPECIAL CRIMINAL — ART. 82

Art. 82. Da decisão de rejeição da denúncia ou queixa e da sentença caberá apelação, que poderá ser julgada por turma composta de três Juízes em exercício no primeiro grau de jurisdição, reunidos na sede do Juizado.

§ 1º A apelação será interposta no prazo de dez dias, contados da ciência da sentença pelo Ministério Público, pelo réu e seu defensor, por petição escrita, da qual constarão as razões e o pedido do recorrente.

§ 2º O recorrido será intimado para oferecer resposta escrita no prazo de dez dias.

§ 3º As partes poderão requerer a transcrição da gravação da fita magnética a que alude o § 3º do art. 65 desta Lei.

§ 4º As partes serão intimadas da data da sessão de julgamento pela imprensa.

§ 5º Se a sentença for confirmada pelos próprios fundamentos, a súmula do julgamento servirá de acórdão.

APELAÇÃO

Diferentemente dos outros ritos processuais, a decisão de rejeição da peça inicial (denúncia ou queixa) desafiará o recurso de apelação, a ser endereçado pela parte sucumbente à Turma Recursal,[18] composta por 3 (três) Juízes escolhidos entre os que atuam em primeiro grau de jurisdição.

A previsão do Código de Processo Penal é que a rejeição da denúncia ou queixa comporta o recurso em sentido estrito, regrado no art. 581 daquele diploma legal. Já a Lei 9.099/1995 elegeu a apelação como o instrumento legal de impugnação na

---

18. "A Turma Recursal não é órgão de tribunal nem constitui um tribunal; é um órgão autônomo, vinculado ao Tribunal. Não sendo tribunal, não há que se falar em quinto constitucional para o Ministério Público e para os advogados, como dispõe o art. 94 da Constituição Federal. Chegando os autos à Turma Recursal, serão distribuídos a um relator e, em seguida, será dada vista ao Ministério Público, pelo prazo de cinco dias, se se tratar de crime a que a lei comine pena de detenção; e de dez, se o crime punido com pena de reclusão. (...) O Ministério Público, de acordo com a Constituição Federal, é instituição essencial à função jurisdicional do Estado (art. 127). Nos Tribunais, além da atuação nos processos originais, em que é parte, funcional como fiscal da aplicação da lei, em busca da efetividade da justiça. (...) O representante do Ministério Público nas turmas recursais é o que atua no primeiro grau, o procurador da República ou o Promotor de Justiça, a depender se o Juizado é Federal ou Estadual. Retornando os autos à Turma, o relator lançará o relatório e o encaminhará o revisor, que pedirá dia para julgamento. Não haverá revisor, se a apelação disser respeito a crime a que lei comine pena de detenção. Na sessão, as partes poderão fazer sustentação oral, pelo prazo de dez minutos, se o crime for punido com pena de detenção e quinze, se de reclusão. É a aplicação subsidiária, como permite o art. 92 da Lei 9.099/95, dos arts. 610 e 613 do Código de Processo Penal" (TOURINHO NETO, Fernando da Costa. *Juizados Especiais Federais* – Cíveis e Criminais. 4. ed. São Paulo: Saraiva, 2019, p. 767-769).

busca da reforma da decisão de rejeição da denúncia ou queixa e, consequentemente, de recebimento e prosseguimento da ação penal.

De fato, como a rejeição da denúncia ou queixa põe fim ao processo, melhor técnica é o manejo da apelação, a exemplo do que ocorre com a decisão de mérito, que condena ou absolve o réu.

A rejeição da exordial põe fim ao processo antes mesmo do início da ação penal e da concretização da relação jurídica processual, devendo, desse modo, ser adequadamente fundamentada na inobservância do art. 41 do Código de Processo Penal.

É cediço, ainda, que toda peça inicial (denúncia ou queixa) deve vir acompanhada de prova da materialidade e de indícios da autoria para cumprir o quesito da justa causa.

Cumpre alertar, todavia, que, no Juizado Especial Criminal, a prova da materialidade pode não ser ainda a definitiva, bastando que confira um *fumus boni iuris* (plausibilidade) da existência do ilícito, tanto que, no exemplo do crime de lesões corporais, a exordial pode se escorar no relatório de atendimento médico, em vez do exame de corpo de delito. Nessa fase, em que impera o princípio do *in dubio pro societate*, a dúvida ainda favorece a deflagração da ação penal, com o consequente recebimento da denúncia ou queixa.

A *contrario sensu*, não havendo elementos mínimos de materialidade ou de autoria acerca do injusto penal e insistindo o Ministério Público ou o querelante na propositura de ação penal sem nenhuma plausibilidade e viabilidade de sucesso, deve o Magistrado rejeitar a denúncia ou queixa-crime, após análise da manifestação da Defesa.

Como todo ato judicial é suscetível de equívoco e, portanto, de revisão por órgão colegiado, eventual decisão judicial de rejeição da denúncia, quando a hipótese era, na perspectiva da parte autora (acusação), de recebimento, pode dar causa ao manejo de recurso de apelação, dirigido à Turma Recursal.

Pode a acusação (Ministério Público ou querelante) protocolizar a interposição do recurso de apelação, dirigido ao Juiz sentenciante, apresentando, conjuntamente, suas razões de inconformismo.

Frise-se que a interposição da apelação será feita em petição apartada, endereçada ao Juiz que rejeitou a denúncia ou queixa-crime, e as razões de apelação serão endereçadas à Turma Recursal.

Diferentemente do que ocorre em outros ritos, as razões recursais acompanharão a interposição, devendo ambas (petição de interposição e razões de apelação) ser apresentadas em até dez dias da data de intimação. Vale lembrar que a intimação do Ministério Público ocorre a partir do momento em que recebe os autos com vistas, e não da publicação da decisão, como ocorre com o querelante.

A apelação, como forma de impugnação da rejeição da denúncia ou queixa-crime, buscará a reforma do julgado e o consequente recebimento da petição inicial.

O Magistrado que tiver proferido a decisão de rejeição fará o juízo de prelibação, encaminhando, na sequência, os autos à Turma Recursal, que revisará, por meio de seus três Juízes, o julgado impugnado. Nesse caso, atuará também um Promotor de Justiça, que funcionará como Órgão de Execução de segundo grau e apresentará parecer ministerial antes da prolatação do acórdão.

Desse modo, após interposição e arrazoamento da apelação, o Magistrado, que tiver rejeitado a denúncia ou queixa, abrirá vista dos autos à parte contrária (Defesa), que, por sua vez, apresentará contrarrazões recursais no prazo similar, dez dias (§ 2º).

Na sequência, após remessa dos autos à Turma Recursal, estes serão encaminhados ao Ministério Público com atuação em segunda instância perante aquele órgão revisor, para apresentação de parecer ministerial. Feito isso, um dos três Juízes será nomeado relator e apresentará seu voto, enquanto os outros dois votarão em continuidade, confirmando ou reformando a decisão de 1º grau.

Convém alertar que, na Lei 9.099/1995, não há previsão de sustentação oral perante a Turma Recursal, sendo esta possível, em alguns Estados, por comando de lei estadual ou de regimento interno das Turmas Recursais. Em sendo permitida a sustentação oral, deverá a parte formalizar pedido expresso nesse sentido, devendo ser intimada em prazo razoável da sessão de julgamento para que possa prepará-la.

Se o crime for de ação penal privada, o Ministério Público com atuação no Juizado Especial Criminal apresentará, na condição de fiscal da ordem jurídica, parecer recursal, após manifestação do querelante e do querelado. Ainda assim, o Promotor de Justiça com atuação na segunda instância apresentará novo parecer ministerial, após os autos serem encaminhados à Turma Recursal.

Confirmada a decisão de rejeição da denúncia ou queixa, o processo terá seu termo final, havendo baixa dos autos e encaminhamento deles ao arquivo judicial. Entretanto, se a decisão de rejeição for reformada, o acórdão servirá como recebimento da denúncia, deflagrando a ação penal, com todas as consequências jurídicas que daí advierem, entre as quais a interrupção da prescrição da pretensão punitiva.

O § 3º autoriza, caso necessária, a degravação e transcrição da fita magnética da audiência de instrução e julgamento, facilitando a visualização do que fora colhido naquele ato, no intuito de simplificar a análise da reforma ou a confirmação da sentença de 1º grau.

Esse dispositivo não tem muita operacionalização prática. Em verdade, as audiências costumam ser gravadas em CDs, com acesso facilitado e compatível com qualquer computador com *drive*, sendo possível rápida consulta de seu teor durante julgamento. Todavia, nada impede que, adaptando a regra, determine-se a transcrição do que fora colhido em cada depoimento.

Por fim, a decisão de rejeição pode ser confirmada ou reformada pelo órgão revisor (Turma Recursal), sendo certo que a decisão de segunda instância servirá como acórdão que determinará o arquivamento do processo pelo não recebimento da petição inicial ou servirá como recebimento desta, culminando no prosseguimento do feito.

O acórdão que confirmar a decisão de rejeição da denúncia ou da queixa poderá, de forma sucinta, aproveitar, como razão de decidir, a fundamentação emprestada da decisão impugnada, sem necessidade de esgotamento argumentativo ou de motivação de fôlego a demonstrar o acerto do Juiz de 1º grau.

É com certa frequência que a Turma Recursal se vale dessa regra processual, confirmando decisões de 1º grau pelos próprios fundamentos.

Tal regra, contudo, a par de simplificar o trâmite do Juizado Especial Criminal, não pode servir como regra de confirmação de decisões equivocadas, sem a necessária análise do mérito recursal.

Vale, aqui, a lição de Nereu José Giacomolli:[19]

> Poderá a Turma lavrar "acordão" da decisão ou, entendendo por manter a sentença por seus próprios fundamentos, emitir somente uma súmula, a qual servirá para comprovar o reexame da decisão. Entretanto, embora sucinta, conterá a fundamentação (motivação fática e jurídica), sob pena de ofensa ao art. 93, IX, da CF.

Em verdade, buscou o legislador otimizar a atuação do Órgão judicial revisor, sem, contudo, desprezar a necessária e adequada fundamentação. Há, assim, dispensa à repetição de fundamentação quando esta coincidir com a motivação da decisão impugnada, exigindo, todavia, exteriorização dos motivos determinantes, quando forem alheios aos que conferiram sustentáculo à decisão do Juiz de primeira instância.

Em outras palavras, por um lado, todo recurso merece análise pormenorizada sobre aquilo que se questiona, mas, por outro lado, somente aqueles que chegam a provocar a reforma do julgado impugnado precisam ser detalhadamente motivados.

Convém lembrar também que a apelação, que é um recurso ordinário de ampla devolução, serve para impugnação das decisões que condenam ou absolvem o acusado (art. 593, I, do Código de Processo Penal), como também para questionar o "não recebimento" da denúncia/queixa[20] ou para atacar os termos da homologação de transação penal, quando flagrante apresentação de vício de vontade ou quando não preenchido requisito legal.

Por óbvio, não é toda e qualquer homologação de transação que está sujeita à apelação (tratando-se de uma excepcionalidade), uma vez que careceria de interesse recursal, na medida em que a transação penal é uma construção bilateral (oferta e aceitação) de ambas as partes (Ministério Público e autor do fato).

---

19. GIACOMOLLI, Nereu José. *Juizados Especiais Criminais* – Lei n. 9.099/95. 3. ed. Porto Alegre: Livraria do Advogado, 2009, p. 166-167.

20. Insta atestar que o recebimento da denúncia ou queixa não desafia recurso previsto em lei, mas apenas o *habeas corpus*.

JUIZADO ESPECIAL CRIMINAL ART. 83

Art. 83. Cabem embargos de declaração quando, em sentença ou acórdão, houver obscuridade, contradição ou omissão.

§ 1º Os embargos de declaração serão opostos por escrito ou oralmente, no prazo de cinco dias, contados da ciência da decisão.

§ 2º Os embargos de declaração interrompem o prazo para a interposição de recurso.

§ 3º Os erros materiais podem ser corrigidos de ofício.

EMBARGOS DE DECLARAÇÃO

A nova redação conferida pela Lei 12.105/2005 alterou o texto do dispositivo acima, suprimindo do *caput* a expressão "dúvida" e deixando intacta a possibilidade de manejar os embargos de declaração quando a decisão judicial apresentar obscuridade, contradição ou omissão.

Assim, embargos de declaração é o instrumento próprio para devolver a matéria ao Juiz ou ao órgão colegiado que tiver proferido a decisão para que haja complementação que possa suprir eventual obscuridade e omissão ou para que esclareça o comando decisório, superando alguma contradição.

É preciso deixar claro que embargos de declaração não é propriamente recurso para revisão de decisão por outro órgão jurisdicional, como forma a dar azo ao princípio do duplo grau de jurisdição, mas maneira de devolver a matéria ao próprio Juiz que proferiu a decisão, para que informe e esclareça pontos que não ficaram perfeitamente cristalinos e podem trazer dificuldade às partes no cumprimento do comando decisório. Deve, pois, ser dirigido ao próprio Juiz ou órgão responsável pela decisão impugnada.

Como não se trata propriamente de recurso, não será necessário que o Juiz oportunize contrarrazões à parte *ex adversa*, podendo, de plano, revisar a matéria e, se for o caso, suprir-lhe a falha.

Nota-se, contudo, que haverá situação em que a complementação da decisão poderá chegar além dos limites do mero esclarecimento, invadindo a própria matéria de mérito, especialmente em hipótese em que a omissão ou a contradição forem indissociáveis do tema decisório central e que, diante da correção, cheguem a causar mutação do comando ali contido. A isso se dá o nome de efeitos infringentes dos embargos declaratórios. Se isso ocorrer, haverá necessidade de a parte contrária ter acesso e prazo para se manifestar, sob pena de ofensa ao contraditório.[21]

---

21. STF – RE 250.396-7/RJ, DJ 12.05.2000.

A Lei 9.099/1995 franqueou prazo de 5 (cinco) dias para apresentação de embargos declaratórios, enquanto o Código de Processo Penal conferiu apenas 2 (dois) dias (art. 619 do CPP).

Nesse ponto, há certo exagero da Lei 9.099/1995, pois o rito nela trazido é sumaríssimo e não haveria motivos para estipular um prazo superior ao do Código de Processo Penal.

Outra diferença substancial entre a regra especial da Lei 9.099/1995 e o Código de Processo Penal é que, no rito sumaríssimo, os embargos de declaração interrompem (começam do marco zero e determinam a recontagem) o prazo de outros recursos, enquanto que, pela norma geral, apenas suspendem o referido interstício (reiniciam a contagem sem desprezar o prazo que a parte utilizou para interpor os embargos).

A interrupção do prazo para interposição de outros recursos tem a sua razão de existir, pois, somente com o acolhimento dos embargos de declaração – consequentemente, com a supressão das falhas –, é que se tem a certeza do comando da decisão, de modo a permitir que a parte saiba se a decisão lhe foi favorável ou lhe impôs sucumbência. Assim, após nova decisão, a parte poderá avaliar melhor se lhe é viável impugnar o julgado e qual o recurso adequado.

No mais, impende ressaltar que, uma vez prolatada a decisão, o Juiz esgota, não raras vezes, sua jurisdição naquela etapa processual, dificultando a retomada da análise da matéria pela preclusão ou coisa julgada (conforme o caso). Nesse passo, os embargos devolvem a matéria ao Juiz sentenciante para que colmate eventual lacuna, sem os quais isso não seria possível.

Convém alertar, todavia, que a própria Lei 9.099/1995 autoriza, na hipótese de comprovado erro material (digitação ou falha textual), que o Magistrado retome à fase de confecção da decisão, sanando, de ofício (sem necessidade de provocação da parte), o equívoco. E mais: é bom deixar claro que somente as questões relevantes ao deslinde do feito podem ser objeto de embargos de declaração, uma vez que pormenores irrelevantes não são examinados.[22]

RECURSO EM SENTIDO ESTRITO

Muito se discutiu se o recurso em sentido estrito, previsto no art. 581 do Código de Processo Penal, seria instrumento adequado para impugnação de decisões no Juizado Especial Criminal.

Em geral, por ser instrumento de impugnação de decisões interlocutórias (hipóteses taxativas que não admitem aplicação expansiva), haveria certa resistência em aceitá-lo, no Juizado Especial Criminal, para que não acarretasse uma delonga

---

22. STF, RE 92-346-1/RJ, DJ 06.03.1981.

no trâmite processual e na prestação jurisdicional, de forma a contrariar o princípio da celeridade. Todavia, existe divergência doutrinária e jurisprudencial.

Ada Pellegrini Grinover, Magalhães Gomes Filho e Fernando Scarance Fernandes,[23] além de Luiz Flávio Gomes, aceitam a interposição de recurso em sentido estrito para atacar decisão em que o Juiz do Juizado Especial Criminal se julga incompetente ou na hipótese em que erroneamente decreta a extinção da punibilidade do agente. Tal conclusão decorre da falta de previsão na Lei 9.099/1995 e da aplicação subsidiária do Código de Processo Penal, conforme indica o próprio art. 92 da primeira.

No mesmo sentido, foi o entendimento da 5ª Turma do Superior Tribunal de Justiça, ao julgar o REsp 164.387/RJ, na relatoria do Ministro José Arnaldo, ao prever a aplicação do art. 581 do Código de Processo Penal (recurso em sentido estrito) para decisões que concedem ou negam suspensão condicional do processo por analogia à hipótese ali prevista para impugnação das decisões que concedem ou negam suspensão condicional da pena.[24]

Fernando da Costa Tourinho Neto[25] admite a interposição do recurso em sentido estrito nos Juizados Especiais Criminais, "pois não contraria a filosofia; e sua não admissibilidade pode criar situações embaraçosas, não se tendo como recorrer de determinadas decisões".

Nereu José Giacomolli aceita a possibilidade de recurso em sentido estrito para atacar as decisões interlocutórias previstas no art. 581 do Código de Processo Penal, e até o agravo em execução, para impugnar as decisões proferidas em sede de execução penal.[26]

Todavia, no Encontro Nacional de Coordenadores de Juizados Especiais, realizado no Estado do Espírito Santo em maio de 2000, foi construído entendimento, traduzido no Enunciado 19, que atesta não caber recurso em sentido estrito no Juizado Especial Criminal.

No mesmo sentido, o FONAJE, em seu Enunciado 48, concluiu que "o recurso em sentido estrito é incabível em sede de Juizados Especiais Criminais".

---

23. GRINOVER, Ada Pellegrini et al., p. 198.

24. Artigo 581, XI, do Código de Processo Penal – Caberá recurso, no sentido estrito, da decisão, despacho ou sentença (...) que conceder, negar ou revogar a suspensão condicional da pena.

25. TOURINHO NETO, Fernando da Costa. *Juizados Especiais Federais*. 4. ed. São Paulo: Saraiva, 2019, p. 754.

26. "Não vedando a Lei 9.099/95 a impugnabilidade das decisões interlocutórias, estas são recorríveis, nos termos do art. 581 do CPP (recurso em sentido estrito) e do art. 197 da Lei 7210/84 (agravo em execução) por força do art. 92 desta lei. Embora conste no art. 581 o cabimento do recurso em sentido estrito, quando a decisão é proferida pelo juízo da execução penal, o remédio jurídico cabível é o agravo em execução, e não o constante no art. 581 do CPP. As decisões interlocutórias não constantes no rol do art. 581 do CPP, quando definitivas – encerrarem o processo com julgamento do mérito (perdão judicial, v.g.) – ou com força de definitivas – solucionam processos incidentais –, comportam o recurso de apelação, com fundamento no art. 593, II, do mesmo diploma legal (não homologação da transação penal)" (GIACOMOLLI. Nereu José. *Juizados Especiais Criminais*. Porto Alegre: Livraria do Advogado, 2009, p. 168).

Seja como for, na prática, não se vislumbra a interposição do recurso em sentido estrito. Em substituição, apresenta-se o recurso de apelação, especialmente em face das decisões terminativas.

Pelo princípio da fungibilidade, seja com a interposição do recurso em sentido estrito ou da apelação, não se pode impedir que a matéria atacada seja apreciada e revista, sob pena de afronta ao princípio do duplo grau de jurisdição.

EMBARGOS INFRINGENTES

Essa espécie de recurso, conforme art. 609 do Código de Processo Penal,[27] vale para impugnar decisões colegiadas que não tenham sido unânimes.

Questiona-se a existência desse recurso para impugnar decisões colegiadas de Tribunal, visto contrariar a própria essência desses julgamentos. Ora, se, em regra, compõem a Turma Julgadora três Juízes, não é de se esperar que todos eles pensem igualmente acerca da matéria a ser decidida. A composição ímpar do órgão colegiado é justamente para permitir que se chegue a uma conclusão, independentemente se unânime ou por maioria.

Assim, se é duvidosa a necessidade dos embargos infringentes na Justiça Comum, o que não dizer para a impugnação de decisões da Turma Recursal dos Juizados Especiais Criminais? Crê-se, pois, por conta do princípio da celeridade processual, que os embargos infringentes não devem ser acolhidos no Juizado Especial Criminal, especialmente porque, aqui, não há que se falar em limitação ao duplo grau de jurisdição.[28]

Tal situação jurídica não passou despercebida por Fernando da Costa Tourinho Neto,[29] em obra escrita em conjunto, *Juizados Especiais Federais*:

> Tal recurso deveria ser eliminado do Juízo Comum, quanto mais do Juizado Especial. Maioria ou não, a decisão está tomada e o réu, vencido, deverá interpor, após, se for o caso, dos embargos de declaração, o recurso extraordinário, se cabível. Imaginem se na localidade só for instalado um Juizado. Como fazer? Pela filosofia dos Juizados Especiais, não há lugar para tal tipo de recursos.

---

27. Artigo 609, parágrafo único, do Código de Processo Penal – Quando não for unânime a decisão de segunda instância, desfavorável ao réu, admitem-se embargos infringentes e de nulidade, que poderão ser opostos dentro de dez dias, a contar da publicação de acórdão, na forma do art. 613. Se o desacordo for parcial, os embargos serão restritos à matéria objeto de divergência.

28. "Contudo, a melhor interpretação é a de que a expressão não diz respeito às turmas de julgamento afetas aos Juizados Especiais Criminais, mas sim às 'turmas recursais' dos Tribunais, apenas. A própria composição da turma julgadora, integrada por três juízes, impediria a operacionalização desse recurso, pois seria necessária a convocação de mais dois membros de outra turma, o que se mostraria incompatível com os princípios norteadores dos Juizados Especiais Criminais" (RESTANI, Diogo Alexandre. *Juizados Especiais Criminais*. São Paulo: Jhmizuno Ed., 2019, p. 70).

29. TOURINHO NETO, Fernando da Costa. *Juizados Especiais Federais*. 4. ed. São Paulo: Saraiva, 2019, p. 755.

De fato, o Juizado Especial Criminal deve ser pensado para resolução de situações que acontecem em todas as localidades, e não somente nas capitais, onde há uma maior estrutura e presença do Estado.

Se já é difícil a reunião de três Juízes para a formação da Turma Recursal em várias localidades do nosso imenso território nacional, o que dizer de outros tantos que possam dirimir divergência dos primeiros? Sem dúvida, os embargos infringentes não se harmonizam com os Juizados Especiais Criminais.

Contrariando o acima dito e consolidando posição minoritária, José Barcelos de Souza e Marcellus Polastri Lima[30] admitem os embargos infringentes nos Juizados Especiais Criminais, devendo sua interposição ocorrer no Tribunal de Justiça, na medida em que a criação das Turmas Recursais é uma faculdade e não se presta a impedir uma interpretação extensiva do art. 3º do Código de Processo Penal.

Pelo sim ou pelo não, não se vê, na praxe forense, a interposição de embargos infringentes e de nulidade em sede de Juizados Especiais Criminais.

CARTA TESTEMUNHÁVEL

Não há óbice algum para que a carta testemunhável seja uma via adequada no Juizado Especial Criminal. Ela é utilizada para a situação em que o Juiz denega o recurso ou, se o admitir, impede seu seguimento (art. 639 do Código de Processo Penal).[31].

Na verdade, a carta testemunhável é recurso que garante a apreciação de outro recurso, conferindo concretude ao princípio do duplo grau de jurisdição.

Há que se ficar atento à situação em que o Juiz denega o recurso de apelação, pois, nesse caso, é cabível o recurso em sentido estrito (art. 581, XV, do Código de Processo Penal).[32] Para os que defendem a ideia de que não cabe recurso em sentido estrito nos Juizados Especiais Criminais, melhor será a interposição da carta testemunhável.

Ainda, da decisão que denega embargos de declaração, caberá agravo regimental, e não carta testemunhável.

Excetuando as situações acima, da denegação de qualquer outro recurso, a carta testemunhável será a via adequada para impugnação.

---

30. LIMA. Marcellus Polastri. *Juizados Especiais Criminais – O procedimento sumaríssimo no processo penal.* 2. ed. São Paulo: 2013, p. 93.

31. Artigo 639 do Código de Processo Penal – Dar-se-á a carta testemunhável: I – da decisão que denegar o recurso; II – da que, admitindo o recurso, obstar à sua expedição e seguimento para o juízo ad quem.

32. Artigo 581, XV, do Código de Processo Penal – Caberá recurso, no sentido estrito, da decisão, despacho ou sentença (...) que denegar a apelação ou a julgar deserta.

RECURSOS ESPECIAL E EXTRAORDINÁRIO

É unânime o entendimento de que, nos Juizados Especiais Criminais, não se pode manejar o recurso especial no Superior Tribunal de Justiça, uma vez que o art. 105, inciso III, da Constituição da República traz a hipótese de impugnação das decisões, em única ou última instância, pelos Tribunais Regionais Federais ou pelos Tribunais dos Estados, do Distrito Federal e Territórios.

Não existe previsão constitucional de recurso especial para impugnar decisões da Turma Recursal.

O Superior Tribunal de Justiça sumulou entendimento, atestando que "não cabe recurso especial contra decisão proferida por órgão de segundo grau dos Juizados Especiais" (Súmula 203 – STJ).

Em relação ao recurso extraordinário, previsto no art. 102, inciso III, da Constituição da República, é possível dizer que é cabível, também, nos Juizados Especiais Criminais, porquanto o texto constitucional não restringe as hipóteses de cabimento pelo formato de órgão judicante (se Tribunal ou Turma Recursal), mas apenas faz menção a quais matérias são impugnáveis por essa via.

Oportuna a lição de Fernando da Costa Tourinho Neto:[33]

> "De qualquer forma, mantendo-se a coerência e lógica desse entendimento, parece-nos evidente que o argumento maior para a admissibilidade do recurso extraordinário seja realmente a violação da Constituição Federal em qualquer decisão em única ou última instância, independentemente de se tratarem as 'Turmas' nos Juizados Especiais de Colegiado de primeiro ou segundo graus, ou se é ontologicamente ou não um 'Tribunal' especial regional, com competência definida pela Lei 9.099/1995 ou pela Lei 10.259/2001, somando-se ao requisito da repercussão geral.

A propósito, merece relevo o verbete 640 da Súmula do Supremo Tribunal Federal: "*É cabível recurso extraordinário contra decisão proferida por juiz de primeiro grau nas causas de alçada, ou por turma recursal de juizado especial cível ou criminal*".

E mais, a Lei 10.259/2001 (Juizados Especiais Federais) atesta o cabimento do citado recurso, trazendo, de forma clara, que o "recurso extraordinário, para os efeitos desta lei, será processado e julgado segundo o estabelecido nos parágrafos 4° e 9ª, do artigo 14, além da observância das normas do Regimento".

Assim, poderão ser objeto de recurso extraordinário as decisões que contrariarem dispositivo da Constituição da República (art. 102, III, alínea "a"), que declararem inconstitucionalidade de tratado ou lei federal (art. 102, III, alínea "b"), que julgarem válida lei ou ato de governo local em face da Constituição Federal (art. 102, III, alínea "c") ou, por fim, que julgarem válida lei local em face de lei federal (art. 102, III, alínea "d").

---

33. TOURINHO NETO. Fernando da Costa. *Juizados Especiais Federais – Cíveis e Criminais*. 4. ed. São Paulo: Saraiva, 2019, p. 370-371.

O recurso extraordinário será interposto perante o Juiz-Presidente da Turma Recursal, mediante petição escrita, no prazo de 15 dias (art. 1003, § 5º, do Código de Processo Civil). Após oportunizar contrarrazões à parte contrária, serão encaminhados os autos ao Supremo Tribunal Federal. Convém lembrar que a via do recurso extraordinário é estreita e não admite discussão fática ou probatória, tratando apenas de matéria de Direito.

A não admissão do recurso extraordinário desafia o recurso de agravo,[34] cuja petição será dirigida ao Juiz-Presidente da Turma Recursal, independentemente de pagamento de custas ou de despesas postais, possibilitando o juízo de retratação pela Turma Recursal.[35]

AÇÕES CONSTITUCIONAIS – *HABEAS CORPUS*, MANDADO DE SEGURANÇA E REVISÃO CRIMINAL

Habeas corpus é uma ação com previsão constitucional (art. 5º, LXVIII, da Constituição da República),[36] que tem por objetivo proteger o cidadão de qualquer abuso de poder real ou potencial de privação de sua locomoção.

No afã de evitar situações de privação de liberdade de locomoção, o *habeas corpus* pode vir como remédio a neutralizar uma prisão ilegal (*habeas corpus* liberatório, com a obtenção de alvará de soltura) ou a impedir uma situação futura e iminente (*habeas corpus* preventivo com obtenção de salvo conduto).

O sistema brasileiro, ao contrário de alguns que nem sequer aceitam hipóteses de *habeas corpus* (a exemplo do francês, que não contempla nada semelhante ao remédio constitucional pátrio), traz uma inovação tamanha que abraça a situação de trancamento da investigação ou da ação penal.

A crítica a esse amplo espectro reside na existência de situação na qual o *habeas corpus* servirá para trancar investigação ou o próprio curso da ação penal, violando, assim, sem sombra de dúvidas, o próprio exercício do direito de ação, que, além de ser um direito constitucional de quem detém a persecução penal e que compreende sua própria instrumentalização e o aparelhamento para o embate judicial (busca de provas), é um direito de ver o mérito de sua pretensão julgado pelo Judiciário, sob pena de afronta também ao princípio da indeclinabilidade da jurisdição.

De mais a mais, por ser instrumento excepcional, não se admite discussão fática e probatória. Assim, difícil é aceitar trancamento de investigação ou de ação penal sem adentrar, ainda que superficialmente, na análise meritória.

---

34. Súmula 727 STF – "Não pode o magistrado deixar de encaminhar ao Supremo Tribunal Federal o agravo de instrumento interposto da decisão que não admite recurso extraordinário, ainda que referente a causa instaurada no âmbito dos juizados especiais."

35. STF, RE 422238 AGR/RJ – Rio de Janeiro, rel. Min. Marco Aurélio, j. 23.11.2004.

36. Artigo 5º, LXVIII, da CF – "conceder-se-á habeas corpus sempre que alguém sofrer ou se achar ameaçado de sofrer violência ou coação em sua liberdade ou coação em sua liberdade de locomoção, por ilegalidade ou abuso de poder".

Malgrado a existência de discussão (*supra*), é certo que a doutrina e a jurisprudência pátrias têm admitido o *habeas corpus* para soltar o paciente preso injustamente ou para proteger aquele que está na iminência de ser encarcerado, além da hipótese de trancamento de investigação ou do curso da ação penal.

Seja qual for a hipótese acima a sugestionar a impetração do *habeas corpus*, é forçoso reconhecer que, para o ordenamento jurídico pátrio, todas elas estão atreladas à ideia de restrição da liberdade de locomoção. Até mesmo as situações de trancamento da investigação ou do curso da ação penal remetem, com alargamento demasiado e interpretação extensiva, à noção de restrição da locomoção, pois, havendo investigação, esta poderá acarretar a ação penal, que, por sua vez, poderá culminar em condenação, que, por derradeiro, chegará, a depender da gravosa situação e da quantia da pena aplicada, à prisão do paciente.

Se a privação da liberdade é apenas uma variável de uma condenação criminal em uma ação penal bem-sucedida, após investigação bem feita, é difícil aceitar a hipótese de cabimento de *habeas corpus* para trancar investigação ou a ação penal. Essa é uma situação em que, se aplicado o princípio da proporcionalidade em sua faceta de vedação da proteção insuficiente, o remédio heroico não seria acolhido.

Ora, se há dúvidas quanto ao acerto sobre cabimento do *habeas corpus* na hipótese de trancamento de investigação ou da própria ação penal nos crimes comuns, o que não dizer da aplicação desse remédio constitucional para as infrações de menor potencial ofensivo, junto ao Juizado Especial Criminal? Se é a privação da liberdade, em última análise, o gatilho para justificar a impetração de *habeas corpus*, seria possível o manejo desse instrumento, em sede de Juizado Especial Criminal, nas situações em que, em geral, não se chega à prisão do condenado?

Se o que justifica o *habeas corpus* é o temor de que a ação penal logre êxito em confirmar a materialidade e a autoria da infração penal e, consequentemente, haja condenação do acusado, que culmine na prisão-pena dele, deslegitimado estaria o remédio constitucional para o Juizado Especial Criminal, na medida em que ínfimas são as sanções e diminutas são as chances estatísticas de prisão como resultado de uma resposta estatal. Assim, se não há temor de prisão, não existe razão a embasar o *habeas corpus*.

Todavia, se contrapõe o entendimento de que a quantidade da pena aplicada não tem o condão de impedir a impetração do *habeas corpus*, visto que existem casos em que a pena privativa de liberdade, ainda que pequena, não pode ser substituída pela restritiva de direito (arts. 43 e 44 do Código Penal), em especial quando o *modus operandi* contempla violência ou grave ameaça. Nessas situações, ainda que minúscula a pena, esta será somada em eventual condenação anterior, unificando-se com as demais sanções aplicadas e contribuindo para o alargamento do tempo de cárcere.

Desse modo, ao impedir a investigação ou o desfecho da ação penal, obstada estará a condenação e, consequentemente, o incremento do tempo de cárcere, após eventual unificação de pena.

Ao que parece, contudo, esse raciocínio é por demais expansivo, acolhendo, como justificativa e fundamento de cabimento do *habeas corpus*, uma possibilidade remota e reflexa de privação de liberdade.

Apesar do arrazoado acima, é tranquilo o posicionamento de que, no Juizado Especial Criminal, é cabível a impetração do *habeas corpus*, inclusive nas hipóteses de trancamento da investigação ou da ação penal.

Coloca-se aqui uma peculiaridade: em regra, no Juizado Especial Criminal, não há investigação, mas apenas a lavratura de termo circunstanciado de ocorrência, que não demandaria elasticamente nenhuma diligência mais complexa. Se assim o é, não haveria motivo para trancar TCO de infrações de menor potencial ofensivo via *habeas corpus*.

É bem verdade que alguns TCOs podem exigir, para a elucidação dos fatos, a concretização de alguma diligência simples, sendo possível, por analogia ao que ocorre na Justiça Comum, a impetração de *habeas corpus*, a depender da situação concreta.

Sobre o viés da existência de constrangimento de suportar uma ação penal sem um suporte probatório inicial concreto, a sugestionar o trancamento por intermédio do *habeas corpus*, é forçoso reconhecer que esse tipo de situação comumente ocorre no Juizado Especial Criminal, porque a própria Lei 9.099/1995 dispensou a realização de investigação minuciosa.

Como vimos, há, na Lei 9.099/995, uma supervalorização do princípio do *in dubio pro societate*, de modo que a exata noção do que efetivamente ocorreu, com sua mecânica e meandros, surgirá no curso da ação penal, durante a instrução criminal.

Nesse passo, não será possível trancar ação penal por meio do *habeas corpus*, fulcrando-se na ausência de justa causa e de suporte probatório mínimo, porquanto a própria lei exige a promoção da ação penal sem uma investigação formal. Se algum constrangimento pudesse vir dessa situação, este não seria considerado ilegal, pois decorre de mandamento legal, obstando o êxito do citado remédio constitucional.

Crê-se, desse modo, que não seria tecnicamente viável o *habeas corpus* para trancamento da investigação e da ação penal. Da mesma forma, não se vê como certo o referido remédio jurídico na modalidade preventiva, uma vez que é pouco provável haver prisão em sede de Juizado Especial, principalmente escorado em uma atividade de adivinhação em relação a uma iminente e futura decisão que determine a privação de liberdade pela prática de um crime de menor potencial ofensivo. Sobraria, assim, palpável apenas o *habeas corpus* liberatório, para as situações, pouco usuais, em que o paciente estivesse preso injustamente em razão de cometimento de infração de menor potencial ofensivo.

Feitos os necessários e iniciais esclarecimentos e partindo do pressuposto de que a doutrina e a jurisprudência não restringem a hipótese de *habeas corpus* para o Juizado Especial Criminal, convém apontar que havia discussão sobre quem seria o órgão julgador competente para avaliar o remédio constitucional.

Sempre houve a ideia de que o órgão judicial competente para julgar o *habeas corpus* é aquele que está numa situação de sobreposição processual[37] em relação à autoridade que tiver dado causa ao constrangimento dito ilegal. Assim, se a autoridade coatora for o Delegado de Polícia, o Juiz de Direito do Juizado Especial Criminal será o que decidirá sobre o *habeas corpus*. Da mesma forma, se a autoridade coatora for o Juiz de Direito do Juizado Especial Criminal, a Turma Recursal será competente para julgar a ação constitucional. Esse entendimento vem escorado na noção de que a Constituição da República não fixou competência do Tribunal de Justiça para a espécie, dando margem à interpretação e abertura para a Turma Recursal, bastando que seja um órgão revisor de segundo grau.[38]

Convém alertar que há autores (entre eles, Ada Pellegrini Grinover) que se fincam na ideia de que é o Tribunal de Justiça (na seara Estadual) que deverá apreciar *habeas corpus* impetrado contra ato de Juiz de Direito do Juizado Especial Criminal, pois, nesse caso, o fiel da balança para definir a competência é a hierarquia, anunciada pelo art. 650, § 1º, do Código de Processo Penal.[39]

Em que pesem posições divergentes, valendo-se da Súmula 690 do STF, fica claro que as decisões da Turma Recursal consideradas constrangimento ilegal podem ser objeto de julgamento, via *habeas corpus*, originariamente no próprio Supremo Tribunal Federal.

Com relação à participação do Ministério Público, em 1º grau, na apreciação do *habeas corpus*, crê-se que, ao atuar como fiscal da ordem jurídica e das garantias, deve ele ter vista dos autos, tudo com fundamento de existência no art. 127 da Constituição da República e no Decreto-Lei 552/1969.[40]

No mais, seguem, aqui, as regras de impetração semelhantes às de outros procedimentos, devendo ser recordado que existe o impetrante (que ajuíza a ação constitucional) e o paciente (o beneficiário do *habeas corpus*), que podem ou não se confundir na mesma pessoa, pois, para manejar tal instrumento jurídico, não se faz necessário ter capacidade postulatória nem habilitação técnica.

Em outras palavras, qualquer pessoa pode impetrar *habeas corpus* em seu próprio proveito ou no de terceiro, não necessitando ser Advogado para tanto.

Vale lembrar ainda que não existem formalidades demasiadas para a utilização do *habeas corpus*, a fim de facilitar o acesso ao Judiciário.

---

37. Essa sobreposição processual nada tem de hierarquia funcional ou de relevância (visto que todas as tarefas processuais são importantes para o funcionamento da engrenagem do sistema de Justiça), sendo decorrente apenas do fato de que todo ato que potencialmente ofenda direitos possa ser apreciado e revisto pelo Poder Judiciário. Assim, se o Delegado de Polícia está como autoridade coatora, será o Juiz de Direito a apreciar o ato dito ofensivo. Se for o Juiz de Direito a autoridade coatora, a Turma Recursal poderá rever o ato, dentro da dinâmica do Juizado Especial Criminal.

38. LIMA. Marcellus Polastri. *Juizados Especiais Criminais*. 2. ed. São Paulo: Atlas, p. 95.

39. GRINOVER. Ada Pellegrini et al. p. 123-124.

40. GIACOMOLLI. Nereu José. *Juizados Especiais Criminais – Lei n. 9.099/95*. 3. ed. Porto Alegre: Livraria do Advogado, 2009, p. 176.

A autoridade que deu causa ao suposto ato abusivo (também conhecida como autoridade coatora) será instada a esclarecer os motivos do ato ou da decisão, prestando informações ao órgão que julgará o *habeas corpus*.

O outro instrumento constitucional é o mandado de segurança, que diverge do *habeas corpus*, pois visa a atacar decisão de autoridade que, apesar de abusiva e ilegal, não está vinculada a nenhuma afronta ao direito de ir e vir do cidadão.

Mandado de segurança, previsto no art. 5º, LXIX, da Constituição da República, serve para impugnar eventual ilegalidade ou abuso de poder, que atinja direito líquido e certo, praticado por autoridade pública ou por agente que esteja no exercício do poder público. O citado remédio jurídico é ação constitucional subsidiária, que poderá ser impetrado somente quando o ato impugnado não for objeto de *habeas corpus* ou de *habeas data*.

Não há restrição ao mandado de segurança em matéria penal, seja lá qual for o rito empregado. No Juizado Especial Criminal, tem sido aceito, entre outras situações, o mandado de segurança quando o Juiz aplica a transação penal ou a suspensão condicional do processo, de ofício, sem oferta do Ministério Público.

Nota-se que, para a impetração do mandado de segurança, é preciso observar o prazo máximo de 120 dias da ocorrência do abuso de poder ou da ilegalidade. Ultrapassado esse interstício, não será possível a via do mandado de segurança. Convém lembrar que esse prazo é equivalente para qualquer infração penal, seja ela do Juizado Especial Criminal ou não.

Surge discussão acerca da competência para julgar o mandado de segurança em sede de Juizado Especial Criminal. Se a autoridade coatora for o Delegado de Polícia, seguindo o que já foi dito, será o Juiz de Direito do Juizado Especial Criminal quem avaliará a *questio*.

Todavia, se for o Juiz de Direito aquele que figura como autoridade coatora, transferida estará a competência para a Turma Recursal apreciar o mandado de segurança.

Nereu José Giacomolli alerta para situação curiosa: contra atos da Turma Recursal ou de Juízes que nela atuam, o mandado de segurança deverá ser impetrado no próprio órgão (Turma Recursal), nos termos do art. 21, VI, da LOMAN, já que os artigos 102, I, "d", e 105, I, "b", ambos da Constituição da República, restringem a competência originária dos Tribunais Superiores (STF e STJ).[41]

Tal como acontece em relação a outros crimes, o mandado de segurança impetrado na seara das infrações penais de menor potencial ofensivo segue as mesmas regras dos demais. O impetrante, aqui, deve ter capacidade postulatória e a autoridade coatora será chamada a esclarecer ao órgão competente para julgar o *mandamus* os motivos e os meandros do ato dito abusivo.

---

41. GIACOMOLLI. Nereu José. *Juizados Especiais Criminais – Lei n. 9.099/95*. 3. ed. Livraria do Advogado. p. 177.

Assim como o *habeas corpus*, o mandado de segurança não admite dilação probatória ou esforço de demonstração fática, visto que tem como pressuposto a análise de direito líquido e certo, ou seja, de fatos incontroversos.

Outra possibilidade, tanto no Juizado Especial Criminal quanto na Justiça Comum, é a revisão criminal – remédio jurídico que busca desfazer a coisa julgada, quebrantando a definitividade do comando decisório anterior, com o objetivo de devolver o *status dignitatis* ou *libertatis* do condenado.

A revisão criminal está prevista no art. 621 do Código de Processo Penal, dispositivo legal que pode ser utilizado no rito especial do Juizado Especial Criminal por regra de aplicação subsidiária, uma vez que não é incompatível com o espírito da Lei 9.099/1995.

Desse modo, poderão ser revistos os processos, com nova análise meritória, mesmo após o trânsito em julgado da sentença condenatória, (I) quando esta for contrária ao texto expresso da lei penal ou à evidência dos autos, (II) quando a sentença condenatória se fundar em depoimentos, exames ou documentos comprovadamente falsos ou, ainda, (III) quando, após a sentença, se descobrirem novas provas de inocência do condenado ou de circunstância que determine ou autorize diminuição especial da pena.

A revisão criminal não é recurso, mas ação autônoma, que provoca nova análise do mérito acerca da infração penal, com o fito de desfazer julgamento anterior.

Insta realçar que a revisão criminal só pode ser manejada pelo condenado, e não pelo Ministério Público ou pelo querelante. Não existe revisão criminal *pro societate*.

O fundamento de existência e da validade da coisa julgada e da impossibilidade de revisão *pro societate* está no texto do art. 5º, XXXVI, da Constituição da República ("o acusado absolvido por sentença passada em julgado não poderá ser submetido a novo processo pelos mesmos fatos").

Malgrado as hipóteses do art. 621 do Código de Processo Penal prevejam apenas as situações de revisão de sentença condenatória, há quem reconheça que, por uma interpretação extensiva em favor do réu, pode-se alargar as hipóteses de cabimento da revisão criminal, abrigando, no Juizado Especial Criminal, o desfazimento da transação penal ou da suspensão condicional do processo, quando o oferecimento de tais benefícios estiver ancorado em elementos de prova que, posteriormente, se mostraram inexistentes.

Não se pode olvidar que a aplicação de "penas restritivas de direitos" contidas na transação penal ou a imposição das condições da suspensão do processo são aflições suficientes para diminuir o livre arbítrio do cidadão e seu integral *status dignitatis*. Assim, seguindo essa linha, podem ser passíveis de objeto de revisão criminal se presentes evidências de que foram oferecidas em franco prejuízo do réu.

Desse modo também pensou Nereu José Giacomolli:[42]

---

42. GIACOMOLLI. Nereu José. *Juizados Especiais Criminais*. 3. ed. Porto Alegre: Livraria do Advogado, p. 178-179.

> Caberá revisão criminal da sentença homologatória da transação penal criminal e da suspensão condicional do processo? A vedação restringe-se à sentença absolutória e um dos objetivos da revisão criminal é o restabelecimento do *status dignitatis* do cidadão, o qual é atingido mesmo com o cumprimento de uma medida criminal alternativa à pena privativa de liberdade e de certas condições, em substituição ao processamento. Ademais, a transação penal impede novo acordo criminal no prazo de cinco anos. Portanto, é de ser admitida a revisão criminal da sentença que homologa ou aplica as alternativas penológicas da multa ou da pena restritiva de direitos (demonstração do erro, da prova viciada, por exemplo), bem como na que homologa ou aplica a suspensão condicional do processo.

Nota-se, contudo, que as sentenças homologatórias de transação penal e de suspensão condicional do processo, diferentemente das condenatórias, não necessitam de sustentáculo probatório robusto, de modo que a demonstração do equívoco é por demais difícil. Assim, na prática, ainda que se adote esse posicionamento, não se verá, com frequência, a admissão da revisão criminal nessas hipóteses, tornando-se via estreita para que não sirva de desconstrução da segurança jurídica.

Para o manejo da revisão criminal nessa situação, faz-se necessário que a homologação judicial do benefício de suspensão condicional do processo ou da transação penal tenha se tornado definitiva e que não possa mais sofrer mutação. É aqui, de fato, que se vislumbra um problema de se admitir a revisão criminal para impugnar sentença homologatória de transação penal ou de suspensão condicional do processo.

Como visto, é pressuposto de cabimento da revisão criminal que a decisão homologatória do benefício produza seus efeitos e que esta tenha se tornado definitiva.

Ao contrário de outras sentenças, as quais a definitividade e a imutabilidade de seus efeitos decorrem do término do prazo recursal, as decisões homologatórias da transação penal e as de suspensão condicional do processo não produzirão coisa julgada se o autor do fato não cumprir integralmente o benefício, podendo ser revogada a qualquer tempo, antes da extinção da punibilidade.

Assim, se o agente descumprir o comando da sentença homologatória, esta perderá seus efeitos e o processo retomará seu curso, afastando qualquer noção de coisa julgada. Nessa toada, inexistindo coisa julgada, não poderá a sentença homologatória do benefício ser objeto de revisão criminal.

Ainda, é bom lembrar que a revisão criminal, como ação, não tem prazo para ajuizamento, bastando que não tenha havido a prescrição ou outra razão de extinção da punibilidade, o que tornaria inócua qualquer discussão.

Por fim, na questão da competência, há divergências acerca do órgão judicante ao qual deverá ser dirigida a revisão criminal.[43] Há quem diga que, por ser a Turma Recursal órgão de duplo grau de jurisdição do Juizado Especial Criminal, caberia a ela a análise das revisões criminais. Marcellus Polastri Lima, porém, citando Weber Martins Batista e o Ministro Luiz Fux, atesta que é o Tribunal de Justiça o órgão competente para realizar

---

43. "Assim, das condenações da TRCrim, cabe revisão criminal às Turmas Recursais Criminais" (GIACOMOLLI, Nereu José. *Juizados Especiais Criminais* – 9.099/95. 3. ed. Porto Alegre: Livraria do Advogado. p. 178).

a análise da revisão criminal de infrações penais de menor potencial ofensivo, seja na demonstração do equívoco da sentença de 1º grau ou de acórdão da Turma Recursal.[44]

Todavia, melhor seria que a revisão criminal que visa atacar sentença condenatória de 1º grau (que transitou em julgado) fosse julgada pela Turma Recursal, pois é o órgão que cumpre o papel de duplo grau de jurisdição do Juizado Especial Criminal. Ao Tribunal de Justiça poderia ficar reservada a hipótese de impugnação do acórdão da Turma Recursal.

CORREIÇÃO PARCIAL

Este instrumento de impugnação não é propriamente recurso, mas remédio jurídico de restabelecimento do curso natural do processo de cunho judicial e administrativo.[45] Não pode ser considerado recurso, pois não se oportuniza um contraditório, a parte processual *ex adversa* não será intimada a contra-arrazoar, malgrado, como efeito de seu acolhimento, possa haver alteração e modificação da decisão.

Ada Pellegrini Grinover, Antonio Magalhães Gomes Filho e Antonio Scarance Fernandes ensinam que a correição parcial, que outrora assumia a condição de medida disciplinar ou de recurso administrativo, foi, pouco a pouco, vestindo a forma de recurso processual:

> A correição, que pelo seu próprio nome deveria ser medida de caráter disciplinar, foi, com o tempo, firmando-se como típico recurso processual. Não foi rápida, nem pacífica, contudo, a aceitação pela doutrina e pela jurisprudência dessa natureza. (...) Como serve a correição para os tribunais reformarem decisão judicial que tenha causado problemas ao regular desenvolvimento do processo, apresenta os elementos essenciais de todo o recurso, não se podendo negar-lhe essa natureza.

Essa via de impugnação tem como objetivo a retomada do curso processual, afastando inversão tumultuária, ocasionada por decisão teratológica do Juiz, seja por *error in procedendo* ou por *error in judicando*, na hipótese de abuso do Magistrado (Lei 5.010/1966).

Na verdade, o *error in procedendo* está mais vinculado a uma confusão no andamento processual e no regramento embutido no sistema acusatório. Assim, o indeferimento pelo Juiz de requerimento de diligência do Ministério Público,

---

44. "As decisões proferidas nos Juizado Especiais, reexaminadas ou não pela Turma Julgadora, podem ser alvo de revisão criminal, verdadeira ação autônoma de impugnação de o Código de Processo Penal arrola como recurso. Quanto a isso, não há dúvida, e a Comissão Nacional assim o afirmou (Resolução Décima Segunda) (...) Não há dúvida, pois, de que cabe revisão criminal contra as decisões proferidas nos processos de competência dos juizados especiais criminais, sejam elas de sentença ou acórdãos. Em qualquer caso – entendeu a Comissão Nacional – a competência é dos tribunais estaduais, de Justiça, ou nos estados que existem, de alçada. Este recurso – melhor dizendo – esta ação autônoma de impugnação será requerida e processada na forma do que dispõem o Código de Processo penal e leis de organização de divisão judiciária local" (LIMA. Marcellus Polastri. *Juizados Especiais Criminais*. 2. ed. São Paulo: Atlas, p. 96-97).

45. GIACOMOLLI. Nereu José. *Juizados Especiais Criminais – Lei n. 9.099/95*. 3. ed. Porto Alegre: Livraria do Advogado, p. 181.

fundamentando-se na ideia de que já está convencido do fato, antes mesmo do oferecimento da denúncia, poderá ser objeto de impugnação pela correição parcial por inversão dos papéis processuais. Da mesma forma, a determinação de abertura de vista à Defesa para apresentar memorais antes da acusação ou, ainda, o indeferimento de oitiva de testemunha, na audiência de instrução e julgamento, arrolada na denúncia, sem nenhuma motivação de suspeição, impedimento ou hipótese de flagrante intenção protelatória.

Caberá também correição parcial na hipótese de o Juiz rejeitar denúncia depois de já tê-la recebido, desprezando o instituto da preclusão consumativa. Essa situação é distinta do não recebimento da denúncia,[46] visto que revela uma insegurança judicante que ora recebe e ora rejeita, ocasionando tumulto processual.

Todas as situações que importem em confusão processual, desde que não impugnáveis por outros recursos previstos em lei, podem ser objeto de correição parcial, dirigidas ao Tribunal de Justiça.

---

46. Vale lembrar que o não recebimento da denúncia desafia o recurso de apelação, conforme o artigo 82 da Lei 9.099/95.

Da execução

Art. 84. Aplicada exclusivamente pena de multa, seu cumprimento far-se-á mediante pagamento na Secretaria do Juizado.

Parágrafo único. Efetuado o pagamento, o juiz declarará extinta a punibilidade, determinando que a condenação não fique constando dos registros criminais, exceto para fins de requisição judicial.

Art. 85. Não efetuado o pagamento da multa, será feita a conversão em pena privativa da liberdade, ou restritiva de direitos, nos termos previstos em lei.

Art. 86. A execução das penas privativas de liberdade e restritivas de direitos, ou de multa cumulada com estas, será processada perante o órgão competente, nos termos da lei.

No âmbito do Juizado Especial Criminal, em regra, as penas privativas de liberdade, com fundamento no art. 44 do Código Penal, são substituídas por penas restritivas de direito.

Contudo, independentemente de a condenação ser à pena privativa de liberdade e/ou restritiva de direitos, o legislador excluiu da competência do Juizado Especial Criminal a sua execução.[47] Aponta-se a competência do juízo comum da execução penal, consoante regras da Lei de Execução Penal[48] e de organização judiciária.[49]

Por sua vez, não se pode confundir as medidas despenalizadoras com as penas aplicadas ao final da relação processual. O acompanhamento e a verificação do cumprimento – ou não – da transação penal e da suspensão condicional do processo caberão ao Juiz oficiante perante o Juizado Especial Criminal.

Igualmente, compete ao Juizado Especial Criminal a execução da pena de multa aplicada isoladamente.

O art. 85, que determina a conversão da pena de multa não adimplida em pena privativa de liberdade ou em restritiva de direitos, não tem mais aplicação, em razão da alteração do art. 51 do Código Penal, introduzida pela Lei 9.268/1998, atribuindo-se à multa a natureza de dívida de valor, sujeita a procedimento executório próprio.

Reitere-se, uma vez mais, a diferença entre prestação pecuniária – como medida de transação penal – e multa – como medida condenatória. O descumprimento da

---

47. Cf. STJ, AgRg no CC 104993/PR, Rel. Min. Laurita Vaz, j. 09.09.2009.

48. Cf. art. 65 da Lei 7.210, de 11 de julho de 1984 (Lei de Execução Penal).

49. Cf. TJMG, Agravo em Execução 1.0035.13.000126-2/001, Rel. Desembargadora Denise Pinho da Costa Val, j. 24.09.2013.

transação penal, consoante a Súmula Vinculante 35 do Supremo Tribunal Federal, possibilita ao Ministério Público a continuidade da persecução penal mediante o oferecimento de denúncia. Por sua vez, o não pagamento da multa, com a nova redação do artigo 51 do Código Penal, advinda com o Pacote Anticrime, será convertido em dívida de valor a ser cobrada pelo Ministério Público na Vara de Execuções Penais, aproveitando-se as regras específicas relativas à divida ativa da Fazenda Pública.

Das despesas processuais

Art. 87. Nos casos de homologação do acordo civil e aplicação de pena restritiva de direitos ou multa (art. 74 e 76, § 4º), as despesas processuais serão reduzidas, conforme dispuser lei estadual.

Trata-se de regra que somente se aplica nas hipóteses de composição civil de danos (art. 74) e de homologação de proposta de transação penal (art. 76, § 4º).

Segundo o art. 84 do Código de Processo Civil de 2015 (Lei 13.105, de 16 de março de 2015), as despesas processuais abrangem as custas dos atos do processo, a indenização de viagem, a remuneração do assistente técnico e a diária de testemunha.

Por sua vez, dispõe o art. 804 do Código de Processo Penal que a sentença ou acórdão que julgar a ação, qualquer incidente ou recurso condenará nas custas o vencido.

O referido art. 87 da Lei 9.099/1995 se refere às custas dos atos do processo. Com efeito, havendo composição civil e transação penal, afigura-se simplificada a atuação estatal, ensejando, destarte, redução ou isenção das custas nos termos da legislação local.

Por sua vez, o art. 5º, inciso LXXIV, da Constituição da República prevê que o Estado prestará assistência jurídica integral e gratuita aos que comprovarem insuficiência de recursos.

No Juizado Especial Criminal, é comum que a Defensoria Pública assista e defenda os autores do fato e os denunciados, sendo-lhes possível a concessão do benefício da gratuidade da Justiça, que, a teor do entendimento do Superior Tribunal de Justiça, não exclui a condenação ao pagamento das custas processuais, mas tão somente a suspensão de sua exigibilidade pelo prazo de cinco anos.[50] A análise de eventual miserabilidade, visando à inexigibilidade do pagamento das custas, cabe ao Juízo das Execuções.[51]

---

50. STJ, AgRg no AREsp 1371623/SC, Rel. Min. Laurita Vaz, j. 11.04.2019.

51. STJ, AgRg no AREsp 1399211/PI, Rel. Ribeiro Dantas, j. 05.02.2019.

JUIZADO ESPECIAL CRIMINAL ART. 88

Art. 88. Além das hipóteses do Código Penal e da legislação especial, dependerá de representação a ação penal relativa aos crimes de lesões corporais leves e lesões culposas.

Com o advento da Lei 9.099/1995, os crimes de lesão corporal leve (doloso – art. 129, *caput,* do Código Penal) e de lesão corporal culposa (independentemente do grau de culpa e da gravidade das lesões – art. 129, § 6º, do Código Penal) passaram a ser delitos de ação penal pública condicionada, dependendo de representação da vítima como condição de procedibilidade para a instalação do processo penal.

O que antes era considerado crime de ação penal pública incondicionada, cuja legitimidade para a propositura era do Ministério Público, pouco importando o desejo da vítima de processar criminalmente o autor do fato, passou a assumir a roupagem de delito de ação penal pública condicionada, sujeitando a atuação ministerial à vontade do ofendido.

No julgamento da Ação Direta de Inconstitucionalidade 4.424/DF, Rel. Min. Marco Aurélio, j. 09.02.2012, o Supremo Tribunal Federal reconheceu que a ação penal relativa a lesão corporal resultado de violência doméstica contra a mulher é delito de ação penal pública incondicionada, que tramitará na Vara Especializada, não sendo de competência do Juizado Especial Criminal, mesmo porque, ainda que assim não fosse, a pena máxima abstrata ultrapassa 2 (dois) anos (art. 129, § 9º, do Código Penal).

Art. 89. Nos crimes em que a pena mínima cominada for igual ou inferior a 1 (um) ano, abrangidas ou não por esta Lei, o Ministério Público, ao oferecer a denúncia, poderá propor a suspensão do processo, por 2 (dois) a 4 (quatro) anos, desde que o acusado não esteja sendo processado ou não tenha sido condenado por outro crime, presente os demais requisitos, que autorizam a suspensão condicional da pena (art. 77 do Código Penal).

§ 1º Aceita a proposta pelo acusado e seu defensor, na presença do juiz, este, recebendo a denúncia, poderá suspender o processo, submetendo o acusado a período de prova, sob as seguintes condições:

I – reparação do dano, salvo impossibilidade de fazê-lo;

II – proibição de frequentar determinados lugares;

III – proibição de ausentar-se da comarca onde reside, sem autorização do juiz;

IV – comparecimento pessoal e obrigatório a juízo, mensalmente, para informar e justificar suas atividades.

§ 2º O juiz poderá especificar outras condições a que fica subordinada a suspensão, desde que adequadas ao fato e à situação pessoal do acusado.

§ 3º A suspensão será revogada se, no curso do prazo, o beneficiário vier a ser processado por outro crime ou não efetuar, sem motivo justificado, a reparação do dano.

§ 4º A suspensão poderá ser revogada se o acusado vier a ser processo, no curso do prazo, por contravenção, ou descumprir qualquer outra condição imposta.

§ 5º Expirando o prazo sem revogação, o Juiz declarará extinta a punibilidade.

§ 6º Não correrá a prescrição durante o prazo de suspensão condicional do processo.

§ 7º Se o acusado não aceitar a proposta prevista neste artigo, o processo seguirá em seus ulteriores termos.

SUSPENSÃO CONDICIONAL DO PROCESSO: NATUREZA JURÍDICA

Na justiça penal consensual e na mesma lógica da transação penal, destaca-se a suspensão condicional do processo.

Trata-se de instituto de natureza híbrida em que se suspende a relação processual penal com a potencialidade de extinção de punibilidade. Como bem destacam Ada Pellegrini, Antônio Magalhães Gomes Filho, Antônio Scarance Fernandes e Luiz Flávio Gomes, "tem seu lado processual (porque implica o sobrestamento do feito) e tem também sua face penal (porque esse sobrestamento pode levar à extinção da punibilidade)".[1]

A suspensão condicional do processo, denominada de *sursis processual*, não se confunde com a suspensão condicional da pena, prevista nos arts. 77 a 82 do Código Penal. Na suspensão condicional da pena, suspende-se a execução da própria pena privativa de liberdade. Na suspensão condicional do processo, suspende-se a própria persecução penal, evitando-se eventual condenação.

Discute-se sobre a natureza jurídica do *sursis* processual. Trata-se de direito público subjetivo do acusado ou de medida despenalizadora atribuível ao titular da ação penal?

Segundo o Superior Tribunal de Justiça (STJ), "a suspensão condicional do processo não é direito público subjetivo do acusado, mas sim um poder-dever do Ministério Público, titular da ação penal, a quem cabe, com exclusividade, analisar a possibilidade de aplicação ou não do referido instituto, desde que o faça de forma fundamentada" (HC 218. 785/PA, Rel. Min. Marco Aurélio Bellizze, j. 04.09.2012).

Igualmente, já entendeu o Supremo Tribunal Federal (STF) que a suspensão condicional do processo tem natureza de acordo processual, não existindo, portanto, direito público subjetivo do acusado (HC 83.458/BA, Rel. Min. Joaquim Barbosa, *DJ* de 6.2.2003).[2]

Com efeito, a suspensão condicional do processo não configura direito subjetivo do acusado nem a sua proposição uma faculdade do titular da ação penal. Trata-se de benefício legal fundado nos princípios da discricionariedade regrada e da autonomia da vontade do acusado. O Ministério Público, em razão da mitigação do princípio da obrigatoriedade da persecução penal, verificando a presença dos requisitos do *sursis* processual, tem o poder-dever de ofertar a proposta, cabendo ao acusado, em face de sua autonomia, avaliar a conveniência – ou não – da aceitação.

Destarte, eventual e injustificada negativa de proposta de suspensão condicional do processo pode ser objeto de controle jurisdicional mediante a incidência, por analogia, do instrumento do art. 28 do Código de Processo Penal.[3]

Segundo o verbete 696 da Súmula do Supremo Tribunal Federal (STF), "reunidos os pressupostos legais permissivos da suspensão condicional do processo, mas se recusando o Promotor de Justiça a propô-la, o Juiz, dissentindo, remeterá a questão ao Procurador-Geral, aplicando-se por analogia o art. 28 do Código de Processo Penal".

---

1. GRINOVER, Ada Pellegrini; GOMES FILHO, Antônio Magalhães; FERNANDES, Antônio Scarance; GOMES, Luiz Flávio. *Juizados especiais criminais*. 2. ed. São Paulo: Ed. RT, 1997, p. 251.

2. Cf, também, RHC 115997/PA, Rel. Min. Cármen Lúcia, j. 12.11.2013.

3. ERESP 185.187/SP, Rel. Min. José Arnaldo Fonseca, j. 13.10.1999.

A suspensão condicional do processo não se ajusta aos modelos do *plea bargaining* norte-americano ou do *guilty plea* inglês, porquanto, no modelo brasileiro, não se discute a culpabilidade do denunciado e não há transação sobre o tempo e o modo de execução da pena.

Além da justiça abreviada já demonstrada, na temática da transação penal, em países como Portugal, Espanha, Itália e Estados Unidos, têm-se também institutos similares à suspensão condicional do processo na Alemanha e na Polônia.

No direito alemão, por exemplo, pode ocorrer o arquivamento antes ou depois de iniciada a ação penal ("arquivamento contra injunções e regras de conduta"). O sobrestamento do feito, verificados os indícios da autoria, o interesse público e a concordância do investigado, permanece até o cumprimento das condições pelo autor do fato, tendo, como efeito processual, o arquivamento definitivo do processo ("abstenção condicional da persecução").[4]

O direito polonês traz, nos arts. 27 a 29 do Código Penal, o instituto da despenalização para crimes com pena abstrata de até 3 (três) anos de prisão. Nele, ao contrário do sistema brasileiro, dispensa-se a homologação judicial e até mesmo a anuência do réu, podendo o feito ficar suspenso por 1 (um) a 2 (dois) anos. As condições podem ser, para além do ressarcimento da vítima, a prestação de serviços à comunidade ou o pagamento de uma quantia em favor de uma instituição, inclusive com possibilidade de limitar a liberdade do réu. Na Polônia, o arquivamento condicional tem grande alcance prático.[5]

Na França também não é diferente. O Direito Processual Penal Francês passa por uma fase de desjudicialização (a partir de março de 2019), possibilitando que o Ministério Público realize acordos com o autor do fato para os casos de delitos intermediários e de contravenções. Reformas estruturais com diminuição da incidência dos tradicionais júris populares como forma de dar celeridade e amenizar os custos.[6]

Na nossa realidade, temos um negócio jurídico bilateral limitado à não continuidade da persecução penal. O acusado, diante da incerteza do resultado do processo, avalia se aceita – ou não – o benefício legal da suspensão do processo. Não se discute, pois, sobre os fatos, sua qualificação jurídica, suas consequências ou a extensão da sanção.

O § 3º do art. 89 destaca a natureza de benefício legal. O § 7º ressalta que, se o acusado não aceitar a proposta, o processo prosseguirá em seus ulteriores termos.

---

4. "Em ambos casos, no brasileiro e no alemão, inicia-se a ação penal, mas ocorre o sobrestamento do feito, até que se cumpra as condições acordadas. Cumpridas, no caso do direito pátrio, o resultado é a extinção da punibilidade, ao passo que no direito alemão é o arquivamento em definitivo" (ISHIDA, Válter Kenji. *A suspensão condicional do processo*. São Paulo: Saraiva, 2003. p. 25).

5. ANDRADE, Manuel da Costa. Consenso e oportunidade. *Jornadas de direito processual penal*, o novo Código de Processo Penal. Coimbra: Livraria Almedina, 1997, p. 347.

6. Professora Sylvie Cimamonti, Universitè d'Aix-en-Provence, em aula, aos 28 e 29 de junho de 2019, proferida na Escola de Altos Estudos em Ciências Criminais.

1. LEGITIMIDADE ATIVA

A proposta da suspensão condicional do processo cabe ao Ministério Público.

Como bem determinado pelo Superior Tribunal de Justiça, "não cabe ao Juiz, que não é titular da ação penal, substituir-se ao Parquet para formular proposta de suspensão condicional do processo. A eventual divergência sobre o não oferecimento da proposta resolve-se à luz do mecanismo estabelecimento no art. 28 do Código de Processo Penal".[7]

Diverso não é o entendimento do Supremo Tribunal Federal, segundo o qual "ao Juiz não cabe substituir o órgão ministerial para a agilização do mecanismo de suspensão do processo, competindo-lhe o controle de legalidade da respectiva suspensão que tenha sido promovida por quem de direito".[8]

Igualmente, não tem o Assistente da Acusação legitimidade para a formulação ou para a modificação da proposta de suspensão condicional do processo.[9] Não se trata de possibilidade prevista no art. 271 do Código de Processo Penal.

Na ação penal privada, subsiste entendimento jurisprudencial do seu cabimento e da legitimidade do querelante para a propositura da suspensão condicional do processo.[10-11]

Nesse aspecto, ousamos discordar do posicionamento dos tribunais superiores. O *caput* do art. 89 da Lei 9.099/1995 atribui apenas ao Ministério Público a legitimidade para a proposta de suspensão condicional do processo. Além disso, reconhecer tal possibilidade ao querelante pode ensejar comportamentos emulativos, não se formulando a proposta por mero capricho, atribuindo-se ao querelado as vicissitudes da persecução penal. Nesses termos, não soa razoável a aplicação do art. 28 do Código de Processo Penal,[12] não sendo o Procurador-Geral o órgão revisor de comportamento processual de particular. Defende-se, pois, até pela necessidade desse controle, a legitimidade exclusiva do Ministério Público para a formulação da proposta de suspensão condicional do processo também nas ações penais privadas. Assim como na transação penal, tem ganhado adeptos a corrente que entende não ser possível a suspensão condicional do processo nos crimes de ação penal privada, em razão do princípio da disponibilidade da ação penal. Vale aqui os mesmos

---

7. ERESP 185.187/SP, Rel. Min. José Arnaldo da Fonseca, j. 13.10.1999.

8. HC 75441/SP, Rel. Min. Maurício Corrêa, j. 17.021998.

9. STJ, AgRg no AREsp 1140830/RJ, Relator para o acórdão Min. Reynaldo Soares da Fonseca, j. 14.11.2018.

10. STF, HC 81720/SP, Rel. Min. Sepúlveda Pertence, j. 26.03.2002.

11. STJ, HC 187090/MG, Rel. Min. Adilson Vieira (convocado), j. 01.03.2011

12. Vale lembrar que a redação do art. 28 do Código de Processo Penal foi totalmente alterada pela Lei 13.964. Todavia, a sistemática do antigo texto continua vigente por força de liminar do Ministro Luiz Fux em ação declaratória de inconstitucionalidade ajuizada pela CONAMP e pelo CNPG.

argumentos trazidos no estudo da transação penal, realizado nos comentários ao art. 76 da Lei 9.099/1995.

2. LEGITIMIDADE PASSIVA

A proposta de suspensão condicional do processo cabe ao denunciado e ao querelado.

Segundo os §§ 1º e 7º do art. 89, a aceitação é ato personalíssimo, devendo, porém, o possível beneficiário estar regularmente assistido por defensor constituído ou nomeado. É, pois, ato jurídico tecnicamente assistido.

Pode-se discutir qual a vontade prevalecente em face de possível divergência entre o acusado e o defensor. Vale dizer: o acusado aceita a proposta, e o defensor sugere a negativa. O inverso também é possível.

Como a suspensão do processo afasta a persecução penal, entendemos razoável considerar a vontade do acusado pela sua aceitação, evitando-se, assim, as vicissitudes da persecução penal, bem como a possibilidade de eventual decreto condenatório.

Se o acusado rejeita e o defensor propugna pela aceitação, também compartilhamos o entendimento da preponderância da vontade do acusado, que, avaliando internamente os fatos e as circunstâncias, pode ponderar melhor sobre a eventualidade de decreto absolutório, afastando as restrições do período de prova da suspensão condicional do processo.

Dispõe o § 7º do art. 89, que, se o acusado não aceitar a proposta, o processo prosseguirá em seus ulteriores termos.

Enfim, defende-se uma escolha pessoal devidamente orientada pelo profissional do Direito. Cabe ao acusado o juízo da adequação e da conveniência – ou não – da proposta de suspensão condicional do processo.

Diverso não é o entendimento de Ada Pellegrini Grinover *et al,* para quem "a aceitação da proposta e das condições é ato personalíssimo. Só o acusado sabe o que lhe é mais vantajoso".[13] Nesses termos, a ausência do acusado à audiência admonitória impede a aplicação do benefício. "Aparecendo o acusado, nada obsta que seja concretizada a oferta da suspensão do processo, desde que ainda presentes os seus requisitos legais."[14]

---

13. GRINOVER, Ada Pellegrini; GOMES FILHO, Antônio Magalhães; FERNANDES, Antônio Scarance; GOMES, Luiz Flávio. *Juizados especiais criminais.* 2. ed. São Paulo: Ed. RT, 1997, p. 258.

14. GRINOVER, Ada Pellegrini; GOMES FILHO, Antônio Magalhães; FERNANDES, Antônio Scarance; GOMES, Luiz Flávio. *Juizados especiais criminais.* 2. ed. São Paulo: Ed. RT, 1997, p. 258.

3. REQUISITOS

Segundo o *caput* do art. 89 da Lei 9.099/1995, o benefício da suspensão condicional do processo é cabível: a) na persecução penal de crimes com pena mínima cominada igual ou inferior a 1 (um) ano, independentemente do rito processual; b) em favor de acusado que esteja sendo processado ou não tenha sido condenado por outro crime; c) estejam presentes os requisitos que autorizam a suspensão condicional da pena.

3.1 Crimes com pena mínima cominada igual ou inferior a 1 (um) ano independentemente do rito processual

A suspensão condicional do processo alcança delitos cuja pena mínima privativa de liberdade, abstratamente cominada, for igual ou inferior a 1 (um) ano. Destarte, considera-se a pena cominada pelo legislador, e não a que for objeto de fixação judicial.

O *sursis* processual alcança tanto crimes quanto contravenções.[15]

Um dos pontos de discussão é quanto à incidência de causas de aumento ou de diminuição de pena.

Segundo o verbete 723 da Súmula do STF, "não se admite a suspensão condicional do processo por crime continuado, se a soma da pena mínima da infração mais grave com o aumento mínimo de 1/6 (um sexto) for superior a 1 (um) ano".

Destarte, para fins de *sursis* processual, na determinação da pena em abstrato, considerando-se as causas de aumento ou de diminuição, observa-se a situação mais favorável ao acusado. Vale dizer: a máxima diminuição e o mínimo aumento. Exemplificativamente, na hipótese de delito tentado (art. 14, II, parágrafo único, do Código Penal), considera-se o patamar de diminuição máximo: 2/3 (dois terços). Na hipótese de concurso formal de delitos (art. 70), deve-se considerar o mínimo incremento, ou seja, 1/6 (um sexto).

A partir desse critério, se a pena abstratamente cominada para o concurso de delitos for superior a 1 (um) ano, não é cabível a suspensão do processo. Nesses termos, é o verbete da Súmula 243 do Superior Tribunal de Justiça: "o benefício da suspensão do processo não é aplicável em relação às infrações penais cometidas em concurso material, concurso formal ou continuidade delitiva, quando a pena mínima cominada, seja pelo somatório, seja pela incidência da majorante, ultrapassar o limite de 1 (um) ano."

Salvo expressa disposição legal, a suspensão condicional do processo alcança qualquer delito de pena mínima abstrata inferior a 1 (um) ano, ainda que a persecução

---

15. GRINOVER, Ada Pellegrini; GOMES FILHO, Antônio Magalhães; FERNANDES, Antônio Scarance; GOMES, Luiz Flávio. *Juizados especiais criminais*. 2. ed. São Paulo: Ed. RT, 1997, p. 240.

penal se verifique mediante procedimento especial. Assim, aplica-se a suspensão do processo em delitos de abuso de autoridade previstos na Lei 4.898/1965.[16]

Destaque-se que o art. 90-A da Lei 9.099/1995 estabelece que as disposições da lei dos juizados não se aplicam no âmbito da Justiça Militar; portanto, não se aplicam as medidas despenalizadoras ao delito militar próprio.

O Plenário do Supremo Tribunal Federal, na sessão de 06.10.2011, no julgamento do HC 99.743, Relator para o acórdão o Ministro Luiz Fux, declarou a constitucionalidade do art. 90-A da Lei 9.099/1995, Lei dos Juizados Especiais Cíveis e Criminais, com redação dada pela Lei 9.839/1999.

Igualmente, o art. 41 da Lei 11.343/2006 preceitua que aos crimes praticados com violência doméstica e familiar contra a mulher, independentemente da pena prevista, não se aplica a Lei 9.099/1995.

Segundo o Supremo Tribunal Federal,[17] o referido art. 41, "ao afastar, nos crimes de violência doméstica contra a mulher, a Lei 9.099/95, mostra-se em consonância com o disposto no § 8º do artigo 226 da Carta da República, a prever a obrigatoriedade de o Estado adotar mecanismos que coíbam a violência no âmbito das relações familiares".

O Superior Tribunal de Justiça, mediante o verbete 536 de sua Súmula, consolidou o entendimento segundo o qual "a suspensão condicional do processo e a transação penal não se aplicam na hipótese de delitos sujeitos ao rito da Lei Maria da Penha".

3.2 Denunciado que não esteja sendo processado ou não tenha sido condenado por outro crime

Para fins da suspensão condicional do processo, não basta a primariedade do acusado.

Ainda que o Supremo Tribunal Federal[18] não reconheça, como maus antecedentes, a existência de procedimentos investigatórios e ações penais em curso, bem como condenações definitivas anteriores com pena extinta (art. 64, I, do Código Penal), para fins do benefício da suspensão condicional do processo, é requisito a inexistência de processo-crime em andamento ou a ausência de condenação definitiva anterior à pena privativa de liberdade.

Quanto a esse tópico, dois pontos merecem relevo.

---

16. STJ, HC 127904/SC, Rel. Min. Jorge Mussi, j. 03.05.2011.
17. Ação Declaratória de Constitucionalidade 19/DF, Rel. Min. Marco Aurélio, j. 09.02.2012.
18. Medida Cautelar no Habeas Corpus 164.028/SP, Rel. Min. Celso de Mello, j. 22.11.2018.

O primeiro deles diz respeito ao seguinte questionamento: em face do princípio da presunção de inocência, a teor do art. 5º, LVII, da Constituição da República, mera pendência de processo-crime pode consistir em óbice ao *sursis* processual?

Segundo Ada Pellegrini Grinover *et al*, "outro processo em andamento pode significar forte indício de que o acusado tem personalidade voltada para a delinquência. Pelo seu caráter, portanto, pode-se chegar à conclusão de que não faz jus à suspensão do processo".[19]

O Supremo Tribunal Federal, no julgamento do RHC 79460/SP, Relator para o acórdão Min. Nelson Jobim, j. 16.12.1999, entendeu que a impossibilidade do *sursis* processual em razão de processo-crime pendente não é inconstitucional. Trata-se de medida de política criminal, destacando-se que a finalidade do *sursis* processual é evitar que o acusado sofra os efeitos deletérios de uma relação processual de natureza criminal. Destarte, se ele já responde a um processo-crime, a finalidade do benefício despenalizador não se realizaria.

O segundo ponto se refere à natureza e ao tempo da condenação definitiva anterior.

Consoante reiterada jurisprudência do STF,[20] a condenação anterior à pena de multa não exclui, a teor do art. 77, § 1º, do Código Penal, a possibilidade de suspensão condicional da pena. Nesses termos, não vemos razão para excluir a possibilidade de *sursis* processual.

Por sua vez, o *caput* do art. 89 da Lei 9.099/1995 afirma que a condenação por outro crime impede o benefício da suspensão condicional do processo. Não faz ressalva à impropriamente denominada "prescrição da reincidência", nos termos do art. 64, I, do Código Penal.[21] Assim como a primariedade, por si só, não permite o benefício do *sursis* processual, a exclusão da reincidência penal também não justifica a possibilidade do benefício.

Com efeito, o Superior Tribunal de Justiça, no julgamento do Recurso em Habeas Corpus 91.575/MG, Rel. Min. Maria Thereza de Assis Moura, j. 19.06.2018, reconheceu que a existência de condenação pretérita, ainda que alcançada pelo período depurador da reincidência, é apta a inviabilizar a concessão do *sursis* processual.

Todavia, o Supremo Tribunal Federal,[22] embora não faça menção expressa à suspensão condicional do processo, já afirmou que não há como reconhecer, nem como admitir, que continuem a subsistir, residualmente, contra o acusado os efei-

---

19. GRINOVER, Ada Pellegrini; GOMES FILHO, Antônio Magalhães; FERNANDES, Antônio Scarance; GOMES, Luiz Flávio. *Juizados especiais criminais*. 2. ed. São Paulo: Ed. RT, 1997, p. 264.

20. Cf, STF, HC 72.605, Rel. Min. Néri da Silveira, j. 17.10.1995.

21. Art. 64, I, Para efeito de reincidência, não prevalece a condenação anterior, se entre a data do cumprimento ou extinção da pena e a infração posterior tiver decorrido período de tempo superior a 5 (cinco) anos, computado o período de provada suspensão ou do livramento condicional, se não ocorrer revogação.

22. Medida Cautelar no Habeas Corpus 164028/SP, Rel. Min. Celso de Mello, j. 22.11.2018.

tos negativos resultantes de sentenças condenatórias anteriores, tendo em vista o disposto no art. 64, I, do Código Penal.

Como já mencionado quando do estudo da transação penal, ainda que se afaste a figura da reincidência criminal, não se pode, à luz da teoria do direito ao esquecimento, tornar perpétua a valoração negativa dos antecedentes criminais.[23]

3.3 Presença dos requisitos que autorizam a suspensão condicional da pena

A concessão da suspensão condicional do processo depende da presença dos demais requisitos que autorizam a suspensão condicional da pena.

Segundo o art. 77 do Código Penal, o *sursis* pressupõe a não reincidência em crime doloso, além de juízo favorável quanto à culpabilidade, aos antecedentes, à conduta social e à personalidade do agente. Os motivos e as circunstâncias também devem autorizar a concessão do benefício.

Com efeito, a reincidência em crime doloso tem por pressuposto a condenação definitiva e anterior por outro crime, hipótese já prevista no *caput* do art. 89 da Lei 9.099/1995. Como já afirmado pelo STJ, para fins de *sursis* processual, não há que se aplicar o disposto no art. 64, I, do Código Penal.[24]

Sobressai, pois, a análise dos requisitos de ordem subjetiva.

Em verdade, o disposto no art. 77, II, do Código Penal reproduz, em sua maioria, as circunstâncias judiciais para fins de fixação da pena-base (art. 59, CP). É preciso avaliar se a suspensão condicional do processo, em face do caso concreto e, notadamente, diante da personalidade do denunciado, será medida suficiente para prevenir comportamentos delitivos futuros.

Sobreleva notar que, quanto à suspensão condicional do processo, não há limitação semelhante à prevista no art. 76, § 2º, II, que veda a concessão de nova transação penal ao mesmo agente no prazo de cinco anos. Nesses termos, a extinção da punibilidade pelo cumprimento das condições da suspensão do processo, em princípio, não impediria a concessão do mesmo benefício por outro fato.

Segundo o Superior Tribunal de Justiça, a extinção da punibilidade do agente pelo cumprimento das condições do *sursis* processual, operada em processo anterior, não pode, por si só, ser valorada em seu desfavor como maus antecedentes, como negativa personalidade ou como má conduta social.[25]

Todavia, se o acusado denota que a medida anterior não lhe foi suficiente, havendo indícios da continuidade delitiva, subsistindo, até mesmo, violência à pessoa,

---

23. STJ, REsp 1707948/RJ, Rel. Min. Rogerio Schietti Cruz, j. 10.04.2018.

24. STJ, Recurso em Habeas Corpus 91.575/MG, Rel. Min. Maria Thereza de Assis Moura, j. 19.06.2018.

25. HC 146825/MS, Rel. Min. Jorge Mussi, j. 17.06.2010.

demonstrando total descompromisso com a ordem jurídica, afigura-se justificada eventual negativa de oferta de novo benefício.

Como bem acentuam Ada Pellegrini Grinover *et al,* "é fundamental, de qualquer modo, considerar as infrações, a motivação, suas consequências, respeito às vítimas, reparação etc."[26]

A recusa da formulação da proposta de suspensão do processo deve ser concretamente fundamentada.[27] Tal justificativa não se resume aos elementos integrativos do tipo penal incriminador; trata-se de elementos e de circunstâncias dissociadas da própria descrição abstrata do tipo penal.

4. PERÍODO DE PROVA E SUA PRORROGAÇÃO

A suspensão do processo tem o lapso de 2 (dois) a 4 (quatro) anos, período em que o acusado deverá cumprir as condições legais e, eventualmente, as fixadas pelo Juiz, considerando as circunstâncias do fato e a situação pessoal do acusado.

Trata-se, pois, do denominado período de prova. Segundo Ada Pellegrini Grinover *et al,* "É sobretudo durante o período de prova que o acusado deve demonstrar autodisciplina e senso de responsabilidade. Para conquistar seu maior *desideratum,* que é a extinção da punibilidade, deve dar mostras de sua ressocialização, de seu bom comportamento".[28]

Segundo o § 6º do art. 89, não correrá a prescrição durante o período de prova – diferentemente, pois da transação penal.

O prazo do período de prova – observado o intervalo legal de 2 (dois) a 4 (quatro) anos – deve ser proposto pelo Ministério Público na esteira do entendimento já esposado do Supremo Tribunal Federal, segundo o qual a "imprescindibilidade do assentimento do Ministério Público, quer à suspensão condicional do processo, quer à transação penal, está conectada estreitamente à titularidade da ação penal pública, que a Constituição lhe confiou privativamente".[29]

Considerando, sobretudo, a natureza e as consequências do delito, o membro do Ministério Público, motivadamente, formulará a proposta do prazo da suspensão condicional do processo. Se o acusado não concordar com o prazo proposto, o processo, a teor do art. 89, § 7º, prosseguirá em seus ulteriores termos.

---

26. GRINOVER, Ada Pellegrini; GOMES FILHO, Antônio Magalhães; FERNANDES, Antônio Scarance; GOMES, Luiz Flávio. *Juizados especiais criminais.* 2. ed. São Paulo: Ed. RT, 1997, p. 267.

27. STJ, RHC 61132/RS, Rel. Min. Felix Fischer, j. 10.11.2015.

28. GRINOVER, Ada Pellegrini; GOMES FILHO, Antônio Magalhães; FERNANDES, Antônio Scarance; GOMES, Luiz Flávio. *Juizados especiais criminais.* 2. ed. São Paulo: Ed. RT, 1997, p. 289.

29. RE 468.161/GO, Rel. Min. Sepúlveda Pertence, j. 14.03.2006.

Todavia, dissentindo o Magistrado quanto ao tempo de prova acima do mínimo legal, entendemos cabível, também nesse caso, a aplicação art. 28 do Código de Processo Penal.

5. CONDIÇÕES DA SUSPENSÃO CONDICIONAL DO PROCESSO

5.1 Reparação do dano, salvo impossibilidade de fazê-lo

Como bem destacado pela Ministra Thereza de Assis Moura, no julgamento do RCH 20687/SP, j. 23.02.2010, "a reparação do dano é uma obrigação legal, a qual somente pode ser contornada na hipótese em que se comprovar a hipossuficiência do acusado". Segundo a Ministra, em verdade, a reparação do dano não é condição "para a efetivação da suspensão, mas antes, pressuposto para a ulterior extinção da punibilidade".

No mesmo sentido é o magistério de Ada Pellegrini Grinover *et al:* "a reparação do dano não é condição da concessão da suspensão, senão condição de extinção da punibilidade. Não é preciso que haja reparação prévia, isto é, não é necessário pagar os danos antecipadamente para se obter a suspensão. Ao longo do período de prova é que deve ocorrer a reparação dos danos. É no instante da extinção da punibilidade que está o marco máximo para se comprovar tal reparação, salvo impossibilidade de fazê-lo (neste caso o que deve ser provado é essa impossibilidade). Muitas vezes, de outro lado, não será possível a reparação total. Havendo, no entanto, reparação parcial, na medida do possível para o acusado (tendo em vista sua situação financeira e o grau do prejuízo), já será o suficiente para se reconhecer que o acusado preocupou-se com 'sua' vítima (o que é muito positivo em termos de ressocialização)."[30]

Com efeito, dispõe o § 3º do art. 89 da Lei 9.099/1995 que a não reparação injustificada do dano é causa de revogação da obrigação da suspensão condicional do processo.

Ao tempo da formulação da proposta da suspensão condicional do processo e subsistindo dano, deve-se estabelecer, em homenagem à efetividade do processo, o *quantum* indenizável, seja a título de reparação, seja a título de compensação (quando impossível o retorno ao estado anterior, situação comum nos danos de natureza ambiental).

5.2 Proibição de frequentar determinados lugares

Para fins do acordo de suspensão condicional do processo, o denunciado deve comprometer-se a uma conduta adequada à ordem jurídica, com respeito a regras,

---

30. GRINOVER, Ada Pellegrini; GOMES FILHO, Antônio Magalhães; FERNANDES, Antônio Scarance; GOMES, Luiz Flávio. *Juizados especiais criminais.* 2. ed. São Paulo: Ed. RT, 1997, p. 251. GRINOVER, Ada Pellegrini; GOMES FILHO, Antônio Magalhães; FERNANDES, Antônio Scarance; GOMES, Luiz Flávio. *Juizados especiais criminais.* 2. ed. São Paulo: Ed. RT, 1997, p. 296.

princípios e valores socialmente aceitáveis. Nesse sentido, apresenta-se razoável a condição de proibição de frequência a determinados lugares, afastando-se o risco de novos ilícitos.

A propósito, o Superior Tribunal de Justiça,[31] em se tratando de delitos decorrentes de confrontos entre torcedores de times de futebol, entendeu possível a proibição ao autor de frequentar determinados jogos, cumulada com a obrigação de comparecer em locais definidos em juízo uma hora antes da partida até trinta minutos após o seu término.

5.3   Proibição de ausentar-se da comarca onde reside, sem autorização do juiz

Para fins da proposta de suspensão condicional do processo, o acusado deve manter o seu endereço atualizado, devendo qualquer mudança ser comunicada ao juiz.

Com mais razão, não pode ausentar-se da comarca onde reside sem a devida autorização judicial.

Assim, ao aceitar a suspensão do processo e havendo necessidade de viagens (trabalho, estudos e/ou família), deve comunicar tal fato ao Juiz, evitando-se a revogação do benefício.

5.4   Comparecimento pessoal e obrigatório a juízo, mensalmente, para informar e justificar suas atividades

O acusado, ao aceitar a proposta de suspensão do processo, compromete-se a comparecer a juízo, mensalmente, para informar e justificar suas atividades. Na prática, mensalmente, subscreve uma caderneta que, ao final, deve ter 24 (vinte e quatro) assinaturas.

O comparecimento periódico em juízo, nos termos do art. 319, I, do Código de Processo Penal, também, foi eleito como medida cautelar substitutiva da prisão.

Indaga-se se, no Juizado Especial Criminal, a despeito da expressa disposição legal, poderia haver a especificação da apresentação pessoal em juízo em periodicidade diversa da mensal. A resposta nos parece positiva, desde que presente justificativa hábil, v.g., grave e comprovada dificuldade para a locomoção mensal.

Em tempos de pandemia, por exemplo, afigura-se justificada a modificação desse compromisso de comparecimento mensal, devendo ser avaliadas, caso a caso, as consequências da pandemia numa ou noutra localidade.

---

31.   RHC 97491/SP, Rel. Min. Reynaldo Soares da Fonseca, j. 12.06.2018.

5.5 Condições judiciais adequadas ao fato e à situação pessoal do acusado

Dispõe o § 2º do art. 89 que o juiz poderá especificar outras condições a que fica subordinada a suspensão, desde que adequadas ao fato e à situação pessoal do acusado.

O STJ[32] já reconheceu, nesse sentido, ser possível condicionar a suspensão do processo à prestação de serviços à comunidade. De outro lado, no julgamento do RHC 30.916/PR, Rel. Min. Maria Thereza de Assis Moura, j. 17.09.2013, também entendeu que é inviável, à mingua de comando respectivo, impor como condição da suspensão processual, nos moldes do art. 89 da Lei 9.099/1995, a prestação de serviço à comunidade e a pena pecuniária. O recurso foi provido para excluir a prestação de serviço à comunidade e a pena pecuniária (doação de valores pagos a título de fiança) como condição da proposta de suspensão do processo.

A matéria, como se observa, é polêmica.

Destaque-se, contudo, precedente posterior. No julgamento do Recurso Ordinário em *Habeas Corpus* 55.119/MG, julgado em 28.04.2015, Relator para acórdão o Ministro Rogério Schietti Cruz, entendeu-se que não há óbice legal, nos termos do art. 89, § 2º, da Lei 9.099/1995, à prestação pecuniária como condição para o *sursis* processual.

Poder-se-ia também apontar, como condição judicial, a frequência a grupos de recuperação e de reeducação – por exemplo, grupos de reflexão sobre a violência.

6. MOMENTO DA OFERTA

O pressuposto da suspensão condicional do processo é o recebimento da peça acusatória.

Segundo o *caput* do art. 89 da Lei 9.099/1995, o momento para a proposta de suspensão condicional do processo coincide com o do oferecimento da denúncia, o que não impede, excepcionalmente, a sua formulação em momento posterior. Segundo o Supremo Tribunal Federal, a suspensão condicional do processo só é possível enquanto não proferida a sentença condenatória.[33]

O Superior Tribunal de Justiça, consoante o verbete 377 de sua Súmula, destaca que "é cabível a suspensão condicional do processo na desclassificação do crime e na procedência parcial da pretensão punitiva".

O que não se afigura razoável é a possibilidade de uma segunda oferta de suspensão condicional do processo no mesmo processo. Com efeito, se o acusado, ouvido, recusou a proposta, o processo deve seguir em frente. Nesse sentido, é o magistério

---

32. HC 139486/RS, Rel. Min. Napoleão Nunes Maia Filho, j. 03.12.2009.

33. *Habeas Corpus* 86007/RJ, Rel. Min. Sepúlveda Pertence, j. 29.06.2005.

de Ada Pellegrini *et al*: "estamos convencidos da impossibilidade de uma segunda proposta dentro do mesmo processo. Foi feita uma primeira proposta e houve rejeição pelo acusado. Depois de iniciada a instrução (interrogatório), considerando-se as denúncias oferecidas após o advento da lei, torna-se impossível a suspensão do processo, salvo casos excepcionais: desclassificação final da infração, por exemplo."[34]

7. PRODUÇÃO ANTECIPADA DE PROVA DURANTE O PERÍODO DE PROVA DE SUSPENSÃO CONDICIONAL DO PROCESSO

Nada impede, por analogia ao art. 366 do Código de Processo Penal, a produção antecipada das provas consideradas urgentes durante o período de suspensão condicional do processo, devendo, em homenagem ao devido processo legal, ser intimado o acusado para todos os atos do processo.

8. PRESCRIÇÃO

Ao contrário da transação penal, a lei prevê, expressamente, que não correrá a prescrição durante o prazo da suspensão do processo (art. 89, § 6°). Nesse sentido, não parece aplicável o entendimento consolidado no verbete 415 da Súmula do STJ, segundo o qual "o período de suspensão do prazo prescricional é regulado pelo máximo da pena cominada". Essa súmula se aplica à suspensão do processo nos termos do art. 366 do Código de Processo Penal.

9. RECURSOS

Como já sublinhando, eventual proposta de suspensão condicional do processo é apresentada, em regra, quando do oferecimento da denúncia. O Superior Tribunal de Justiça já sufragou o entendimento de que eventual omissão ou ilegalidade na negativa do referido benefício deve ser arguida no momento oportuno pela Defesa, sob pena de preclusão.[35]

Questiona-se sobre a forma de impugnação dessa eventual omissão da oferta do benefício pelo Ministério Público e também de eventual recurso da decisão de indeferimento ou de homologação da proposta.

Se o Juiz, ao contrário do Ministério Público, entende cabível a proposta de suspensão condicional do processo, não pode concedê-la de ofício. Aplica-se, por analogia, o disposto no art. 28 do Código de Processo Penal, devendo haver a remessa dos autos ao Procurador-Geral.

---

34. GRINOVER, Ada Pellegrini; GOMES FILHO, Antônio Magalhães; FERNANDES, Antônio Scarance; GOMES, Luiz Flávio. *Juizados especiais criminais*. 2. ed. São Paulo: Ed. RT, 1997, p. 275.
35. AgRg no HC 496414/SP, Rel. Min. Jorge Mussi, j. 26.03.2019.

Por sua vez, o Poder Judiciário, nos limites do controle de legalidade da proposta de suspensão condicional do processo, pode indeferi-la, como pode homologá-la. A Lei 9.099/1995 não dispõe expressamente sobre recorribilidade dessas situações.

De toda sorte, da decisão de indeferimento, parece razoável o reconhecimento da possibilidade da ação constitucional de *habeas corpus*.[36] Da decisão homologatória, com a fixação de condições em contrariedade ao acordado entre as partes, também parece possível a impetração do *habeas corpus*.

Segundo Ada Pellegrini Grinover, Antonio Magalhães Gomes Filho, Antonio Scarance Fernandes e Luiz Flávio Gomes, é interlocutória a decisão sobre a suspensão condicional do processo suscetível de controle pela apelação e pelo *habeas corpus*.[37] Destaque-se que, no âmbito do Juizado Especial Criminal, não há previsão do recurso em sentido estrito.

10. REVOGAÇÃO (CAUSAS OBRIGATÓRIAS E CAUSAS FACULTATIVAS)

O § 3º do art. 89 prevê que a suspensão do processo será revogada se, no curso do prazo, o beneficiário vier a ser processado por outro crime ou não efetuar, sem motivo justificado, a reparação do dano. Trata-se de hipótese de *revogação obrigatória*.

Por sua vez, o § 4º do mesmo art. 89 estipula que a suspensão poderá ser revogada se o acusado vier a ser processado, no curso do prazo, por contravenção ou descumprir qualquer outra condição imposta. Trata-se de *revogação facultativa*.

O Superior Tribunal de Justiça pacificou o entendimento de que, "se descumpridas as condições impostas durante o período de prova da suspensão condicional do processo, o benefício poderá ser revogado, mesmo se já ultrapassado o prazo legal, desde que referente a fato ocorrido durante sua vigência".[38]

11. EXTINÇÃO DE PUNIBILIDADE

Com bem determina o § 5º do art. 89, expirado o prazo sem revogação, o Juiz declarará extinta a punibilidade. Nesse ponto, merece destaque o entendimento exposto, segundo o qual é cabível a revogação da suspensão condicional do processo ante o descumprimento, durante o período de prova, de condição imposta, mesmo após o fim do prazo legal. A propósito, merece relevo o Enunciado 123 do FONAJE, segundo o qual "o mero decurso do prazo da suspensão condicional do processo sem o cumprimento integral das condições impostas em juízo não redundará em extinção automática da punibilidade do agente".

---

36. STJ, HC 29887/SP, Rel. Min. Paulo Medina, j. 15.06.2004.

37. GRINOVER, Ada Pellegrini, GOMES FILHO, Antonio Magalhães, FERNANDES, Antonio Scarance, GOMES, Luiz Flávio. *Juizados especiais criminais*. 2. ed. São Paulo: Ed. RT, 1997, p. 286-287.

38. Resp. 1498034/RS, Rel. Min. Rogério Schietti Cruz, j. 25.11.2015.

12. EFEITO DO PACOTE ANTICRIME

Com o advento da Lei n. 13.964/2019, a decretação da extinção da punibilidade pela cumprimento do período de prova da suspensão condicional do processo tem o condão de impedir a oferta de ANPP (acordo de não persecução penal) no interregno de 5 anos subsequentes, conforme nova redação do artigo 28-A, parágrafo 2º, inciso III, do Código de Processo Penal.

Como visto, o término de cumprimento de suspensão condicional do processo não impede que seja proposta transação penal ou outra suspensão condicional do processo, desde que avaliada a pertinência pedagógica da medida despenalizadora.

Todavia, por imposição legal, não será possível que o Ministério Público oferte ANPP para os crimes cuja pena mínima seja inferior a 4 anos, se o agente fora beneficiado pela suspensão condicional do processo no prazo inferior a 5 anos.

Art. 90. As disposições desta Lei não se aplicam aos processos penais cuja instrução já estiver iniciada

As alterações de normas processuais são de ordem pública e, segundo o princípio da imediatidade da norma processual, têm aplicação imediata, alcançando os processos em curso na fase em que se encontram. Nesse sentido, é o teor do art. 1.046[39] do Código de Processo Civil de 2015. Igualmente, é o disposto no art. 2º do Código de Processo Penal.[40]

O disposto no art. 90 da Lei 9.099/1995 afastou esse princípio da imediata aos processos penais com instrução já iniciada.

Em homenagem ao disposto no art. 5º, XL, da Constituição da República, o Supremo Tribunal Federal, no julgamento da ADI 1.719-9, j. 18.06.2007, entendeu que o referido art.90 não alcança as normas de direito penal mais favoráveis ao autor do fato ou denunciado. Nesse sentido, têm aplicação imediata as disposições, por exemplo, sobre composição civil, representação nos delitos de lesão culposa ou dolosa de natureza leve, transação penal e suspensão condicional do processo.

---

39. Art. 1046. Ao entrar em vigor este Código, suas disposições se aplicarão desde logo aos processos pendentes, ficando revogada a Lei n. 5.869, de 11 de janeiro de 1973.

40. Art. 2º A lei processual penal aplicar-se-á desde logo, sem prejuízo da validade dos atos realizados sob a vigência da lei anterior.

Art. 91. A. As disposições desta Lei não se aplicam no âmbito da Justiça Militar.

O Supremo Tribunal Federal, com o advento da Lei 9.099/1995, entendia que os institutos despenalizadores (transação penal e suspensão condicional do processo) eram aplicáveis nos juízos comum (estadual e federal), militar e eleitoral.

Com o acréscimo do art. 90-A pela Lei 9.839, de 27 de setembro de 1999. Entendeu-se inaplicáveis aos processos-crime militares as disposições do Juizado Especial Criminal.[41]

Igualmente, é o entendimento do Superior Tribunal de Justiça, consoante julgamento do RHC 75753/DF, Rel. Min. Maria Thereza de Assis Moura, j. 10.11.2016.

Nesse sentido, o Superior Tribunal Militar (STM) aprovou o verbete 9 da sua Súmula: "a Lei 9.099, de 26.09.95, que dispõe sobre os Juízos Especiais Cíveis e Criminais e dá outras providências, não se aplica à Justiça Militar da União."

---

41. STF, HC 99743/RJ, Rel. p/acórdão Mi. Luiz Fux, j. 06.10.2011.

Art. 92. Nos casos em que esta Lei passa a exigir representação para a propositura da ação penal pública, o ofendido ou seu representante legal será intimado para oferecê-la no prazo de 30 (trinta) dias, sob pena de decadência.

Trata-se de norma de direito intertemporal, reconhecendo-se o prazo de trinta dias para a apresentação de representação nos delitos de ação penal pública condicionada, com destaque para o art. 88, ou seja, crimes de lesões corporais leves e lesões culposas.

Conforme já sustentado, defendemos a exigência de representação também para a contravenção das vias de fato, em que pese entendimento contrário do Superior Tribunal de Justiça.[42]

---

42. STJ, RHC 88515/RJ, Rel. Min. Ribeiro Dantas, j. 24.05.2018.

Art. 93. Aplicam-se subsidiariamente as disposições dos Códigos Penal e de Processo Penal, no que não forem incompatíveis com esta Lei.

Pelo princípio da subsidiariedade, não se pode desconsiderar a possibilidade de aplicação de regras do Código Penal e do Código de Processo Penal. Com efeito, a Lei 9.099/1995 não alcança todo o universo da persecução penal. Nesse sentido, aplicam-se, por exemplo, as regras envolvendo a extinção da punibilidade (art. 107 e seguintes do Código Penal) e incompatibilidades e impedimentos (art. 112 do Código de Processo Penal).

Segundo Ada Pellegrini Grinover, Antonio Magalhães Gomes Filho, Antonio Scarance Fernandes e Luiz Flávio Gomes, "a rigor não era necessário dizer que os Códigos Penal e Processual são aplicáveis subsidiariamente. Por natureza, é assim mesmo. De qualquer modo, havendo conflito entre a Lei 9.099/95 e tais Códigos, vale a lei pelo princípio da especialidade".[43]

---

43. GRINOVER, Ada Pellegrini, GOMES FILHO, Antonio Magalhães, FERNANDES, Antonio Scarance, GOMES, Luiz Flávio. *Juizados especiais criminais.* 2. ed. São Paulo: Ed. RT, 1997, p. 309.

CAPÍTULO IV
DISPOSIÇÕES FINAIS COMUNS

Art. 94. Lei Estadual disporá sobre o Sistema de Juizados Especiais Cíveis e Criminais, sua organização, composição e competência.

Trata-se de comando direcionado aos Estados no sentido de organização dos Juizados Especiais, destacando-se a necessidade de estrutura administrativa, de composição e de rotinas de trabalho.

No Estado de Minas Gerais, aprovou-se a Lei Complementar 40, de 24 de novembro de 1995, prevendo, inicialmente, a instalação de Juizados Especiais nas comarcas de maior movimentação forense.

Art. 95. Os serviços de cartório poderão ser prestados, e as audiências realizadas fora da sede da Comarca, em bairros ou cidades a ela pertencentes, ocupando instalações de prédios públicos, de acordo com audiências previamente anunciadas.

Prevê-se a relevante possibilidade de juizados itinerantes, com a realização de audiências em diversos locais, inclusive fora da sede da comarca.

Destaque-se, atualmente, o funcionamento de Juizado Especial Criminal em eventos esportivos, havendo a presença de um Juiz de Direito, de um membro do Ministério Público e de um Defensor Público em arenas de futebol.

Art. 96. Os Estados, Distrito Federal e Territórios criarão e instalarão os Juizados Especiais no prazo de seis meses, a contar da vigência desta Lei.

Trata-se de regra que estabeleceu prazo para implementação local do sistema dos Juizados Especiais, com a efetiva instalação das unidades.

Art. 97. Esta Lei entra em vigor no prazo de 60 (sessenta) dias após a sua publicação.

Estabeleceu-se *vacatio legis* de sessenta dias, entrando em vigor a Lei 9.099/1995 em 26 de novembro de 1995.

Art. 98. Ficam revogadas a Lei 4.611, de 2 de abril de 1965, e a Lei 7.244, de 7 de novembro de 1984.

A Lei 4.611, de 2 de abril de 1965, previa o procedimento sumário para a persecução dos delitos de homicídio e de lesão corporal, todos na modalidade culposa.

A Lei 7.244, de 7 de novembro de 1984, dispunha sobre a criação e o funcionamento do Juizado Especial de Pequenas Causas.

ANEXO

ENUNCIADOS CRIMINAIS DO FONAJE

ENUNCIADO 1 – A ausência injustificada do autor do fato à audiência preliminar implicará em vista dos autos ao Ministério Público para o procedimento cabível.

ENUNCIADO 2 – O Ministério Público, oferecida a representação em Juízo, poderá propor diretamente a transação penal, independentemente do comparecimento da vítima à audiência preliminar (nova redação – XXI Encontro – Vitória/ES).

ENUNCIADO 3 – Cancelado (XXI Encontro – Vitória/ES).

ENUNCIADO 4 – Substituído pelo Enunciado 38.

ENUNCIADO 5 – Substituído pelo Enunciado 46.

ENUNCIADO 6 – Substituído pelo Enunciado 86 (XXI Encontro – Vitória/ES).

ENUNCIADO 7 – Cancelado.

ENUNCIADO 8 – A multa deve ser fixada em dias-multa, tendo em vista o art. 92 da Lei 9.099/95, que determina a aplicação subsidiária dos Códigos Penal e de Processo Penal.

ENUNCIADO 9 – A intimação do autor do fato para a audiência preliminar deve conter a advertência da necessidade de acompanhamento de advogado e de que, na sua falta, ser-lhe-á nomeado Defensor Público.

ENUNCIADO 10 – Havendo conexão entre crimes da competência do Juizado Especial e do Juízo Penal Comum, prevalece a competência deste.

ENUNCIADO 11 – Substituído pelo Enunciado 80 (XIX Encontro – Aracaju/SE).

ENUNCIADO 12 – Substituído pelo Enunciado 64 (XXIV Encontro – Florianópolis/SC).

ENUNCIADO 13 – É cabível o encaminhamento de proposta de transação por carta precatória (nova redação – XXI Encontro – Vitória/ES).

ENUNCIADO 14 – Substituído pelo Enunciado 79 (XIX Encontro – Aracaju/SE).

ENUNCIADO 15 – Substituído pelo Enunciado 87 (XXI Encontro – Vitória/ES).

ENUNCIADO 16 – Nas hipóteses em que a condenação anterior não gera reincidência, é cabível a suspensão condicional do processo.

ENUNCIADO 17 – É cabível, quando necessário, interrogatório por carta precatória, por não ferir os princípios que regem a Lei 9.099/95 (nova redação – XXI Encontro – Vitória/ES).

ENUNCIADO 18 – Na hipótese de fato complexo, as peças de informação deverão ser encaminhadas à Delegacia Policial para as diligências necessárias. Retornando ao Juizado e sendo o caso do artigo 77, parágrafo 2º, da Lei 9.099/95, as peças serão encaminhadas ao Juízo Comum.

ENUNCIADO 19 – Substituído pelo Enunciado 48 (XII Encontro – Maceió/AL).

ENUNCIADO 20 – A proposta de transação de pena restritiva de direitos é cabível, mesmo quando o tipo em abstrato só comporta pena de multa.

ENUNCIADO 21 – Cancelado.

ENUNCIADO 22 – Na vigência do *sursis*, decorrente de condenação por contravenção penal, não perderá o autor do fato o direito à suspensão condicional do processo por prática de crime posterior.

ENUNCIADO 23 – Cancelado.

ENUNCIADO 24 – Substituído pelo Enunciado 54.

ENUNCIADO 25 – O início do prazo para o exercício da representação do ofendido começa a contar do dia do conhecimento da autoria do fato, observado o disposto no Código de Processo Penal ou legislação específica. Qualquer manifestação da vítima que denote intenção de representar vale como tal para os fins do art. 88 da Lei 9.099/95.

ENUNCIADO 26 – Cancelado.

ENUNCIADO 27 – Em regra não devem ser expedidos ofícios para órgãos públicos, objetivando a localização de partes e testemunhas nos Juizados Criminais.

ENUNCIADO 28 – Cancelado (XVII Encontro – Curitiba/PR).

ENUNCIADO 29 – Substituído pelo Enunciado 88 (XXI Encontro – Vitória/ES).

ENUNCIADO 30 – Cancelado.

ENUNCIADO 31 – O conciliador ou juiz leigo não está incompatibilizado nem impedido de exercer a advocacia, exceto perante o próprio Juizado Especial em que atue ou se pertencer aos quadros do Poder Judiciário.

ENUNCIADO 32 – O Juiz ordenará a intimação da vítima para a audiência de suspensão do processo como forma de facilitar a reparação do dano, nos termos do art. 89, parágrafo 1º, da Lei 9.099/95.

JUIZADO ESPECIAL CRIMINAL **ANEXO**

ENUNCIADO 33 – Aplica-se, por analogia, o artigo 49 do Código de Processo Penal no caso da vítima não representar contra um dos autores do fato.

ENUNCIADO 34 – Atendidas as peculiaridades locais, o termo circunstanciado poderá ser lavrado pela Polícia Civil ou Militar.

ENUNCIADO 35 – Substituído pelo Enunciado 113 (XXVIII Encontro – Salvador/BA).

ENUNCIADO 36 – Substituído pelo Enunciado 89 (XXI Encontro – Vitória/ES).

ENUNCIADO 37 – O acordo civil de que trata o art. 74 da Lei 9.099/1995 poderá versar sobre qualquer valor ou matéria (nova redação – XXI Encontro – Vitória/ES).

ENUNCIADO 38 – Cancelado (XXXIII Encontro – Cuiabá/MT).

ENUNCIADO 39 – Cancelado (XXXIII Encontro – Cuiabá/MT).

ENUNCIADO 40 – Cancelado (XXXIII Encontro – Cuiabá/MT).

ENUNCIADO 41 – Cancelado.

ENUNCIADO 42 – A oitiva informal dos envolvidos e de testemunhas, colhida no âmbito do Juizado Especial Criminal, poderá ser utilizada como peça de informação para o procedimento.

ENUNCIADO 43 – O acordo em que o objeto for obrigação de fazer ou não fazer deverá conter cláusula penal em valor certo, para facilitar a execução cível.

ENUNCIADO 44 – No caso de transação penal homologada e não cumprida, o decurso do prazo prescricional provoca a declaração de extinção de punibilidade pela prescrição da pretensão punitiva. (nova redação – XXXVII – Florianópolis/SC).

ENUNCIADO 45 – Cancelado.

ENUNCIADO 46 – Cancelado.

ENUNCIADO 47 – Substituído pelo Enunciado 71 (XV Encontro – Florianópolis/SC).

ENUNCIADO 48 – O recurso em sentido estrito é incabível em sede de Juizados Especiais Criminais.

ENUNCIADO 49 – Substituído pelo Enunciado 90 (XXI Encontro – Vitória/ES).

ENUNCIADO 50 – Cancelado (XI Encontro – Brasília-DF).

ENUNCIADO 51 – A remessa dos autos ao juízo comum, na hipótese do art. 66, parágrafo único, da Lei 9.099/95 (ENUNCIADO 64), exaure a competência do Juizado Especial Crimina, que não se restabelecerá com localização do acusado (nova redação – XXI Encontro – Vitória/ES).

ENUNCIADO 52 – A remessa dos autos ao juízo comum, na hipótese do art. 77, parágrafo 2º, da Lei 9099/95 (ENUNCIADO 18), exaure a competência do Juizado Especial Criminal, que não se restabelecerá ainda que afastada a complexidade.

ENUNCIADO 53 – No Juizado Especial Criminal, o recebimento da denúncia, na hipótese de suspensão condicional do processo, deve ser precedido da resposta prevista no art. 81 da Lei 9099/95.

ENUNCIADO 54 – Cancelado (43º Encontro – Macapá-AP).

ENUNCIADO 55 – Cancelado (XI Encontro – Brasília-DF).

ENUNCIADO 56 – Cancelado (XXXVI Encontro – Belém/PA).

ENUNCIADO 57 – Substituído pelo Enunciado 79 (XIX Encontro – Aracaju/SE).

ENUNCIADO 58 – A transação penal poderá conter cláusula de renúncia à propriedade do objeto apreendido (XIII Encontro – Campo Grande/MS).

ENUNCIADO 59 – O juiz decidirá sobre a destinação dos objetos apreendidos e não reclamados no prazo do art. 123 do CPP (XIII Encontro – Campo Grande/MS).

ENUNCIADO 60 – Exceção da verdade e questões incidentais não afastam a competência dos Juizados Especiais, se a hipótese não for complexa (XIII Encontro – Campo Grande/MS).

ENUNCIADO 61 – Substituído pelo Enunciado 122 (XXXIII Encontro – Cuiabá/MT).

ENUNCIADO 62 – O Conselho da Comunidade poderá ser beneficiário da prestação pecuniária e deverá aplicá-la em prol da execução penal e de programas sociais, em especial daqueles que visem a prevenção da criminalidade (XIV Encontro – São Luis/MA).

ENUNCIADO 63 – As entidades beneficiárias de prestação pecuniária, em contrapartida, deverão dar suporte à execução de penas e medidas alternativas (XIV Encontro – São Luis/MA).

ENUNCIADO 64 – Verificada a impossibilidade de citação pessoal, ainda que a certidão do Oficial de Justiça seja anterior à denúncia, os autos serão remetidos ao juízo comum após o oferecimento desta (nova redação – XXI Encontro – Vitória/ES).

ENUNCIADO 65 – Substituído pelo Enunciado 109 (XXV Encontro – São Luís).

ENUNCIADO 66 – É direito do réu assistir à inquirição das testemunhas, antes de seu interrogatório, ressalvado o disposto no artigo 217 do Código de Processo Penal. No caso excepcional de o interrogatório ser realizado por precatória, ela deverá ser instruída com cópia de todos os depoimentos, de que terá ciência o réu (XV Encontro – Florianópolis/SC).

ENUNCIADO 67 – A possibilidade de aplicação de suspensão ou proibição de se obter a permissão ou a habilitação para dirigir veículos automotores por até cinco anos (art. 293 da Lei 9.503/97), perda do cargo, inabilitação para exercício de cargo, função pública ou mandato eletivo ou outra sanção diversa da privação da liberdade, não afasta a competência do Juizado Especial Criminal (XV Encontro – Florianópolis/SC).

ENUNCIADO 68 – É cabível a substituição de uma modalidade de pena restritiva de direitos por outra, aplicada em sede de transação penal, pelo juízo do conhecimento, a requerimento do interessado, ouvido o Ministério Público (XV Encontro – Florianópolis/SC).

ENUNCIADO 69 – Substituído pelo Enunciado 74 (XVI Encontro – Rio de Janeiro/RJ).

ENUNCIADO 70 – O conciliador ou o juiz leigo podem presidir audiências preliminares nos Juizados Especiais Criminais, propondo conciliação e encaminhamento da proposta de transação (XV Encontro – Florianópolis/SC).

ENUNCIADO 71 (Substitui o Enunciado 47) – A expressão conciliação prevista no artigo 73 da Lei 9099/95 abrange o acordo civil e a transação penal, podendo a proposta do Ministério Público ser encaminhada pelo conciliador ou pelo juiz leigo, nos termos do artigo 76, § 3º, da mesma Lei (XV Encontro – Florianópolis/SC).

ENUNCIADO 72 – A proposta de transação penal e a sentença homologatória devem conter obrigatoriamente o tipo infracional imputado ao autor do fato, independentemente da capitulação ofertada no termo circunstanciado (XVI Encontro – Rio de Janeiro/RJ).

ENUNCIADO 73 – O juiz pode deixar de homologar transação penal em razão de atipicidade, ocorrência de prescrição ou falta de justa causa para a ação penal, equivalendo tal decisão à rejeição da denúncia ou queixa (XVI Encontro – Rio de Janeiro/RJ).

ENUNCIADO 74 (Substitui o enunciado 69) – A prescrição e a decadência não impedem a homologação da composição civil (XVI Encontro – Rio de Janeiro/RJ).

ENUNCIADO 75 – É possível o reconhecimento da prescrição da pretensão punitiva do Estado pela projeção da pena a ser aplicada ao caso concreto (XVII Encontro – Curitiba/PR).

ENUNCIADO 76 – A ação penal relativa à contravenção de vias de fato dependerá de representação (XVII Encontro – Curitiba/PR).

ENUNCIADO 77 – O juiz pode alterar a destinação das medidas penais indicadas na proposta de transação penal (XVIII Encontro – Goiânia/GO).

ENUNCIADO 78 – Substituído pelo Enunciado 80 (XIX Encontro – Aracaju/SE).

ENUNCIADO 79 – Cancelado (XXXVI Encontro – Belém/PA).

ENUNCIADO 80 – Cancelado (XXIV Encontro – Florianópolis/SC).

ENUNCIADO 81 – O relator, nas Turmas Recursais Criminais, em decisão monocrática, poderá negar seguimento a recurso manifestamente inadmissível, prejudicado, ou julgar extinta a punibilidade, cabendo recurso interno para a Turma Recursal, no prazo de cinco dias (XIX Encontro – Aracaju/SE).

ENUNCIADO 82 – O autor do fato previsto no art. 28 da Lei 11.343/06 deverá ser encaminhado à autoridade policial para as providências do art. 48, § 2º da mesma Lei (XX Encontro – São Paulo/SP).

ENUNCIADO 83 – Ao ser aplicada a pena de advertência, prevista no art. 28, I, da Lei 11.343/06, sempre que possível deverá o juiz se fazer acompanhar de profissional habilitado na questão sobre drogas (XX Encontro – São Paulo/SP).

ENUNCIADO 84 – Cancelado (XXXVII Encontro – Florianópolis/SC).

ENUNCIADO 85 – Aceita a transação penal, o autor do fato previsto no art. 28 da Lei 11.343/06 deve ser advertido expressamente para os efeitos previstos no parágrafo 6º do referido dispositivo legal (XX Encontro – São Paulo/SP).

ENUNCIADO 86 (Substitui o Enunciado 6) – Em caso de não oferecimento de proposta de transação penal ou de suspensão condicional do processo pelo Ministério Público, aplica-se, por analogia, o disposto no art. 28 do CPP (XXI Encontro – Vitória/ES).

ENUNCIADO 87 (Substitui o Enunciado 15) – O Juizado Especial Criminal é competente para a execução das penas ou medidas aplicadas em transação penal, salvo quando houver central ou vara de penas e medidas alternativas com competência específica (XXI Encontro – Vitória/ES).

ENUNCIADO 88 – Cancelado (XXXIII Encontro – Cuiabá/MT).

ENUNCIADO 89 (Substitui o Enunciado 36) – Havendo possibilidade de solução de litígio de qualquer valor ou matéria subjacente à questão penal, o acordo poderá ser reduzido a termo no Juizado Especial Criminal e encaminhado ao juízo competente (XXI Encontro – Vitória/ES).

ENUNCIADO 90 Substituído pelo Enunciado 112 (XXVII Encontro – Palmas/TO).

ENUNCIADO 91 – É possível a redução da medida proposta, autorizada no art. 76, § 1º da Lei 9099/1995, pelo juiz deprecado (XXI Encontro – Vitória/ES).

ENUNCIADO 92 – É possível a adequação da proposta de transação penal ou das condições da suspensão do processo no juízo deprecado ou no juízo da execução, observadas as circunstâncias pessoais do beneficiário (nova redação – XXII Encontro – Manaus/AM).

ENUNCIADO 93 – É cabível a expedição de precatória para citação, apresentação de defesa preliminar e proposta de suspensão do processo no juízo deprecado. Aceitas as condições, o juízo deprecado comunicará ao deprecante o qual, recebendo a denúncia, deferirá a suspensão, a ser cumprida no juízo deprecado (XXI Encontro – Vitória/ES).

ENUNCIADO 94 – A Lei 11.343/2006 não descriminalizou a conduta de posse ilegal de drogas para uso próprio (XXI Encontro – Vitória/ES).

ENUNCIADO 95 – A abordagem individualizada multidisciplinar deve orientar a escolha da pena ou medida dentre as previstas no art. 28 da Lei 11.343/2006, não havendo gradação no rol (XXI Encontro – Vitória/ES).

ENUNCIADO 96 – O prazo prescricional previsto no art. 30 da Lei 11.343/2006 aplica-se retroativamente aos crimes praticados na vigência da lei anterior (XXI Encontro – Vitória/ES).

ENUNCIADO 97 – É possível a decretação, como efeito secundário da sentença condenatória, da perda dos veículos utilizados na prática de crime ambiental da competência dos Juizados Especiais Criminais (XXI Encontro – Vitória/ES).

ENUNCIADO 98 – Revogação aprovada, por unanimidade, no XLI Encontro – Porto Velho, em razão da Súmula 575 do STJ.

ENUNCIADO 99 – Nas infrações penais em que haja vítima determinada, em caso de desinteresse desta ou de composição civil, deixa de existir justa causa para ação penal (nova redação – XXIII Encontro – Boa Vista/RR).

ENUNCIADO 100 – A procuração que instrui a ação penal privada, no Juizado Especial Criminal, deve atender aos requisitos do art. 44 do CPP (XXII Encontro – Manaus/AM).

ENUNCIADO 101 – É irrecorrível a decisão que defere o arquivamento de termo circunstanciado a requerimento do Ministério Público, devendo o relator proceder na forma do ENUNCIADO 81 (XXII Encontro – Manaus/AM).

ENUNCIADO 102 – As penas restritivas de direito aplicadas em transação penal são fungíveis entre si (XXIII Encontro – Boa Vista/RR).

ENUNCIADO 103 – A execução administrativa da pena de multa aplicada na sentença condenatória poderá ser feita de ofício pela Secretaria do Juizado ou Central de Penas (XXIV Encontro – Florianópolis/SC).

ENUNCIADO 104 – A intimação da vítima é dispensável quando a sentença de extinção da punibilidade se embasar na declaração prévia de desinteresse na persecução penal (XXIV Encontro – Florianópolis/SC).

ENUNCIADO 105 – É dispensável a intimação do autor do fato ou do réu das sentenças que extinguem sua punibilidade (XXIV Encontro – Florianópolis/SC).

ENUNCIADO 106 – A audiência preliminar será sempre individual (XXIV Encontro – Florianópolis/SC).

ENUNCIADO 107 – A advertência de que trata o art. 28, I da Lei 11.343/06, uma vez aceita em transação penal pode ser ministrada a mais de um autor do fato ao mesmo tempo, por profissional habilitado, em ato designado para data posterior à audiência preliminar (XXIV Encontro – Florianópolis/SC).

ENUNCIADO 108 – O Art. 396 do CPP não se aplica no Juizado Especial Criminal regido por lei especial (Lei 9.099/95) que estabelece regra própria (XXV Encontro – São Luís/MA).

ENUNCIADO 109 – Substitui o Enunciado 65 – Nas hipóteses do artigo 363, § 1º e § 4º do Código de Processo Penal, aplica-se o parágrafo único do artigo 66 da Lei 9.099/95 (XXV Encontro – São Luís/MA).

ENUNCIADO 110 – No Juizado Especial Criminal é cabível a citação com hora certa (XXV Encontro – São Luís/MA).

ENUNCIADO 111 – O princípio da ampla defesa deve ser assegurado também na fase da transação penal (XXVII Encontro – Palmas/TO).

ENUNCIADO 112 (Substitui o Enunciado 90) – Na ação penal de iniciativa privada, cabem transação penal e a suspensão condicional do processo, mediante proposta do Ministério Público (XXVII Encontro – Palmas/TO).

ENUNCIADO 113 (Substitui o Enunciado 35) – Até a prolação da sentença é possível declarar a extinção da punibilidade do autor do fato pela renúncia expressa da vítima ao direito de representação ou pela conciliação (XXVIII Encontro – Salvador/BA).

ENUNCIADO 114 – A Transação Penal poderá ser proposta até o final da instrução processual (XXVIII Encontro – Salvador/BA).

ENUNCIADO 115 – A restrição de nova transação do art. 76, § 4º, da Lei 9.099/1995, não se aplica ao crime do art. 28 da Lei 11.343/2006 (XXVIII Encontro – Salvador/BA).

ENUNCIADO 116 – Na Transação Penal deverão ser observados os princípios da justiça restaurativa, da proporcionalidade, da dignidade, visando a efetividade e adequação (XXVIII Encontro – Salvador/BA).

ENUNCIADO 117 – A ausência da vítima na audiência, quando intimada ou não localizada, importará renúncia tácita à representação (XXVIII Encontro – Salvador/BA).

ENUNCIADO 118 – Somente a reincidência especifica autoriza a exasperação da pena de que trata o parágrafo quarto do artigo 28 da Lei 11.343/2006 (XXIX Encontro – Bonito/MS).

ENUNCIADO 119 – É possível a mediação no âmbito do Juizado Especial Criminal (XXIX Encontro – Bonito/MS).

ENUNCIADO 120 – Cancelado à unanimidade (44º Encontro – Rio de Janeiro RJ).

JUIZADO ESPECIAL CRIMINAL · ANEXO

ENUNCIADO 121 – As medidas cautelares previstas no art. 319 do CPP e suas consequências, à exceção da fiança, são aplicáveis às infrações penais de menor potencial ofensivo para as quais a lei cominar em tese pena privativa da liberdade (XXX Encontro – São Paulo/SP).

ENUNCIADO 122 (Substitui o Enunciado 61) – O processamento de medidas despenalizadoras previstas no artigo 94 da Lei 10.741/03, relativamente aos crimes cuja pena máxima não supere 02 anos, compete ao Juizado Especial Criminal (XXXIII Encontro – Cuiabá/MT).

ENUNCIADO 123 – O mero decurso do prazo da suspensão condicional do processo sem o cumprimento integral das condições impostas em juízo não redundará em extinção automática da punibilidade do agente (XXXIII Encontro – Cuiabá/MT).

ENUNCIADO 124 – A reincidência decorrente de sentença condenatória e a existência de transação penal anterior, ainda que por crime de outra natureza ou contravenção, não impedem a aplicação das medidas despenalizadoras do artigo 28 da Lei 11.343/06 em sede de transação penal (XXXIII Encontro – Cuiabá/MT).

ENUNCIADO 125 – É cabível, no Juizado Especial Criminal, a intimação por edital da sentença penal condenatória, quando não localizado o réu (XXXVI Encontro – Belém/PA).

ENUNCIADO 126 – A condenação por infração ao artigo 28 da Lei 11.343/06 não enseja registro para efeitos de antecedentes criminais e reincidência. (XXXVII ENCONTRO – FLORIANÓPOLIS/SC).

ENUNCIADO 127 – A fundamentação da sentença ou do acórdão criminal poderá ser feita oralmente, em sessão, audiência ou gabinete, com gravação por qualquer meio eletrônico ou digital, consignando-se por escrito apenas a dosimetria da pena e o dispositivo' (XL Encontro – Brasília-DF).

ENUNCIADO 128 – Em se tratando de contravenção penal, o prazo de suspensão condicional do processo, na forma do art. 11 do Decreto-Lei 3.688/1941, será de 1 a 3 anos (XLII Encontro – Curitiba-PR).

ENUNCIADO 129 – Serão válidas as intimações por telefone, *e-mail, whatsapp* ou outro aplicativo de envio de mensagens eletrônicas, sem prejuízo das formas convencionais estabelecidas em lei, sempre quando precedida de adesão expressa ao sistema por parte do interessado, em qualquer fase da investigação ou mesmo do procedimento (43° Encontro – Macapá-AP).

REFERÊNCIAS

ACHUTTI, Daniel. *Justiça restaurativa e abolicionismo penal*. 2. ed. São Paulo: Saraiva, 2016.

ANDRADE, Manuel da Costa. Consenso e oportunidade. *Jornadas de direito processual penal*: o novo Código de Processo Penal. Coimbra: Livraria Almedina, 1997.

ASSIS, João Francisco de. *Juizados Especiais Criminais* – Justiça Penal Consensual e Medidas Despenalizadoras. 2. ed. Curitiba: Juruá, 2011.

BARROS, Flávio Augusto Monteiro. *Direito Penal* – Parte Geral. São Paulo: Saraiva, 1999. v. 1.

BECK, Ulrich. Sociedade de ressico: rumo a uma outra modernidade. 2. ed. São Paulo: Ed. 34, 2013.

BELAZA, Tereza Pizarro. MELO, Helena Pereira de. *A mediação penal em Portugal*. Lisboa: Almedina, 2012.

BONFIM, Edilson Mougenot. *Direito penal da sociedade*. 2. ed. São Paulo: Oliveira Mendes Ed., 1998.

BONFIM, Edilson Mougenot. *Código de Processo Penal anotado*. 6. ed. São Paulo: Saraiva, 2017.

BONFIM. Edilson Mougenot. *Curso de Processo Penal*. 12. ed. São Paulo: Saraiva, 2017.

BOSCHI, José Antonio Paganella. *Das penas e seus critérios de aplicação*. 3. ed. Porto Alegre: Livraria do Advogado, 2004.

CANOTILHO, J.J. Gomes. *Direito constitucional e teoria da constituição*. 7. ed. Coimbra: Almedina, 2003.

CASTRO, Ana Lara Camargo de. *Plea Bargain* – Resolução penal pactuada nos Estados Unidos. Belo Horizonte: D'Plácido Ed., 2019.

CRISTÓFORO, Pablo Gran. *Lei de Crimes Ambientais* – Além e aquém da justa medida. Rio de Janeiro: Lumen Juris, 2017.

DALLAGNOL, Deltan Martinazzo. *As lógicas das provas no processo penal* – Prova direta, indícios e presunções. Porto Alegre: Livraria do Advogado, 2015.

DEU, Teresa Armenta. *Criminalidad de Bagatela y Princípio de Oportunidad*. Barcelona: PPU, 1991.

FELDENS, Luciano. SCHIMIDT, Andrei Zenkner. *Investigação criminal e ação penal.* 2. ed. Porto Alegre: Livraria do Advogado, 2007.

FRAGOSO, Heleno Cláudio. *Lições de direito penal: parte especial (arts. 121 a 212 do CP).* 7. ed. Rio de Janeiro: Forense, 1983.

GIACOMOLLI, Nereu José. *Juizados Especiais Criminais – Lei n. 9.099/95 – aborda-* gem crítica – acordo civil, transação penal, suspensão condicional do processo, rito sumaríssimo. 3. ed. rev. e ampl. Porto Alegre: Livraria do Advogado, 2009.

GOMES FILHO, Antonio Magalhães. *Direito à prova no processo penal.* São Paulo: Ed. RT, 1996.

GOMES, Luiz Flávio. *Juizados criminais federais, seus reflexos nos juizados estaduais e outros estudos.* São Paulo: Ed. RT, 2001.

GRINOVER, Ada Pellegrini; GOMES FILHO, Antônio Magalhães; FERNANDES, Antônio Scarance; GOMES, Luiz Flávio. *Juizados especiais criminais.* 2. ed. São Paulo: Ed. RT, 1997.

GRINOVER. Ada Pellegrini et al. *As nulidades no processo penal.* 6. ed. São Paulo: Ed. RT, 1997.

GRINOVER. Ada Pellegrini et al. *Recursos no Processo Penal.* 2. ed. São Paulo: Ed. RT, 1998.

HUNGRIA, Nelson. DOTTI, René Ariel. *Comentários ao Código Penal.* 7. ed. Rio de Janeiro: GZ Ed., 2016.

ISHIDA, Válter Kenji. *A suspensão condicional do processo.* São Paulo: Saraiva, 2003.

JESUS. Damásio Evangelista de. *Lei dos Juizados Especiais Criminais anotada.* São Paulo: Saraiva, 1995.

LIMA, Marcellus Polastri. *Juizados Especiais Criminais – O procedimento sumaríssimo no processo penal.* 2. ed. São Paulo: Atlas, 2013.

MARTINS, Weber Martins. FUX, Luiz et al. *Juizados Especiais cíveis e criminais e suspensão condicional do processo penal.*

MIRABETE, Julio Fabbrini. *Juizados Especiais Criminais – Comentários, jurispru-* dência e legislação. 4. ed. São Paulo: Atlas, 2000.

NEGRÃO. Perseu Gentil. *Juizados Especiais Criminais – Doutrina e jurisprudência nos Tribunais Superiores.* Editora Juarez de Oliveira. São Paulo: 2001.

NETO, Fernando da Costa Tourinho. *Juizados Especiais Federais – Cíveis e Criminais.* 4. ed. São Paulo: Saraiva, 2019.

NOGUEIRA, Márcio Franklin. *Transação penal.* São Paulo: Malheiros, 2003.

NUCCI, Guilherme de Souza. *Leis Penais e Processuais comentadas.* 6. ed. rev. atual. e ref. São Paulo: Ed. RT, 2012. v. 2.

PACELLI, Eugênio. *Curso de Processo Penal.* 20. ed. São Paulo: Atlas, 2016.

PACELLI, Eugênio. CALLEGARI, André. *Manual de Direito Penal* – Parte geral. 4. ed. São Paulo: Atlas, 2018.

PAZZAGLINI FILHO, Marino. MORAES, Alexandre de. SMANIO, Gianpaolo Poggio. VAGGIONE, Luiz Fernando. *Juizado Especial Criminal* – Aspectos práticos da Lei n. 9.099/95. São Paulo: Atlas, 1996.

PINHEIRO, Igor Pereira et al. Nova *Lei do Abuso de Autoridade*. São Paulo: Jhmizuno Ed., 2020.

PRADO, Geraldo. *Sistema acusatório* – A Conformidade Constitucional das Leis Processuais Penais. 3. ed. Rio de Janeiro: Lumen Juris, 2005.

RAMOS, João Gualberto Garcez. *Curso de Processo Penal norte-americano*. São Paulo: Ed. RT, 2006.

RESTANI, Diogo Alexandre. *Juizados Especiais Criminais*. São Paulo: Jhmizuno Ed., 2019.

RÍOS. Aníbal Sierralta. *Negociação e teoria dos jogos*. São Paulo: Ed. RT, 2018.

SÁNCHEZ, Jesús-Maria Silva. *A expansão do direito penal*. Aspectos da política criminal nas sociedades pós-industriais. Trad. Luiz Otávio de Oliveira Rocha. São Paulo: Ed. RT, 2002. (As Ciências Criminais no Século XXI, v. 11).

SANDEL, Michael J. *O que o dinheiro não compra*: os limites morais do mercado. Trad. Clóvis Marques. Rio de Janeiro: Civilização brasileira, 2016.

SANDEL, Michael J. *Justiça*. Trad. Heloisa Matias e Maria Alice Máximo. Rio de Janeiro: Civilização brasileira, 2015.

SCARANCE FERNANDES. Antonio et al. *Provas no Processo Penal* – Estudo Comparado. São Paulo: Saraiva, 2011.

SILVA, José Afonso. *Comentário contextual à Constituição*. São Paulo: Malheiros, 2005.

SILVA, Germano Marques da. *Direito Processual Penal Português* – Noções Gerais e Sujeitos Processuais e Objecto. Lisboa: Universidade Católica Editora, 2013.

TOLEDO, Francisco de Assis. *Princípios básicos de Direito Penal*. 5. ed. São Paulo: Saraiva, 1994.

TOURINHO FILHO, Fernando da Costa. *Manual de processo penal*. 12. ed. São Paulo: Saraiva, 2009.

ZEHR, Howard. *Justiça restaurativa* – Teoria e prática. 2. ed. São Paulo: Palas Athena Ed., 2017.

ANOTAÇÕES